S. BERLAND-DELÉPINE

agrégé de l'Université

GRAMMAIRE
méthodique de
L'ANGLAIS
moderne
avec exercices

Préparation au baccalauréat

Édition révisée 1982

OPHRYS

DU MÊME AUTEUR
Collection « Enjoy your grammar »

En complément à la grammaire méthodique de l'anglais moderne

120 exercices de grammaire anglaise
  suivis de leurs corrigés.

la grammaire anglaise au collège
  (de la cinquième à la troisième) avec exercices et corrigés

la grammaire pratique de l'anglais
  (classes préparatoires, facultés, grand public) avec exercices et corrigés

la grammaire anglaise de l'étudiant
  (facultés, licence d'anglais, capes, agrégation) avec exercices et corrigés

la grammaire anglaise au lycée
  (de la deuxième à la terminale; préparation au baccalauréat)

200 exercices de grammaire anglaise, avec corrigés (complément de la grammaire anglaise au lycée)   à paraître en 1986

ISBN 2-7080-0513-8
© Ophrys 1982

La Loi du 11 mars 1957 n'autorisant, aux termes des alinéas 2 et 3 de l'Article 41, d'une part, que les « copies ou reproductions strictement réservées à l'usage privé du copiste et non destinées à une utilisation collective » et, d'autre part, que les analyses et les courtes citations dans un but d'exemple et d'illustration, « toute représentation ou reproduction intégrale, ou partielle, faite sans le consentement de l'auteur ou de ses ayants-droit ou ayants-cause, est illicite » (alinéa 1er de l'Article 40). Cette représentation ou reproduction, par quelque procédé que ce soit, constituerait donc une contrefaçon sanctionnée par les Articles 425 et suivants du Code Pénal.

Tous droits de reproduction, de traduction, d'adaptation
par tous procédés actuels ou futurs, réservés pour tous pays

PRÉFACE

1. Cette grammaire s'adresse aux élèves des lycées, qui peuvent l'utiliser du B.E.P.C. au baccalauréat, soit seuls, soit sous la direction du professeur, soit comme simple ouvrage de référence. La langue qui y est décrite est celle de l'Angleterre du 20° siècle. (On a toutefois signalé quelques archaïsmes et quelques tournures américaines). Le style qui est recommandé ici aux candidats est celui de la bonne prose parlée ou écrite, où l'on doit éviter l'affectation autant que la vulgarité.

2. Les épreuves du baccalauréat consistent principalement en commentaires, écrits ou oraux, de textes généralement modernes. Ces épreuves de rédaction et de conversation, sur des sujets souvent abstraits, ont pris plus d'importance que la version, qui était naguère l'exercice principal. Le candidat d'aujourd'hui doit donc disposer d'un bagage de connaissances *utilisables* suffisamment riche et complexe pour lui permettre d'exprimer les idées les plus variées. Dans ces conditions, pour être un instrument de travail vraiment utile, une grammaire ne doit pas être un simple aide-mémoire. Elle doit fournir de nombreux exemples de la langue de notre siècle (surtout de la langue parlée) et non une liste de formules et de recettes, et comporter des exercices d'application destinés à faire acquérir de véritables réflexes linguistiques. Les exercices proposés ici doivent être considérés comme une gymnastique : un mouvement de culture physique n'est efficace que s'il est accompli un grand nombre de fois, jusqu'à ce que les muscles travaillent en souplesse; de même, certains exercices de grammaire devraient être répétés périodiquement, jusqu'à ce que l'élève les fasse non seulement sans faute mais sans effort.

3. Dans cette grammaire pour le second cycle, on a jugé utile d'exposer systématiquement tout ce que l'élève a appris depuis ses premières classes d'anglais, mais on s'est étendu principalement sur les questions les plus délicates, que les candidats au baccalauréat doivent étudier avec soin au cours des trois années où ils se préparent à cet examen : emplois des temps et des modes (notamment du subjonctif et des formes verbales en *-ing*), de l'article défini, des postpositions, constructions des verbes, etc...

4. Cette dernière question a été exposée, par souci d'efficacité, en s'appuyant sur la notion de structures (« patterns »), très facilement assimilable quoique peu exploitée encore dans les grammaires de ce niveau. Il convient de ne voir ici, bien sûr, dans les structures qu'un instrument pédagogique et non une théorie de grammairiens qui serait déplacée dans un ouvrage de cette nature. En y consacrant un certain nombre de leçons on n'a pensé qu'à leur utilité pratique, au rendement du travail des élèves (1).

---

(1) En ce qui concerne la notion de structure, on s'est appuyé sur les travaux de Monsieur Bouscaren, Assistant à la Faculté des Lettres de Paris. Le tableau des structures a été élaboré sous sa forme actuelle après deux années de travail en commun avec Monsieur Bouscaren. C'est cette étroite collaboration qui nous permet de présenter aujourd'hui deux ouvrages (cette grammaire et le « Vocabulaire anglais au baccalauréat », de M. Bouscaren), indépendants l'un de l'autre mais dont l'utilisation parallèle ne peut que se révéler fructueuse.

5. Après trois décennies d'enseignement dans des classes de 2ᵉ, 1ʳᵉ et terminales, l'auteur de cette grammaire ne peut nourrir aucune illusion sur le niveau de bon nombre d'élèves après quatre, cinq ou six ans d'études secondaires. Combien d'entre eux sont invités sur chaque bulletin trimestriel à « faire des révisions sérieuses », mais ne savent pas comment entreprendre seuls ce travail de rattrapage ! C'est surtout à eux qu'est destinée l'Introduction (« Révision des règles fondamentales »), dans laquelle on a résumé le bagage *minimum* que doit posséder un élève de 3ᵉ s'il veut tirer profit de son passage dans le second cycle. Un plan de travail méthodique, qu'il est possible à tous de suivre sans peine, y est proposé aux élèves faibles mais sérieux qui veulent faire le nécessaire pour combler leurs lacunes, et aussi aux bons élèves soucieux de s'assurer qu'ils possèdent des connaissances de base solides avant d'aborder des questions plus complexes.

6. Autres caractéristiques de cet ouvrage : les verbes irréguliers sont présentés en trois listes alphabétiques de niveaux différents, de façon à ce que l'élève n'apprenne pas, par exemple, *to seek* et *to strive* tant qu'il ne saura pas parfaitement les 80 verbes d'emploi très courant de la première liste (*to abide*, *to beget*, etc. sont évidemment relégués dans la troisième liste); l'accent de la phrase est indiqué toutes les fois que l'accentuation est liée à la construction grammaticale; enfin un tableau des structures du verbe figure sur le marque-pages inséré dans l'ouvrage.

7. Cette édition a été entièrement révisée en 1982 (la première édition a paru en 1967). L'auteur a tenu compte de diverses suggestions de ses collègues, qu'il remercie.

SV = Structure verbale.
RF = Règle fondamentale (étudiée dans l'Introduction).

Les numéros, précédés ou non du signe §, renvoient aux paragraphes et non aux pages.

INTRODUCTION :
RÉVISION DES RÈGLES FONDAMENTALES

Cette introduction est surtout destinée à ceux qui ont besoin de réviser les bases avant d'entreprendre avec profit l'étude d'une grammaire de ce niveau. Il leur est proposé ci-après un plan de révisions en dix semaines qui doit les aider à combler leurs lacunes les plus graves. Mais il est toujours possible d'adopter un rythme de travail plus rapide selon le temps dont on dispose.

Il est conseillé à tous de s'assurer que ces Règles Fondamentales sont connues et assimilées avant d'aborder les leçons de la grammaire. Chacun peut aisément vérifier son niveau grâce aux corrigés des exercices qui accompagnent ce travail préliminaire.

Lorsque des notions mal assimilées paraissent trop confuses pour qu'il soit possible d'y mettre de l'ordre, le plus sage est sans doute de faire table rase de ce que l'on a mal appris pour repartir de zéro. Ce travail est d'autant plus réalisable en anglais que les bases grammaticales de cette langue se réduisent à une trentaine de règles (ou groupes de règles) faciles à appliquer.

PLAN DE TRAVAIL HEBDOMADAIRE.

1. — Apprendre les trois règles de la semaine comme si elles étaient vues pour la première fois. Ne pas se laisser déconcerter par les exceptions (apparentes ou réelles) que l'on a pu rencontrer. Elles seront examinées plus tard. Au début il est préférable d'appliquer les règles comme des formules de mathématiques afin de bien s'en pénétrer.

2. — Faire tous les exercices, dont le corrigé est fourni page 23, et refaire ensuite plusieurs fois, à intervalles de quelques jours, ceux qui comportaient des fautes.

3. — Apprendre par cœur 10 verbes irréguliers de la liste n° 1 (page 210) et 10 mots invariables de la liste de base (page 26). Les deux dernières semaines, remplacer ces révisions par celle des nombres cardinaux (§§ 568 et 569) et ordinaux (§§ 575 et 576).

4. — A partir de la 3e semaine, revoir tout ce qui a été fait deux semaines auparavant (Règles Fondamentales, verbes irréguliers, mots invariables).

Il est conseillé de faire ce travail hebdomadaire en plusieurs séances réparties dans la semaine.

SEMAINE 1.

REGLE FONDAMENTALE 1 :

La 3ᵉ personne du singulier du présent prend un **s**, que l'on prononce toujours (seules exceptions : les auxiliaires de modalité, voir R.F. 3).

to play → **he plays** (prononcé [z])
to stop → **he stops** (prononcé [s])   [z] ou [s] selon que c'est le plus facile.

L'oubli de cet **s**, oralement comme par écrit, est une très grosse faute.

a. — Troisièmes personnes irrégulières : **he has** (to have), **he is** (to be), **he does** [dʌz] (to do), **he goes** [gouz] (to go).

b. — On ajoute **-es** (prononcé [iz]) quand c'est nécessaire pour faire entendre distinctement le radical et la terminaison : **he crosses** (to cross), **he relaxes** (to relax), **he washes** (to wash), **he reaches** (to reach).

On prononce également [iz] la terminaison des verbes dont le radical se termine par le son [dʒ] : to change → **he changes**; to judge → **he judges.**

c. — Les verbes terminés par un **y** ont leur 3ᵉ personne du singulier en **-ies** quand l'**y** est précédé d'une consonne (to carry → **he carries**; to fly → **he flies**), en **-ys** quand l'**y** est précédé d'une voyelle (to play → **he plays**; to buy → **he buys**; to destroy → **he destroys**).

Ces deux dernières règles (b et c) s'appliquent également au pluriel des noms.

REGLE FONDAMENTALE 2 :

Les verbes ordinaires (c'est-à-dire tous les verbes sauf les auxiliaires **to be** et **to have** et les auxiliaires de modalité) conjuguent la forme interrogative et la forme négative de leurs temps simples (présent et passé, appelé *preterite*) à l'aide de l'auxiliaire **do** (3ᵉ personne du singulier du présent : **does**; preterite : **did**). C'est l'auxiliaire que l'on conjugue, le verbe restant à l'infinitif sans **to**.

He plays tennis   { **Does he play** tennis ?
                      { **He does not play** tennis.

They worked yesterday   { **Did they work** yesterday ?
                            { **They did not work** yesterday.

Dans les autres cas (auxiliaires, verbes ordinaires aux temps composés) les formes interrogative et négative se conjuguent sans **do**.

Martin is in London   { **Is Martin** in London ?
                          { **Martin is not** in London.

She can speak French   { **Can she** speak French ?
                           { **She cannot** speak French.

We shall stop here   { **Shall we** stop here ?
                         { **We shall not** stop here.

a. — Le sujet n'est jamais répété à la forme interrogative.
   Martin est-il à Londres ? **Is Martin in London ?**

b. — Dans la langue parlée, se servir des contractions ***isn't, doesn't, haven't, can't***, etc. Bien placer l'apostrophe, avant le ***t.***

c. — Il ne peut y avoir qu'***une négation***, si bien que lorsque la phrase comporte un mot comme ***nobody, never, nowhere***, etc. le verbe se met à la forme affirmative.
Comparer :
   They did not work yesterday.
et :
   Nobody worked yesterday.

REGLE FONDAMENTALE 3 :

Les auxiliaires de modalité, ou ***verbes défectifs****,* n'existent qu'au présent et au preterite (**I can**, preterite : **I could; I may**, preterite : **I might**), ou simplement au présent (**I must** n'a pas de preterite). Leurs principales particularités :

a. — Ils ne prennent pas d'***s*** à la 3ᵉ personne du singulier du présent (He can, she must...).

b. — Ils servent à conjuguer d'autres verbes, qui sont à l'infinitif sans ***to***.

c. — Ils se conjuguent aux formes interrogative et négative comme des auxiliaires (R.F. 2). ***Cannot***, par exception, s'écrit en un seul mot.

d. — Ils n'ont pas d'infinitif.

Leurs sens principaux :

{ **Can you lift this trunk ?** *Peux-tu soulever cette malle ?* (capacité, faculté).
{ **Can you swim ?** *Savez-vous nager ?* (réflexes acquis par la pratique).
{ **You may smoke if you like.** *Vous pouvez fumer si vous voulez* (permission).
{ **They may come tonight.** *Il se peut qu'ils viennent ce soir* (incertitude).
{ **We must leave at once.** *Il faut que nous partions immédiatement* (nécessité).
{ **They must be hungry.** *Ils doivent avoir faim* (quasi-certitude).

Bien remarquer que les phrases commençant par les expressions impersonnelles « *il se peut que* » et « *il faut que* » correspondent à des phrases anglaises dont le sujet est personnel.

Exercices de la semaine 1.

A. Mettre à la 3ᵉ personne du singulier du présent : to worry, to obey, to cry, to lay, to annoy, to hurry, to tidy, to copy, to convey, to bully.
Mettre au pluriel : the toy, the baby, the party, the donkey, the play, the butterfly, the story, the key, the ash-tray, the factory.

B. Répondre affirmativement puis négativement aux questions suivantes (former des phrases complètes).

1. Is Mr Jones at home ? — 2. Can she cook ? — 3. Does he smoke cigars ? — 4. Shall we invite them ? — 5. Do these men learn English ? — 6. Did he break this vase ? — 7. Have the neighbours a car ? — 8. Will they buy a car ? — 9. Does he fly to New-York ? — 10. Does he obey the law ?

C. Traduire :

1. Il ne rit jamais. — 2. Les enfants sont-ils fatigués ? — 3. Pouvez-vous ouvrir cette boite ? — 4. Ta femme sait-elle conduire ? — 5. Il faut que j'écrive à mes amis. — 6. Il se peut que nos voisins soient au bord de la mer. — 7. Puis-je ouvrir la fenêtre ? — 8. Ils doivent être fatigués. — 9. Il ne joue pas au football; il ne joue jamais au football. — 10. Il ne faut pas qu'elle vienne.

SEMAINE 2

REGLE FONDAMENTALE 4 :

L'article indéfini est **an** devant une voyelle, **a** devant une consonne.

A garden, a house, a year (*y* au début d'un mot est une consonne).

An umbrella, an ice-cream, an hour (l'**h** de **hour** ne se prononce pas, ce qui est exceptionnel).

L'article indéfini n'existe pas au pluriel. Le pluriel de « **an ice-cream** » est « **ice-creams** » *(des glaces)*.

L'article indéfini s'emploie devant un nom attribut singulier.

His father is a doctor. *Son père est docteur.*

REGLE FONDAMENTALE 5 :

L'article défini, mot invariable, se prononce [ði] devant une voyelle, [ðə] devant une consonne (comparer avec les emplois de **an** et **a**, R.F. 4).

[ðə] : **the garden, the house, the year**
[ði] : **the umbrella, the ice-cream, the hour.**

Bien prononcer **the hair** [ðə], **the eyes** [ði] et **the ears** [ði].

L'article défini a la même forme au pluriel qu'au singulier. Le pluriel de « **the ice-cream** » est « **the ice-creams** » *(les glaces)*.

L'article défini ne s'emploie pas devant les noms de **matériaux** (Wood, glass, le bois, le verre), d'**aliments** (Bread, tea, le pain, le thé), de **repas** (Breakfast, le petit déjeuner), de **couleurs** (Blue, yellow, le bleu, le jaune), de **langues** (English, l'anglais), d'**activités humaines** (Business, football, music, les affaires, le football, la musique), de **pays**, quand ils sont singuliers (France, England, mais : the United States), et les **noms abstraits** (Freedom, love, la liberté, l'amour).

Toutefois il faut l'article devant ces noms quand ils sont **déterminés par un complément.**

The bread they eat in England. *Le pain que l'on mange en Angleterre.*
The freedom of the press. *La liberté de la presse.*

REGLE FONDAMENTALE 6 :

L'adjectif qualificatif épithète se place **avant le nom.**

A large, comfortable house. *Une maison grande et confortable* (remarquer la virgule qui s'emploie plus couramment que **and** pour séparer deux adjectifs).

L'adjectif est *invariable*.

Large, comfortable houses. *Des maisons grandes et confortables.*

Il reste invariable lorsque, précédé de l'article *the*, il prend le sens d'un nom collectif et est suivi d'un verbe pluriel : **the rich, the young,** *les riches, les jeunes.*

The English are fond of tea. *Les Anglais aiment beaucoup le thé.*

Ne pas confondre « **the English** » (*les Anglais*) et « **English** » (*l'anglais*, R.F. 5).

L'adjectif indéfini *other* est, lui aussi, invariable. Mais lorsque *other* est employé seul, c'est un pronom qui peut se mettre au pluriel.

Comparer :

The other guests are waiting (other, *adjectif*, est invariable), *les autres invités attendent.*

et : **The others are waiting** (others, *pronom*, remplace un nom pluriel).

Exercices de la semaine 2.

A. Faire précéder (1) de l'article indéfini, (2) de l'article défini que l'on notera à l'aide de l'alphabet phonétique :
Friend; enemy; horse; animal, English book; yellow book; eye; high mountain; hero; error.

B. Traduire :
1. J'aime beaucoup la musique; je n'aime pas la musique de ce film. — 2. Le bois de cette table est très dur. — 3. Le vin est cher en Angleterre, mais le thé est bon marché. — 4. Il aime beaucoup la France et les Français, mais il ne parle pas le français. — 5. Harry est un garçon grand et mince. — 6. Le thé qu'ils boivent est très fort. — 7. John est ingénieur, sa femme est actrice. — 8. De gros nuages noirs; une grande cour carrée. — 9. Le gris est une couleur terne. Le gris de cette robe est trop foncé. — 10. Où sont les autres ? Où sont les autres verres ?

SEMAINE 3

REGLE FONDAMENTALE 7 :

L'opposition entre le *présent simple* (I work, he sings, we run) et le *présent progressif* (I am working, he is singing, we are running) est très importante. On ne peut pas employer indifféremment les deux formes.

a. — *Le présent progressif* s'emploie pour les actions actuellement en progrès, qui se font en ce moment.

What is he doing ? — He is playing tennis with his brother. *Que fait-il ? — Il joue au tennis avec son frère.*

b. — *Le présent simple* s'emploie pour l'énoncé de vérités permanentes.

He plays tennis very well. *Il joue très bien au tennis (je ne dis pas qu'il y joue en ce moment).*

... et les actions répétées (c'est le *présent d'habitude*).

He plays tennis on Sundays. *Il joue au tennis le dimanche.*

Remarque : Au participe présent on redouble la consonne finale avant le suffixe *-ing* quand le verbe se termine par une seule consonne précédée d'une seule voyelle et que la syllabe finale est accentuée.

To run → **running**; to admit (2ᵉ syllabe accentuée) → **admitting**.

Mais :

    to rain → **raining** (deux voyelles)
    to hunt → **hunting** (deux consonnes)
    to open → **opening** (la syllabe finale n'est pas accentuée)
    to hope → **hoping** (le verbe se termine par un *e*).

REGLE FONDAMENTALE 8 :

Le preterite des verbes réguliers (semblable à toutes les personnes), comme leur *participe passé*, se termine par le suffixe *-ed*.

    to play → **he played** (prononcé [d])   [d] ou [t] selon que c'est le plus
    to stop → **he stopped** (prononcé [t])   facile.

La voyelle du suffixe *-ed* ne se prononce que lorsque c'est nécessaire pour faire entendre distinctement le radical et la terminaison, c'est-à-dire après un *t* ou un *d* : **he waited** [tid]; **he decided** [did].

Comparer ces règles avec celles qui concernent la terminaison **-s** (R.F. 1).

La consonne finale est redoublée devant *-ed* dans les mêmes cas que devant *-ing* (**stopped, admitted,** mais : **rained, opened, hoped**).

Le preterite et le participe passé des verbes irréguliers doit être appris par cœur. Dans les réponses aux questions posées au preterite, bien employer les formes irrégulières.

    Did you **see**... ? — I **saw**...
    Did you **catch**... ? — I **caught**...

Le preterite est le temps de la *narration*, celui que l'on doit employer pour raconter des actions passées.

    I saw a good film yesterday. *J'ai vu un bon film hier.*
    We met John at the station. *Nous avons rencontré John à la gare.*

La forme progressive du preterite s'emploie pour les actions que l'on était en train de faire au moment du passé que l'on considère. Il s'emploie souvent par contraste avec le preterite simple.

    I was reading when someone knocked at the door. *Je lisais quand quelqu'un a frappé à la porte* (remarquer l'emploi des deux temps différents en français).

Ne pas oublier que **to be**, exceptionnellement, a un preterite pluriel différent du singulier (**we were reading, you were sleeping**...).

REGLE FONDAMENTALE 9 :

Le futur, temps composé, se conjugue à l'aide des auxiliaires **shall** (à la première personne) et **will** (aux deux autres personnes), au pluriel comme au singulier. **Shall** et **will** se conjuguent aux formes interrogative et négative comme **can** (R.F. 2).

    I shall do my work tomorrow. *Je ferai mon travail demain.*
    We shan't (= shall not) wait. *Nous n'attendrons pas.*
    When shall we go ? *Quand partirons-nous ?*

    She will be 18 next June. *Elle aura 18 ans en juin.*
    They won't (= will not) like it. *Ils n'aimeront pas cela.*
    When will you know the result ? *Quand connaitrez-vous le résultat ?*

Ces exemples montrent que le verbe conjugué avec **shall** ou **will** est à l'infinitif sans **to**. **To be** se conjugue au futur comme les autres verbes.

Will s'emploie souvent, parallèlement à **shall**, à la 1ʳᵉ personne dans la langue courante (deux premiers exemples : **I will do my work tomorrow. We won't wait**), mais beaucoup plus rarement à la forme interrogative (3ᵉ exemple : **shall** et non **will**).

Exercices de la semaine 3.

A. Mettre le verbe au présent simple ou au présent progressif selon le sens de la phrase : 1. Look ! The sun (to rise). It (to rise) very early in June. — 2. Mr Morgan (to cut) the grass every Saturday. He (to cut) it now. — 3. A French tobacconist (to sell) stamps. — 4. Grandmother (to stay) with us this week. — 5. He (to go) to the City every morning.
Même exercice, en mettant les verbes à la forme négative : 6. He (to play) the piano very well. — 7. John (to work), listen to his guitar. — 8. We (to work) on Saturday afternoons. — 9. They (to drink) much wine in England. — 10. These students (to make) progress because they are too lazy.

B. Traduire :
1. Quand avez-vous acheté votre voiture ? — Je l'ai achetée l'année dernière. — 2. Avez-vous travaillé hier ? — J'ai travaillé le matin et je suis allé au cinéma l'après-midi. — 3. Quand je me suis levé ce matin, il pleuvait. — 4. Que faisiez-vous quand ils sont arrivés ? — 5. Nous resterons à la maison jusqu'à 4 heures. — 6. Vous serez fatigués. Nous ne serons pas fatigués. — 7. Viendront-ils si nous les invitons ?

C. Mettre au participe présent et au preterite : to wipe, to tip, to wait, to fit, to clean, to widen, to sin, to prohibit, to drop, to bore, to appear, to prefer (définir la raison pour laquelle la consonne est, ou n'est pas, redoublée. **Prohibit, appear** et **prefer** sont accentués sur la 2ᵉ syllabe).

SEMAINE 4

REGLE FONDAMENTALE 10 :

Réviser la liste des *pronoms personnels sujets et compléments* (§ 465; première et dernière colonnes).

a. — Le *pronom complément* est toujours placé *après le verbe*.
Le connaissez-vous ? **Do you know him ?**
Je *les* attends. **I am waiting for them.**
Il *nous* a vus hier. **He saw us yesterday.**

b. — Le pronom sujet n'est pas répété, il n'est pas remplacé par un pronom complément.
Mon frère et moi, nous aimons beaucoup la musique. **My brother and I are very fond of music.**
Moi, je le connais. **I know him** (on accentue ici le pronom personnel sujet pour le mettre en relief).

REGLE FONDAMENTALE 11 :

Réviser la liste des *adjectifs et pronoms possessifs* (§ 505).

a. — A la *3ᵉ personne du singulier* l'accord se fait uniquement avec le « possesseur ».
John and his sister. *John et sa sœur.*
Jennie and her car. *Jennie et sa voiture.*
Jennie and her brothers. *Jennie et ses frères.*

I like this house, but **its** garden is too small. *J'aime cette maison, mais son jardin est trop petit.*

    b. — Les pronoms ne sont pas précédés d'un article.
This umbrella is mine. Where is yours ? *Ce parapluie est le mien (ou : est à moi). Où est le tien ?*

    c. — Ces adjectifs et pronoms sont des mots ***invariables***. L'**s** des pronoms n'est pas une marque de pluriel.

        Mine = *le mien, la mienne, les miens, les miennes, à moi.*
        Ours = *le nôtre, la nôtre, les nôtres, à nous.*

Ne pas confondre **us** (pronom complément), **our** (adjectif possessif) et **ours** (pronom possessif).

REGLE FONDAMENTALE 12 :

L'**s** du ***pluriel des noms*** se prononce toujours (comme celui de la 3ᵉ personne du singulier des verbes, voir R.F. 1).

    The wall, the roof → **the walls** [z], **the roofs** [s].
    The box, the dress, the watch → **the boxes, the dresses, the watches** [iz].

On ne prononce l'**e** de la terminaison **-es** que lorsque c'est indispensable pour faire entendre le radical et l'**s**.

    The bridge, the judge → **the bridges, the judges** [iz].

Mais, sans prononcer l'**e** : **the stones** (pluriel de : the stone), **the clothes** (pas de singulier).

Pour le pluriel des noms terminés par un **y**, voir R.F. 1, c.

    The cherry → **the cherries**
    The fly → **the flies**   (y après consonne)

    The tray → **the trays**   (y après voyelle)

Principaux pluriels irréguliers :

    a. — Le pluriel est en **-ves** pour les noms dont le singulier se termine par **-ife** (Knife, wife, life...), par **-lf** (shelf, wolf, calf...), ainsi que **leaf** et ***thief***.

    b. — Ajoutent **-es** plusieurs noms terminés par un **o**, notamment : **potato, tomato, hero, negro**.

    c. — **oo → ee** : tooth → **teeth**, foot → **feet**, goose → **geese**.

    d. — Quelques cas isolés :
        Man → **men**; woman [wumən] → **women** [wimin]; child [tʃaild] → **children** ['tʃildrən]; ox → **oxen**; mouse → **mice**.

People *(les gens)* est un pluriel (au singulier : a person; a man...).

    They are honest people. *Ce sont d'honnêtes gens.*

Hair *(les cheveux)*, ***luggage*** ou (américain) : ***baggage*** *(les bagages)* et ***furniture*** *(les meubles)* sont des singuliers.

    My luggage is very heavy. *Mes bagages sont très lourds.*

Exercices de la semaine 4.

A. Traduire :
1. Les avez-vous vus ? — 2. L'avez-vous rencontrée ? — 3. Il ne nous aime pas beaucoup. — 4. Elle et moi, nous sommes nés dans le même village. — 5. Moi, je suis votre ami. — 6. La maison est à nous. — 7. Henry, sa femme et ses enfants. — 8. Nellie et son mari sont en train d'écrire à leurs amis. — 9. Leurs livres sont sur le bureau, les miens sont sur les étagères. — 10. Ce fauteuil est très confortable, mais je n'aime pas sa couleur.

B. Mettre au pluriel : a brush; a play; an Englishman; a thief; a roof; a sandwich; a buoy; a horse and an ox; a boot and a foot; a lady.

C. Traduire :
1. Ces bagages sont à nous. — 2. Mes cheveux sont trop longs, coupez-les très courts. — 3. Où sont vos bagages ? — 4. Les gens sont très gentils dans ce pays. — 5. Les meubles de notre salle de séjour sont très modernes.

SEMAINE 5

REGLE FONDAMENTALE 13 :

Mots et expressions qui ne peuvent être accompagnés que

d'un *singulier*		d'un *pluriel*	
there is	il y a	there are	il y a
there was	il y avait	there were	il y avait
much	beaucoup de	many	beaucoup de
how much... ?	combien de... ?	how many... ?	combien de... ?
little	peu de	few	peu de
a little	un peu de	a few	quelques, plusieurs
this [ðis]	ce ... -ci	these [ði:z]	ces ... -ci
that	ce ... -là	those	ces ... -là

Little money (work, luggage). *Peu d'argent (de travail, de bagages).*
Few friends (books, people). *Peu d'amis (de livres, de gens).*
How much money have you ? *Combien d'argent avez-vous ?*
How many friends did you invite ? *Combien d'amis avez-vous invités ?*
There was a little mist. *Il y avait un peu de brouillard.*
There were a few people waiting for me. *Il y avait quelques personnes qui m'attendaient.*

Every est suivi d'un singulier (il ne peut donc jamais être suivi de **people**. Tout le monde = **everybody**).

I see him every day. *Je le vois tous les jours.*

REGLE FONDAMENTALE 14 :

Some s'emploie :

(1) avec un singulier, comme synonyme de *a little* (un peu de); il a souvent le sens d'un simple article partitif (du, de la).

Give me some bread. *Donnez-moi du pain.*

(2) avec un pluriel, comme synonyme de *a few* (quelques); il sert alors de pluriel à l'article indéfini quand on veut insister sur l'idée de petit nombre.

There are some fine trees in his garden. *Il y a de (ou : quelques) beaux arbres dans son jardin.*

a. — ***Any*** remplace ***some*** dans une phrase interrogative ou négative.
Is there any tea in the pot ? *Y a-t-il du thé dans la théière ?*
There isn't any wind today. *Il n'y a pas de vent aujourd'hui.*

b. — ***Not any*** peut se remplacer par ***no*** (le verbe se met alors à la forme affirmative puisqu'on ne peut avoir deux négations).
Comparer :
We did not hear any noise. *Nous n'entendions pas de bruit.*
et :
We heard no noise.

c. — Les mêmes règles s'appliquent aux composés de ***some*** :
{ **Someone** (= **somebody**), *quelqu'un.*
Something, *quelque chose.*
Somewhere, *quelque part.*

We didn't meet anybody (= **we met nobody**). *Nous n'avons rencontré personne.*
He didn't tell them anything about it (= **he told them nothing about it**). *Il ne leur en a rien dit.*

REGLE FONDAMENTALE 15 :

Le cas possessif doit s'employer pour les rapports de possession ou de parenté.
Attention :
(1) à l'ordre des termes (*le possesseur d'abord*);
(2) à *l'apostrophe*, que l'on place avant l'*s* quand le possesseur est un singulier; après l'*s* d'un possesseur pluriel.
(3) à l'article, qui ne peut dépendre que du possesseur (si ce dernier n'est pas accompagné d'un article, il n'y en a donc aucun).

The tourist's camera (possesseur singulier).
The tourists' cameras (possesseur pluriel).
Leslie's camera (possesseur sans article).

a. — Si le possesseur est un pluriel irrégulier non terminé par un *s*, on le construit comme un singulier.
The women's bicycles, the children's toys.

b. — L'*s* du cas possessif devant toujours s'entendre, bien prononcer :
Charles's [ziz] **sister.**
The princess's [siz] **husband.**

c. — Le second terme peut être sous-entendu pour éviter une répétition (« celui de », « celle de »...).
This isn't my camera, it's John's. *Cet appareil photo n'est pas à moi, c'est celui de John.*

Comparer :
>A blue car and a black *one.* Une *voiture bleue et une noire.*

et :
>My car is behind John's. *Ma voiture est derrière celle de John.*

d. — Employer la tournure avec *of* (**the roof of the house, the end of the war**) s'il n'y a pas d'idée de possession ou de parenté, c'est-à-dire pour les rapports entre des noms d'objets ou des noms abstraits.

Exercices de la semaine 5.

A. Traduire :
1. Il n'y avait pas beaucoup de vent. — 2. Y avait-il beaucoup de gens ? — 3. Il y a peu d'hôtels dans cette île. — 4. Nous allons dans ce pays-là tous les ans. — 5. Je n'aime pas ces gens-là. — 6. Il y avait plusieurs livres sur l'étagère. — 7. Nous ne l'avons vu nulle part. — 8. Y a-t-il des cinémas dans la ville ? — 9. Nous n'avons écrit à personne pendant les vacances. — 10. Avez-vous compris quelque chose ?

B. Traduire :
1. La maison de nos voisins. — 2. La voiture de Mr Jones. — 3. Le frère de Doris. — 4. La couleur du mur. — 5. Les amis de nos enfants. — 6. Le commencement de l'année. — 7. Une voix de femme (litt. : la voix d'une femme). — 8. Le train électrique du petit garçon. — 9. Est-ce ton parapluie ou celui de George ? — 10. Ce sont des métiers d'hommes.

SEMAINE 6

REGLE FONDAMENTALE 16 :

Le « present perfect », qui se conjugue comme notre passé composé (mais avec l'auxiliaire *to have* pour tous les verbes), en est très différent par ses emplois. Il exprime des actions qui appartiennent à la fois au passé et au présent. Ne l'employer que quand on a une raison précise de le faire. Provisoirement, on se limitera aux cas suivants :

a. — On constate le **résultat encore visible** d'une action passée, que l'on ne raconte pas (on n'en précise pas les circonstances, la date...).
>Oh look ! Somebody's (= has) broken the vase. *Oh, regarde ! Quelqu'un a cassé le vase.*

b. — L'action commencée dans le passé *n'est pas terminée* et j'en précise la durée (à l'aide de la préposition *for*). Dans ce cas le present perfect est généralement à la forme progressive.
>We have been living in this town for ten years. *Nous habitons cette ville depuis dix ans.* (Remarquer que le verbe français est au présent).

c. — L'action est **récente**, située entre le passé et le présent (« *venir de* »). Dans ce cas le « present perfect » est accompagné de l'adverbe *just*. C'est ce qu'on appelle le *passé récent.*
>They've (= they have) just gone out. *Ils viennent de sortir.*

Remarque : A notre passé composé correspond beaucoup plus souvent un preterite, notamment pour faire un récit d'actions passées (surtout si le verbe est accompagné d'un complément de temps qui situe l'action dans le passé, mais cette précision peut être sous-entendue).

>He broke the vase while trying to catch the cat. *Il a cassé le vase en essayant d'attraper le chat.*
>We lived in this town before the war. *Nous avons habité cette ville avant la guerre.*
>They went out just after lunch. *Ils sont sortis juste après le déjeuner.*

REGLE FONDAMENTALE 17 :

Le futur (suite de la R. F. 9).

a. — Le futur est **remplacé par un présent** dans une subordonnée après la **conjonction when** (quand = au moment où, à l'époque où).

>It will be dark when we get home. *Il fera nuit quand nous arriverons à la maison.*
>Come when you like. *Venez quand vous voudrez.*

Mais après l'**adverbe interrogatif when** (quand = à quel moment, quel jour...), on peut employer n'importe quel temps, y compris le futur.

>When will they arrive ? *Quand arriveront-ils ?*
>I don't know when they will arrive. *Je ne sais pas quand ils arriveront.*
>(Il s'agit ici d'une interrogation indirecte).

b. — Pour exprimer un **futur proche**, ou une simple **intention**, on se sert de l'expression **to be going to**, qui peut s'employer au présent (« je vais... ») ou au «preterite » (« j'allais... »).

>I'm going to sell my car. *Je vais vendre ma voiture.*
>I was going to ring him up when I got his letter. *J'allais lui téléphoner quand j'ai reçu sa lettre.*

REGLE FONDAMENTALE 18 :

Le conditionnel (comme le futur, voir R.F. 9) se conjugue à l'aide de deux auxiliaires : **should** à la 1re personne, **would** aux deux autres.

>We should like to meet them. *Nous aimerions les rencontrer (ou : faire leur connaissance).*
>What would you do ? *Que feriez-vous ?*

Il est souvent accompagné d'une subordonnée au preterite commençant par **if**.

>If he had a car, he would drive you to the station. *S'il avait une voiture, il vous conduirait à la gare.*

Le preterite des auxiliaires de modalité (R.F. 3) peut s'employer avec le sens d'un conditionnel présent.

>Could you come tonight ? *Pourriez-vous venir ce soir ?*
>It might rain this afternoon. *Il se pourrait qu'il pleuve cet après-midi.*

Exercices de la semaine 6.

A. Traduire :
1. Ils sont arrivés à 6 heures. — 2. Ils viennent d'arriver. — 3. Ils travaillent depuis une demi-heure. — 4. Ils n'ont pas travaillé hier après-midi. — 5. Regarde !

J'ai lavé la voiture. — 6. Il pleut depuis une semaine. — 7. Il a plu hier matin. — 8. Tiens ! Il a acheté une nouvelle voiture. — 9. Je viens de rencontrer Barbara. — 10. Je l'ai rencontrée ce matin à la poste.

B. Traduire :

1. Je viens de recevoir leur lettre. — 2. Je vais leur écrire. — 3. Qu'alliez-vous dire ? — 4. Quand partirons-nous ? — 5. Ecrivez-nous toutes les semaines quand vous serez en Angleterre. — 6. Je ne sais pas quand il recevra ma lettre. — 7. Vous comprendrez quand vous lirez la fin de l'histoire. — 8. Nous serions très heureux si vous pouviez venir avec nous. — 9. Ce pays serait très agréable s'il ne pleuvait pas si souvent. — 10. John pourrait-il venir nous aider ?

SEMAINE 7

REGLE FONDAMENTALE 19 :

Noms et adjectifs composés. C'est le dernier élément qui est le plus important, le premier sert à en préciser le sens.

A horse-race. *Une course de chevaux.*
A race-horse. *Un cheval de course.*
A lemon-yellow dress. *Une robe jaune citron.*

Le premier élément d'un nom composé est considéré comme un adjectif et ne prend pas la marque du pluriel.

A cigarette-case. *Un étui à cigarettes.*
A tooth-brush. *Une brosse à dents* (pluriel : **tooth-brushes).**

Le second élément d'un adjectif composé peut avoir une terminaison verbale :
— de *participe présent* à sens actif (**A hard-working man.** *Un homme travailleur*);
— de *participe passé* à sens passif (**Snow-covered mountains.** *Des montagnes couvertes de neige*).

On peut aussi former des adjectifs composés dont le second élément (désignant une partie du corps, un vêtement ou une qualité abstraite) est terminé par le suffixe **-ed.**

A fair-haired [hɛəd] **girl.** *Une jeune fille blonde.*
A black-hatted [-tid] **man.** *Un homme à chapeau noir.*
A narrow-minded [-did] **person.** *Une personne étroite d'esprit.*

REGLE FONDAMENTALE 20 :

Le comparatif de supériorité se forme à l'aide du suffixe **-er** pour les adjectifs (et adverbes) *courts* (c'est-à-dire ceux d'une syllabe et un certain nombre de ceux de deux syllabes, notamment les adjectifs terminés par un *y*).

Old → **older;** big → **bigger;** late → **later;** happy → **happier.**

La consonne finale est redoublée avant le suffixe dans les mêmes conditions que pour le participe présent des verbes (R.F. 7).

L'*y* final est changé en *i* devant **-er** dans les mêmes conditions que pour la 3ᵉ personne du singulier des verbes (R.F. 1).

Les adjectifs *longs* forment leur comparatif de supériorité à l'aide de l'adverbe ***more.***

More comfortable; more expensive.

Le complément de ces comparatifs est introduit par **than.** Si c'est un pronom personnel, il est généralement suivi d'un rappel du verbe sous forme d'un auxiliaire.

My brother is younger than I am. *Mon frère est plus jeune que moi.*
I run faster than he does. *Je cours plus vite que lui.*

Le superlatif de supériorité se forme à l'aide du suffixe **-est** (adjectifs courts) ou de l'adverbe **most** (adjectifs longs). Son complément est introduit par **in** s'il désigne un lieu. Remarquer l'ordre des mots.

He is the richest man in the town. *C'est lui l'homme le plus riche de la ville.*
He is the most intelligent man I know. *C'est l'homme le plus intelligent que je connaisse.*

Principales formes irrégulières :

Good / Well	better	the best
Bad	worse	the worst
Far	farther / further	the farthest / the furthest

REGLE FONDAMENTALE 21 :

Le comparatif d'égalité se forme en faisant précéder l'adjectif de **as**. Le complément est lui aussi introduit par **as**.

She is as tall as he is. *Elle est aussi grande que lui.*
Our flat is as comfortable as yours. *Notre appartement est aussi confortable que le vôtre.*

A la forme négative on peut dire :

She is *not so* tall as he is.
She is *not as* tall as he is.

La forme négative s'emploie très couramment pour remplacer *le comparatif d'infériorité*, construit avec **less... than**. (**She is less tall than he is**).

Ne pas oublier que le complément des comparatifs de supéririté et d'infériorité est introduit par **than** alors que celui du comparatif d'égalité est introduit par **as**.

Comparer :

He is *stronger than* I am.

et :

I am not *as strong as* he is.

Exercices de la semaine 7.

A. Traduire :
1. Une robe rouge brique. — 2. Un fauteuil bleu ciel. — 3. Un oiseau à longues pattes. — 4. Un enfant aux yeux bleus. — 5. Une boîte d'allumettes. — 6. Une femme rousse. — 7. Des hommes à chemises noires. — 8. Une « station-service ». — 9. Une vitrine de magasin. — 10. Une cité-jardin.

B. Traduire :
1. Elle est plus jolie que sa sœur. — 2. Il conduit mieux qu'elle. — 3. Il n'était pas aussi heureux que nous. — 4. Nous étions plus heureux que lui. — 5. C'était la meilleure pianiste de la ville. — 6. C'est le garçon le plus paresseux que je connaisse. — 7. Ils vont toujours dans les hôtels les plus chers. — 8. Ils sont plus étroits d'esprit que nous. — 9. Nous sommes allés plus loin qu'eux. — 10. Ils se lèvent plus tôt que moi.

SEMAINE 8

REGLE FONDAMENTALE 22 :

Le verbe *to want*, qu'il ne faut pas prendre pour un auxiliaire de modalité, est suivi d'un *infinitif complet*.

> **Do you want to come with us ?** *Voulez-vous venir avec nous ?*

Si le second verbe a un sujet différent du premier, on construit une **proposition infinitive** (en français : « vouloir que... »)

> **Do you want him to come with us ?** *Voulez-vous qu'il vienne avec nous ?* (**him,** qui a la forme d'un complément, est sujet de **to come**).
> **What do you want me to do ?** *Que voulez-vous que je fasse ?*

On ne peut jamais faire suivre *to want* d'une proposition subordonnée introduite par *that*.

REGLE FONDAMENTALE 23 :

Pronoms relatifs.

a. — *Si l'antécédent est une personne,* le pronom sujet est ***who,*** le pronom complément est ***whom.***

> **The woman who teaches us English is an Australian.** *La femme qui nous enseigne l'anglais est australienne.*
> **Mr Fitzgerald, whom you met yesterday, is an Irishman.** *Mr Fitzgerald, dont vous avez fait la connaissance hier, est irlandais.*

b. — *Si l'antécédent est neutre* le pronom (sujet ou complément) est ***which.***

> **This house, which has only two bedrooms, is too small for our family.** *Cette maison, qui n'a que deux chambres, est trop petite pour notre famille.*
> **« Wuthering Heights », which I read last month, is a very good novel.** *« Les Hauts de Hurlevent », que j'ai lu le mois dernier, est un très bon roman.*

c. — Le pronom relatif complément est fréquemment *sous-entendu* quand il n'est pas précédé d'une virgule; mais s'il est accompagné d'une préposition, on doit alors la rejeter après le verbe et son complément.

Sans préposition :

> **I don't like the tunes he plays.** *Je n'aime pas les airs qu'il joue.*
> **The people he met did not recognize him.** *Les gens qu'il rencontrait ne le reconnaissaient pas.*

Avec préposition :

> **The house they live in (= the house in which they live) is very comfortable.** *La maison qu'ils habitent est très confortable.*
> **The man I shook hands with (= the man with whom I shook hands) is a foreigner.** *L'homme à qui j'ai donné une poignée de mains est un étranger.*

REMARQUE : On fait également le rejet de la préposition avec les pronoms interrogatifs.

> **What will you put your books in ? (= In what... ?)** *Dans quoi mettrez-vous vos livres ?*

REGLE FONDAMENTALE 24 :

L'impératif de la 2ᵉ personne est semblable à l'infinitif sans **to**.
Come with us. *Venez avec nous.*
Be a good boy. *Sois gentil.*

Aux autres personnes (notamment à la 1ʳᵉ du pluriel) on se sert de l'auxiliaire **let** suivi d'un complément et de l'infinitif sans **to**.
Let them wait. *Qu'ils attendent.*
Let us (couramment : **Let's**) **wait for them.** *Attendons-les.*

L'impératif négatif se forme en commençant la phrase par **don't**.
Don't be afraid. *N'ayez pas peur.*

Exercices de la semaine 8.

A. Traduire :
1. Ils ne veulent pas faire leur travail. — 2. Ils veulent que nous allions en Angleterre avec eux. — 3. Sa femme ne veut pas qu'il achète une moto. — 4. Elle voulait être infirmière. — 5. Voulez-vous que j'achète un journal ? — 6. Voulez-vous lire mon journal ?

B. Compléter les phrases avec des pronoms relatifs :
1. Mr Brown, ... I have known for many years, is a bank manager. — 2. I know a man ... can speak five languages. — 3. The chair on ... you are sitting is broken. — 4. The friends with ... I play bridge live in your street. — 5. They gave me some Christmas pudding, ... I liked very much. — 6. The man with ... he quarrelled is his brother-in-law.
Récrire les phrases 3, 4 et 6 en sous-entendant le pronom relatif et en rejetant la préposition.

C. Traduire :
1. Ne les cassez pas. — 2. Allons au cinéma. — 3. Sois un homme. — 4. Ne soyez pas en retard. — 5. Achetons le Times. — 6. Qu'il vienne me voir immédiatement. — 7. Que John se repose quelques minutes s'il est fatigué. — 8. Ne vous asseyez pas sur l'herbe.

SEMAINE 9

REGLE FONDAMENTALE 25 :

Principales constructions des verbes **to say** et **to tell** :

a. — **to say**.
« **You are wrong** », he said. *« Vous avez tort », dit-il.*
He said « **good night** » to us. *Il nous a dit « bonne nuit ».*

b. — **to tell**.
They told him to wait. *Ils lui dirent d'attendre.*
He told us that he was tired. *Il nous a dit qu'il était fatigué.*

On voit que **to tell** est suivi d'un complément direct de personne (exceptions : expressions comme **to tell the truth**, *dire la vérité;* **to tell lies**, *dire des mensonges;* **to tell a story**, *raconter une histoire*).

REGLE FONDAMENTALE 26 :

La voix passive se construit comme en français (auxiliaire **to be** + participe passé).

Actif : **Jim broke this window-pane. They will help her.**
Passif : **This window-pane was broken by Jim. She will be helped by them.**

Le complément d'agent, introduit par **by**, est souvent sous-entendu. On peut alors traduire la phrase par « *on + voix active* ».

He was taken to hospital. *On le transporta à l'hôpital.*
I have been deceived. *On m'a trompé.*

To give se construit au passif de deux façons différentes.
Voix active :
Somebody gave him a chair.
Voix passive :
A chair was given to him.
He was given a chair. *On lui donna une chaise.*
C'est cette dernière construction qui est la plus courante.

REGLE FONDAMENTALE 27 :

Phrases exclamatives.

a. — Exclamation portant sur un **adjectif** ou un **adverbe**.
How sad they look ! *Comme ils ont l'air triste !*
How rough the sea was ! *Comme la mer était agitée !*
How fast he drives ! *Comme il conduit vite !*
(L'adjectif ou adverbe *suit immédiatement how*).

b. — Exclamation portant sur un **nom**, qu'il soit seul ou accompagné d'un adjectif.
What a liar that boy is ! *Quel menteur que ce garçon !*
What a lovely house their neighbours have ! *Quelle belle maison ont leurs voisins !*
(Remarquer l'emploi de l'article indéfini et la place du verbe).

c. — La phrase exclamative est parfois *elliptique*.
How funny ! *Comme c'est drôle !*
What a pity ! *Quel dommage !*

Exercices de la semaine 9.

A. Traduire :
1. Il ne dit jamais merci. — 2. Elle lui dit qu'il était idiot. — 3. « Quel idiot vous êtes ! », dit-elle. — 4. Que vous a-t-il dit ? — 5. Il m'a dit de venir de bonne heure. — 6. Dites-nous ce qui s'est passé.

B. Mettre au passif (sous-entendre le complément d'agent, puis traduire).
1. People do not play cricket in France. — 2. They eat marmalade at breakfast. — 3. They released the prisoners. — 4. They gave us the best seats. — 5. People will help us. — 6. Someone gave me a watch for my birthday.

C. Traduire :

1. Quelle jolie fille ! — 2. Comme elle est jolie ! — 3. Comme il a l'air heureux ! — 4. Comme il chante bien ! — 5. Quelle belle voix a ce chanteur ! — 6. Quelle agréable rivière que la Tamise !

SEMAINE 10

REGLE FONDAMENTALE 28 :

Lorsqu'un verbe est précédé d'une **préposition,** il se met au **gérondif** (semblable au participe présent).

> **She went out without taking her umbrella.** *Elle sortit sans prendre son parapluie.*
> **He is fond of playing tricks on his sister.** *Il aime beaucoup jouer des tours à sa sœur.*
> **After having their lunch, they went for a walk.** *Après avoir pris leur déjeuner, ils allèrent se promener.*

REGLE FONDAMENTALE 29 :

Equivalents des auxiliaires de modalité.

Revoir ce qui a été dit de leur présent et de leur preterite (R.F. 3), de leur conditionnel (R.F. 18). Pour les autres temps (notamment le futur et le present perfect) on a recours à des expressions équivalentes :

Can (capacité, faculté) : **to be able to.**
May (permission) : **to be allowed to** (qui est un passif : être autorisé à).
Must (nécessité) : **to have to** (qui s'emploie plus que les autres équivalents, must n'ayant pas de preterite).

> **I shan't be able to do it.** *Je ne pourrai pas le faire.*
> **Will you be allowed to come with us ?** *Pourrez-vous (= vous permettra-t-on de) venir avec nous ?*
> **We had to get up very early.** *Nous avons dû nous lever très tôt.*
> **I haven't been able to solve the problem.** *Je n'ai pas pu résoudre le problème.*

REGLE FONDAMENTALE 30 :

Pronoms réfléchis et réciproques.

a. — Apprendre la liste des *pronoms réfléchis* (§ 465) et les comparer avec les pronoms compléments. Attention à **himself, ourselves** et **themselves.**

> **He is proud of himself.** *Il est fier de lui.*
> **I've cut myself.** *Je me suis coupé.*

b. — Ne pas confondre les pronoms réfléchis (identité du sujet et du complément) avec les *pronoms réciproques* (échange d'actions entre plusieurs sujets).

> **They love each other.** *Ils s'aiment.*
> **The children threw snowballs at one another.** *Les enfants se lancèrent des boules de neige* (comparer « **at** one another » et « les uns **aux** autres »).

On peut employer indifféremment les pronoms réciproques **each other** et **one another.**

c. — Mais de nombreux verbes non accompagnés de pronoms ont un sens réfléchi ou réciproque.

To dress, to shave. *S'habiller, se raser.*
To meet, to fight. *Se rencontrer, se battre.*

Exercices de la semaine 10.

A. Traduire :
1. Nous sommes fatigués d'écouter ses plaintes. — 2. Vous ne pouvez pas faire une omelette sans casser des œufs. — 3. N'oublie pas de prendre ton médicament avant d'aller te coucher. — 4. Il a amélioré sa prononciation en écoutant la B.B.C. tous les soirs (employer la préposition *by* pour exprimer le moyen). — 5. Avez-vous envie d'aller au cinéma ? (to feel like).

B. Mettre au futur :
1. We must run. — 2. You may have a rest. — 3. It's too cold, they cannot bathe. — 4. Can you get there before lunch ? — 5. Must you work during the holidays ? — 6. May I drive their car ?

C. Traduire :
1. Ils ont peur les uns des autres. — 2. Je ne me pardonnerai jamais cette erreur. — 3. Nous nous regardions sans nous parler. — 4. Il se fit une tasse de thé. — 5. Vous vous flattez ! — 6. Nous nous imaginions déjà en train de jouer au volley-ball sur la plage.

Bien retenir :

1) que **to have** ne peut pas être suivi d'un **participe présent;**
2) que **to be** peut être suivi du **participe présent** (c'est la forme progressive) ou du **participe passé** (c'est la voix passive);
3) que **can** (could), **may** (might), **must,** ainsi que **shall** (should) et **will** (would) ne peuvent être suivis que d'un **infinitif sans to;**
4) que les formes « he ask », « he catch », etc., sont impossibles. Au présent, il faut : « he ask**s** », « he catch**es** »; au preterite, « he ask**ed** », « he **caught** ».

CORRIGES DES EXERCICES DES LEÇONS DE REVISION

Semaine 1.

A. He worries, he obeys, he cries, he lays, he annoys, he hurries, he tidies, he copies, he conveys, he bullies.
The toys, the babies, the parties, the donkeys, the plays, the butterflies, the stories, the keys, the ash-trays, the factories.

B. 1. Mr Jones is at home (No, Mr. Jones isn't at home). — 2. Yes, she can cook (No, she can't cook). — 3. Yes, he smokes cigars (No, he doesn't smoke cigars). — 4. Yes, we shall invite them (No, we shan't invite them). — 5. Yes, these men learn English (No, these men don't learn English). — 6. Yes, he broke it (No, he didn't break it). — 7. Yes, they have a car (No, they haven't a car). — 8. Yes, they will buy a car (No, they won't buy a car). — 9. Yes, he flies to New-York (No, he doesn't fly to New-York). — 10. Yes, he obeys the law (No, he doesn't obey the law).

C. 1. He never laughs. — 2. Are the children tired ? — 3. Can you open this box ? — 4. Can your wife drive ? — 5. I must write to my friends. — 6. Our neighbours may be at the seaside. — 7. May I open the window ? — 8. They must be tired. — 9. He doesn't play football. He never plays football. — 10. She mustn't come.

Semaine 2.

A. (1) A friend, an enemy, a horse, an animal, an English book, a yellow book, an eye, a high mountain, a hero, an error.
(2) The [ðə] friend, the [ði] enemy, the [ðə] horse, the [ði] animal, the [ði] English book, the [ðə] yellow book, the [ði] eye, the [ðə] high mountain, the [ðə] hero, the [ði] error.

B. I am very fond of music; I don't like the music of this film. — 2. The wood of this table is very hard. — 3. Wine is expensive in England, but tea is cheap. — 4. He is very fond of France and the French, but he doesn't speak French. — 5. Harry is a tall, thin boy. — 6. The tea they drink is very strong. — 7. John is an engineer, his wife is an actress. — 8. Big, black clouds; a large, square yard. — 9. Grey is a dull colour. The grey of this dress is too dark. — 10. Where are the others ? Where are the other glasses ?

Semaine 3.

A. 1. The sun is rising. It rises... — 2. Mr Morgan cuts... He is cutting... — 3. sells. — 4. is staying. — 5. He goes... — 6. He doesn't play... — 7. John isn't working... — 8. We don't work... — 9. They don't drink... — 10. aren't making progress...

B. 1. When did you buy your car ? — I bought it last year. — 2. Did you work yesterday ? — I worked in the morning and I went to the pictures in the afternoon. — 3. When I got up this morning it was raining. — 4. What were you doing when they arrived ? — 5. We shall stay at home until 4 o'clock. — 6. You will be tired. We shan't be tired. — 7. Will they come if we invite them ?

C. wiping, wiped; — tipping, tipped; — waiting, waited; — fitting, fitted; — cleaning, cleaned; — widening, widened; — sinning, sinned; — prohibiting, prohibited; — dropping, dropped; — boring, bored; — appearing, appeared; — preferring, preferred.

Semaine 4.

A. 1. Did you see them ? — 2. Did you meet her ? — 3. He doesn't like us very much. — 4. She and I were born in the same village. — 5. *I* am your friend. — 6. The house is ours. — 7. Henry, his wife and (his) children. — 8. Nellie and her husband are writing to their friends. — 9. Their books are on the desk, mine are on the shelves. — 10. This armchair is very comfortable, but I don't like its colour.

B. Brushes, plays, Englishmen, thieves, roofs, sandwiches, buoys, horses and oxen, boots and feet, ladies.

C. 1. This luggage is ours. — 2. My hair is too long, cut it very short. — 3. Where is your luggage ? — 4. People are very nice in this country. — 5. The furniture of our living-room is very modern.

Semaine 5.

A. 1. There wasn't much wind. — 2. Were there many people ? — 3. There are few hotels in this island. — 4. We go to that country every year. — 5. I don't like those people. — 6. There were a few books on the shelf. — 7. We didn't see him anywhere (= we saw him nowhere). — 8. Are there any cinemas in the town ? — 9. We didn't write to anybody (= we wrote to nobody) during the holidays. — 10. Did you understand anything ?

B. 1. Our neighbours' house. — 2. Mr Jones's [-ziz] car. — 3. Doris's [siz] brother. — 4. The colour of the wall. — 5. Our children's friends. — 6. The beginning of the year. — 7. A woman's voice. — 8. The little boy's electric train. — 9. Is this your umbrella or George's ? — 10. These are men's jobs.

Semaine 6.

A. 1. They arrived at 6 (o'clock). — 2. They have just arrived. — 3. They have been working for half an hour. — 4. They did not work yesterday afternoon. — 5. Look ! I've washed the car. — 6. It has been raining for a week. — 7. It rained yesterday morning. — 8. Hullo ! He's bought a new car. — 9. I've just met Barbara. — 10. I met her at the post-office this morning.

B. 1. I've just received their letter. — 2. I'm going to write to them. — 3. What were you going to say ? — 4. When shall we go ? — 5. Write to us every week when you are in England. — 6. I don't know when he will receive my letter. — 7. You'll understand when you read the end of the story. — 8. We should be very happy if you could come with us. — 9. This country would be very pleasant if it didn't rain so often. — 10. Could John come and help us ?

Semaine 7.

A. 1. A brick-red dress. — 2. A sky-blue armchair. — 3. A long-legged bird. — 4. A blue-eyed child. — 5. A match-box. — 6. A red-haired woman. — 7. Black-shirted men. — 8. A service-station. — 9. A shop-window. — 10. A garden-city.

B. 1. She is prettier than her sister. — 2. He drives better than she does. — 3. He was not as (ou : not so) happy as we were. — 4. We were happier than he was. — 5. She was the best pianist in the town. — 6. He is the laziest boy I know. — 7. They always go to the most expensive hotels. — 8. They are more narrow-minded than we are. — 9. We went farther than they did. — 10. They get up earlier than I do.

Semaine 8.

A. 1. They don't want to do their work. — 2. They want us to go to England with them. — 3. His wife doesn't want him to buy a motor-bike. — 4. She wanted to be a nurse. — 5. Do you want me to buy a paper ? — 6. Do you want to read my paper ?

B. 1. whom. — 2. who. — 3. which. — 4. whom. — 5. which. — 6. whom. — 3. The chair you are sitting on is broken. — 4. The friends I play bridge with live in your street — 6. The man he quarrelled with is his brother-in-law.

C. 1. Don't break them. — 2. Let's go to the pictures. — 3. Be a man. — 4. Don't be late. — 5. Let's buy the Times. — 6. Let him come and see me at once. — 7. Let John rest for a few minutes if he is tired. — 8. Don't sit on the grass.

Semaine 9.

A. 1. He never says thank you. — 2. She told him he was a fool. — 3. 'What a fool you are !, she said. — 4. What did he tell you ? — 5. He told me to come early. — 6. Tell us what happened.

B. 1. Cricket is not played in France. — 2. Marmalade is eaten at breakfast. — 3. The prisoners were released. — 4. We were given the best seats (mieux que : The best seats were given to us). — 5. We shall be helped. — 6. I was given a watch for my birthday (mieux que : A watch was given to me...).

C. 1. What a pretty girl ! — 2. How pretty she is ! — 3. How happy he looks ! — 4. How well he sings ! — 5. What a lovely voice this singer has ! — 6. What a pleasant river the Thames is !

Semaine 10.

A. 1. We are tired of listening to his complaints. — 2. You can't make an omelet without breaking eggs. — 3. Don't forget to take your medicine before going to bed. — 4. He improved his pronunciation by listening to the B.B.C. every evening. — 5. Do you feel like going to the pictures ?

B. 1. We shall have to run. — 2. You will be allowed to have a rest. — 3. It will be too cold, they won't be able to bathe. — 4. Will you be able to get there before lunch ? — 5. Will you have to work during the holidays ? — 6. Shall I be allowed to drive their car ?

C. 1. They are afraid of one another. — 2. I'll never forgive myself for this mistake. — 3. We were looking at each other without speaking (to each other). — 4. He made himself a cup of tea. — 5. You are flattering yourself ! — 6. We could already imagine ourselves playing volley-ball on the beach.

PREMIERE LISTE DE MOTS INVARIABLES
(80 adverbes, prépositions et conjonctions)

A. LIEU.

1-2. To go FROM Paris TO London. Aller *de* Paris *à* Londres.
   (*from* : origine; *to* : direction).
3. To be IN England, in London, in the tube. Etre *en* Angleterre, *à* Londres, *dans* le métro (pas de déplacement vers ce lieu).
4. To be AT the station, at the window. Etre *à* la gare, *à* la fenêtre (lieu précis, pas de déplacement).
5. To go INTO the house. Entrer *dans* la maison (déplacement).
6. To go OUT OF the house. Sortir *de* la maison.
7. The book is ON the desk. Le livre est *sur* le bureau.
8. Their flat is just ABOVE ours. Leur appartement est juste *au-dessus* du nôtre (différence de niveau).
9. To spread the cloth OVER the table. Etaler la nappe *sur* la table (pour la recouvrir).

10. UNDER the trees. *Sous les arbres.*
11. IN FRONT OF the house. *Devant la maison.*
12. BEHIND the house. *Derrière la maison.*
13. NEAR our house. *Près de chez nous.*
14. FAR FROM our house. *Loin de chez nous.*
15. Stay HERE. *Restez ici.*
16. He lives THERE. *Il habite là (ou : là-bas), il y habite.*
17. To go THROUGH the wood. *Traverser la forêt (idée de se frayer un chemin).*
18. To walk ACROSS the street. *Traverser la rue (idée de passer d'un trottoir à l'autre).*
19. To walk ALONG the lane. *Suivre le sentier.*
20. To be leaning AGAINST the wall. *Etre appuyé contre le mur.*
21. AMONG the crowd. *Parmi la foule.*
22. BETWEEN the two windows. *Entre les deux fenêtres.*
23. To go TOWARDS the station. *Se diriger vers la gare.*
24. Come BACK ! *Revenez !* (retour au point de départ).

B. TEMPS.

1-2. BEFORE lunch, AFTER lunch. *Avant le déjeuner, après le déjeuner.*
3-4. They were ALREADY in bed (≠ they were NOT YET in bed). *Ils étaient déjà couchés (≠ ils n'étaient pas encore couchés).*
5-6. He is STILL (≠ NO LONGER) in England. *Il est encore (≠ il n'est plus) en Angleterre.*
7. DURING the holidays, during the war. *Pendant les vacances, pendant la guerre.*
8. WHILE we were out. *Pendant que nous étions sortis.*
9. AS SOON AS they were back. *Dès qu'ils furent de retour.*
10. Do it AT ONCE. *Faites-le immédiatement.*
11. They will SOON be ready. *Ils seront bientôt prêts.*
12. I'll read it AGAIN. *Je le relirai (répétition).*
13. He is OFTEN bad-tempered. *Il est souvent de mauvaise humeur.*
14. He SELDOM smiles. *Il sourit rarement.*
15. I ALWAYS have a cup of coffee after lunch. *Je prends toujours une tasse de café après le déjeuner.*
16. He NEVER smokes. *Il ne fume jamais.*
17. We SOMETIMES go to the pictures on Saturdays. *Nous allons parfois au cinéma le samedi.*
18. We go to the opera NOW AND THEN (= NOW AND AGAIN). *Nous allons à l'opéra de temps en temps.*
19. He is NOW an old man. *C'est maintenant un vieillard.*
20. And THEN we went to the pictures. *Et ensuite (= et après) nous sommes allés au cinéma.*
21-22. To get up EARLY (≠ LATE). *Se lever tôt (≠ tard).*
23. He has been living here SINCE September 1st (= the first). *Il habite ici depuis le 1er septembre (moment où l'action a commencé).*
24. We shall stay in London TILL (= UNTIL) the end of the holidays. *Nous resterons à Londres jusqu'à la fin des vacances.*
25. He has been living here FOR a month. *Il habite ici depuis un mois (durée de l'action).*
26. I bought my car three years AGO. *J'ai acheté ma voiture il y a trois ans (période qui sépare l'action du moment présent).*

C. DIVERS.

1. A film ABOUT Ireland. *Un film sur l'Irlande.*
   ABOUT 6 o'clock. *Vers 6 heures.*

2. THOUGH (= ALTHOUGH) he is not English. *Bien qu'il ne soit pas anglais.*
3. He died FOR his country. *Il est mort pour sa patrie.*
4. The war AGAINST Germany. *La guerre contre l'Allemagne.*
5-6. WHY are you laughing? BECAUSE it's funny. *Pourquoi riez-vous? Parce que c'est drôle.*
7-8. WITH a dictionary (≠ WITHOUT a dictionary). *Avec un (≠ sans) dictionnaire.*
9. He is ONLY five. *Il a seulement (ou: il n'a que) cinq ans.*
10. PERHAPS you are right. *Peut-être avez-vous raison.*
11. They are not QUITE ready. *Ils ne sont pas tout à fait prêts.*
12. That was RATHER expensive. *C'était plutôt (ou: assez) cher.*
13. Are you tall ENOUGH? *Es-tu assez grand?*
14. I am TOO short. *Je suis trop petit.*
15-16. You are ALMOST (= NEARLY) as tall as he is. *Vous êtes presque aussi grand que lui.*
17. She EVEN drank a glass of champagne. *Elle a même bu une coupe de champagne.*
18. I HARDLY know them. *Je les connais à peine.*
19. He is intelligent BUT very lazy. *Il est intelligent mais très paresseux.*
20-21-22. He works hard, and YET (= HOWEVER, STILL) he always fails. *Il travaille beaucoup, et pourtant (ou: cependant) il échoue toujours.*
23. New-Zealand was discovered BY Captain Cook. *La Nouvelle-Zélande a été découverte par le capitaine Cook.*
24. We have come TO (= IN ORDER TO) help you. *Nous sommes venus pour (afin de) vous aider.*
25-26. He speaks English and ALSO German (= and German, TOO). *Il parle l'anglais et aussi l'allemand (aussi = également).*
27. We were late, SO we had to run. *Nous étions en retard, aussi avons-nous dû courir (aussi = en conséquence).*
28. He swims LIKE a fish. *Il nage comme un poisson (comme + nom).*
29. He died AS he had lived. *Il est mort comme il avait vécu (comme + proposition).*
30. IF I had a holiday in winter, I'd go to the Riviera. *Si j'avais des vacances en hiver, j'irais à la Côte d'Azur (condition, supposition).*
31. Do you know WHETHER (ou: if) they are in London now? *Savez-vous s'ils sont à Londres en ce moment? (doute).*
32. They often travel TOGETHER. *Ils voyagent souvent ensemble.*

Première partie

LE VERBE
ET LES
STRUCTURES VERBALES

———

A. — Le verbe. Généralités : leçons 1 à 7.

B. — Temps, modes et aspects : leçons 8 à 19.

C. — Structures verbales : leçons 20 à 26.

D. — Expression de certaines notions : leçons 27 à 30.

1. — CONJUGAISON D'UN VERBE ORDINAIRE

I. — CLASSIFICATION DES VERBES.

1 Il convient d'abord de bien distinguer les trois catégories de verbes :

a. — LES AUXILIAIRES *to be* et *to have* (leçon 3).

b. — LES AUXILIAIRES DE MODALITE (ou *verbes défectifs*) *can, may, must, shall, will, ought* (leçon 4).

c. — LES AUTRES VERBES, dits verbes ORDINAIRES.

To do et *to let*, qui servent d'auxiliaires (leçons 2, 13 et 16), se conjuguent dans leurs autres emplois comme des verbes ordinaires.

To dare et *to need* se conjuguent tantôt comme des verbes ordinaires, tantôt comme des auxiliaires de modalité (leçon 4, § 52 à 54).

La plupart des verbes ordinaires forment leur *preterite* (temps simple du passé) et leur *participe passé* avec le suffixe *-ed* (to work → *worked*; to play → *played*) ou simplement *-d* si l'infinitif se termine par un *e* (to live → *lived*); ce sont les VERBES REGULIERS.

Mais certains (en tout plus de 180 verbes, dont environ 140 d'emploi courant) ont des formes spéciales pour ces deux temps, ou seulement l'un d'eux :

	preterite		participe passé	
to see		saw		seen
to sleep		slept		slept
to come		came		come;

ce sont les VERBES IRREGULIERS, qui ne se distinguent des autres qu'à ces deux temps.

Il est indispensable que cette classification soit toujours présente à l'esprit.

2 REMARQUES

(1) Un grand nombre de verbes peuvent être accompagnés de *postpositions* (leçon 6). Ce sont les *verbes composés* (« compound verbs »).

(2) *La 2ᵉ personne du singulier* ne s'emploie plus dans la langue courante, elle est remplacée par la 2ᵉ personne du pluriel. Elle ne subsiste qu'en *poésie* (invocations) et dans les *textes religieux*, où Dieu est tutoyé.

Exemples : **thou [ðau] art, thou hast, thou dost, thou wilt, thou workest.**
Pronom complément : **thee.** Possessifs : **thy** (adjectif), **thine** (pronom).

3 (3) L'anglais n'a qu'un petit nombre de *verbes pronominaux* proprement dits, c'est-à-dire accompagnés d'un pronom terminé par *-self* sans que le sens soit réfléchi (**to avail oneself of,** *profiter de*; **to enjoy oneself,** *bien s'amuser*).

Lorsque le sens le permet les verbes peuvent être suivis de *pronoms réfléchis*, à sens vraiment réfléchi cette fois (**He cut himself,** *il s'est coupé.* **If only you could see yourself !** *Si seulement vous pouviez vous voir !*) ou de *pronoms réciproques* (**They hate each other,** *ils se haïssent*). Voir 478 à 486.

Aux verbes pronominaux français comme *se lever, se demander, se réjouir, se rappeler, s'apercevoir* correspondent des verbes conjugués sans pronoms : **to get up, to wonder, to rejoice, to remember, to notice.** Voir 285.

Dans certains cas le pronom français est traduit indirectement par un adjectif possessif (*Je me lave les mains,* **I wash my hands**).

Certains verbes pronominaux français se traduisent par des passifs (*Le thé ne se boit pas dans un verre*, **Tea is not drunk out of a glass.** — *Je me suis ennuyé,* **I was bored**). Voir §§ 203 et 211.

2. — CONJUGAISON D'UN VERBE ORDINAIRE A LA FORME AFFIRMATIVE.

4 a. — L'anglais n'a que *deux temps personnels simples* :

Le présent simple est semblable à l'infinitif sans **to**; le seul suffixe est l'*s* (toujours prononcé) de la 3ᵉ personne du singulier (leçon 8).

Le preterite (temps simple du passé) est terminé par le suffixe *-ed*, sauf pour les verbes irréguliers qu'il faut savoir par cœur (leçon 10).

b. — Les autres temps et modes personnels se forment à l'aide d'*auxiliaires* :

Futur : **shall** et **will**
Conditionnel : **should** et **would** } + infinitif sans **to** (leçon 9).

Temps composés du passé ou *perfects* (present perfect, past perfect...) : **have** + participe passé (leçon 10).

Impératif, sauf à la 2ᵉ personne (semblable à l'infinitif sans **to**) : **let** + complément + infinitif sans **to** (leçon 16).

Subjonctif : **may/might** et **should** servent à conjuguer des tournures à valeur de subjonctif (leçon 14).

c. — *L'infinitif* a deux formes : avec ou sans la particule **to** (leçon 19).

Le participe présent et *le gérondif* sont terminés par **-ing** (leçon 18).

Le participe passé est terminé par **-ed**, comme le preterite.

d. — Aux différents temps et modes se superposent les « *aspects* », qui précisent certaines conditions dans lesquelles se fait l'action : la forme progressive (leçon 8) et la forme fréquentative (leçon 12).

e. — *La voix passive* se conjugue comme en français (leçon 17).

3. — PRONONCIATION DES TERMINAISONS ET MODIFICATIONS ORTHOGRAPHIQUES.

5 a. — Bien prononcer les terminaisons *-s* et *-ed.* Voir R.F. 1 et 8.

Dans la terminaison *-red*, l' **r** ne se prononce pas : ordered [ˈɔːdəd]. Bien distinguer les deux prononciations [id], comme dans wanted, needed
et [əd], comme dans offered, ordered.

On prononce [id] la terminaison des adjectifs : **wicked** *(méchant)*, **naked** *(nu)*, **ragged** *(en haillons)*, **rugged** *(rugueux)*, **wretched** *(misérable)*, **learned** *(érudit)*. Ne pas confondre ce dernier, prononcé [ˈləːnid], avec le participe passé, prononcé [ləːnd].

6 b. — Pour le *redoublement de la consonne* qui précède *-ed* et *-ing*, voir R.F. 7 et 8.

c. — Les verbes en *y* ont les terminaisons *-ies, -ied* si l'*y* est placé après une consonne (to carry → *carries, carried*; to supply → *supplies, supplied*). Mais après une voyelle l'orthographe est régulière (buys, plays, obeyed).

d. — Inversement les verbes **to die, to lie** font au participe présent : *dying, lying*.

Il n'y a pas de modification orthographique pour les verbes terminés par un *e* qui se prononce : to be → *being*; to see → *seeing*.

2. — FORMES INTERROGATIVE, NÉGATIVE, INTERRO-NÉGATIVE

Revoir d'abord **Règle Fondamentale 2.**

1. — **LA FORME INTERROGATIVE.**

7   a. — ***L'inversion*** se fait avec ***le premier auxiliaire*** s'il y en a plusieurs.
   Would he have worked ? *Aurait-il travaillé ?*
   How long have the Robinsons been living here ? *Depuis combien de temps les Robinson habitent-ils ici ?*

8   b. — ***Le sujet n'est jamais répété.***
   Vos parents sont-ils chez eux ? **Are your parents at home ?**
   Ton frère joue-t-il aux échecs ? **Does your brother play chess ?**

9   c. — Si la phrase commence par un terme interrogatif (qui peut être un groupe de mots) servant de ***sujet*** au verbe, celui-ci se met à la ***forme affirmative***
   Who wrote this play ? *Qui a écrit cette pièce ?*
   Which of the two trains arrives first ? *Lequel des deux trains arrive le premier ?*

... alors que si le terme interrogatif est ***complément*** le verbe se met à la ***forme interrogative*** (comme en français).
   What did he tell you ? *Que vous a-t-il dit ?*
   Why is she crying ? *Pourquoi pleure-t-elle ?*

Comparez :
   Who saw them ? *Qui les a vus ?* (**Who** est sujet)
et : **Who(m) did they see ?** *Qui ont-ils vu ?* (**Whom** est complément. En tête de phrase l'interrogatif **whom** est couramment remplacé par **who**, § 542).

10   d. — Il arrive que dans la conversation familière le sujet (généralement ***you***) et l'auxiliaire soient ***sous-entendus.***
   (Do you) See what I mean ? *Tu vois ce que je veux dire ?*

Parfois on ne sous-entend que l'auxiliaire, ce qui revient à employer une forme affirmative avec intonation ascendante (**You see what I mean ?**).

Mais cela se fait beaucoup plus rarement qu'en français. Il vaut mieux prendre l'habitude de bien construire les phrases interrogatives.
   C'est bon ? **Is it good ?**
   Ils t'ont attendu ? **Did they wait for you ?**

REMARQUE.

11   Bien s'habituer à passer d'une forme à l'autre quand le verbe est irrégulier.
Where did you go ? We went to Oxford. *Où êtes-vous allés ? Nous sommes allés à Oxford.* — **What did you see ? We saw Hamlet.** *Qu'avez-vous vu ? Nous avons vu Hamlet.*

2. — LA FORME NEGATIVE.

12   a. — Une proposition négative ne comporte qu'*une* négation.

He never smokes. *Il ne fume jamais.*

C'est pourquoi dans une phrase comportant déjà une négation on emploie :

ever   et non **never**,
any   et non **no**
either   et non **neither**.

I haven't seen him anywhere. *Je ne l'ai vu nulle part.*
Nobody has ever seen him laugh. *Personne ne l'a jamais vu rire.*
I haven't been to England yet. — I haven't been there yet either.
Je ne suis pas encore allé en Angleterre. — Je n'y suis pas encore allé, moi non plus.

On suit la même règle après les adverbes **hardly, scarcely, barely** (*ne ... guère, presque pas*) qui sont considérés comme des termes négatifs.

There was hardly anybody on the beach. *Il n'y avait presque personne sur la plage* (On ne dit pas « almost nobody »). Voir 608.

13   b. — Dans la langue parlée on emploie les **contractions** des différents auxiliaires avec **not**. Veiller à bien prononcer les contractions. Certaines sont irrégulières.

Retenir notamment : **aren't** [a:nt] = are not (se prononce comme « **aunt** »).

weren't [wə:nt] = were not (rime avec « **burnt** »)
can't [ka:nt] = cannot   **won't** [wount] = will not
shan't [ʃa:nt] = shall not   **don't** [dount] = do not
mustn't [mʌsnt] = must not (le t de **must** reste muet)

A la 1ʳᵉ personne du singulier la forme négative courante de **to be** est **I'm not**.

3. — LA FORME INTERRO-NEGATIVE.

14   Elle est plus employée qu'en français. Nous exprimons couramment la même idée par une forme négative suivie d'un point d'interrogation, et parfois par une forme affirmative. Dans la conversation courante et dans le style écrit familier (dans les lettres, dans de nombreux romans), on emploie **les contractions**.

Don't you think he looks like his father ? *Vous ne trouvez pas qu'il ressemble à son père ?*
Won't you have a cup of tea ? *Vous prendrez bien une tasse de thé.*
Didn't he come to see you yesterday ? *Il n'est pas venu vous voir hier ?*

15   Lorsqu'on ne fait pas la contraction (style plus relevé), l'ordre des mots varie selon que le sujet est un nom (**not** *après l'auxiliaire*) :

Did not this man betray his country ? *Cet homme n'a-t-il pas trahi son pays ?*

... ou un pronom (**not** *après le sujet*) :

Is she not a witch ? *N'est-elle pas sorcière ?*

16   REMARQUES.

(1) Ne pas oublier que le verbe **to do** se conjugue, comme les autres, avec l'auxiliaire **do**.

What do you do on Sundays ? *Que faites-vous le dimanche ?*
I didn't do it on purpose. *Je ne l'ai pas fait exprès.*

(2) Le verbe **to have** se conjugue tantôt comme un auxiliaire, tantôt comme un verbe ordinaire, avec **do**. Ce cas particulier sera étudié à la leçon 3 (§§ 30 à 35).

3. — LES AUXILIAIRES TO BE ET TO HAVE

I. — **TO BE.**

17   a. — SA CONJUGAISON. C'est le seul verbe qui ait trois formes différentes au présent (**I am, he is, we are, you are, they are**) et deux formes différentes au preterite (au singulier : **was** [wɔz]; au pluriel : **were** [wə:]).

Ses temps composés (**we shall be, he has been...**), son participe présent (**being**) et son impératif (**Be good. Let's be quiet**) se forment comme pour les autres verbes.

18   b. — SES CONTRACTIONS. A la forme affirmative, dans le langage parlé, on emploie généralement les contractions **'m** (=am), **'s** (=is), **'re** (=are).

Toutefois on ne termine jamais une phrase par ces contractions, contrairement à ce qu'on peut faire pour celles de la forme négative (**isn't, aren't**).

   I'm [aim] **very tired.** Mais : **How tired I am!** (et non « **I'm** »).
   He's [hi:z] **in the garden.** Mais : **I don't know where he is.**

   c. — SES EMPLOIS. C'est le verbe le plus employé de la langue anglaise.

19   (1) En tant qu'*auxiliaire* il sert à conjuguer la *forme progressive* (leçon 8)
   I am playing. He was working.

... et la *voix passive* (leçon 17)
   He was arrested. They were killed in an accident.

Aux temps composés du passé (leçon 10) on ne le trouve à la place de l'auxiliaire **to have** que dans des cas exceptionnels, pour exprimer l'état résultant d'une action (avec des verbes de déplacement : **to go, to come, to arrive**).

   The door is locked, they are gone (= they are no longer here). *La porte est fermée à clef, ils sont partis. Ici, gone signifie « absent ».*

Mais si on ajoute un complément (de lieu par exemple) il faut l'auxiliaire **to have** :
   They've gone to the pictures. *Ils sont partis au cinéma.*

20   (2) *Suivi d'un infinitif complet* il exprime qu'une action a été **convenue**.
   We are to go to Scotland in July. *Nous devons aller (nous avons projeté d'aller) en Ecosse en juillet (voir 125).*

21   (3) Il introduit des attributs et compléments divers. Il exprime :

la dimension
   How deep is this well ? It's 20 feet deep. *Quelle est la profondeur de ce puits ? Il est profond de 20 pieds.*

l'âge
   How old is Helen ? She is 17. She will be 18 in April. *Quel âge a Hélène ? Elle a 17 ans. Elle aura 18 ans en avril.*

On peut dire aussi : **She is 17 years old** (Cf. ci-dessus : **It is 20 feet deep**).

la santé
   How are you ? I'm better. *Comment allez-vous ? Je vais mieux.*

la température
   What's the weather like ? It's cold. *Quel temps fait-il ? Il fait froid.*

22   *Suivi d'un adjectif* il correspond parfois à notre verbe *avoir* suivi d'un nom.

       I am cold. *J'ai froid.* **I am** sleepy. *J'ai sommeil.* **I am** afraid. *J'ai peur.*
       I am hungry, **I am** thirsty. *J'ai faim, j'ai soif.*
       I am right, **I am** wrong. *J'ai raison, j'ai tort.*
       I am lucky, **I am** unlucky. *J'ai de la chance, je n'ai pas de chance.*

23   d. — L'expression **there is** (*il y a*) se conjugue à tous les temps. Au présent et au « preterite » ne pas confondre le singulier (**there is, there was**) et le pluriel (**there are, there were**). Cette expression est généralement *inaccentuée*.

       There's ([ðəz] plus couramment que [ðɛəz]) **a little garden in front of the house.** *Il y a un petit jardin devant la maison.*
       How many people were there? *Combien de gens y avait-il ?* (§ 365).
       There's been a lot of fog this year. *Il y a eu beaucoup de brouillard cette année.*
       There won't be anything left for us. *Il ne restera rien pour nous.*

There is peut se combiner avec tous les défectifs et avec différentes expressions.

       There might be a gale. *Il pourrait y avoir une tempête.*
       There ought to be a policeman at this crossroads. *Il devrait y avoir un agent à ce carrefour.*
       There seems to be a mistake. *Il semble qu'il y ait une erreur.*

REMARQUES.

24   (1) D'autres verbes que **to be** s'emploient parfois avec **there**.

       There came a time when we had to sell the house. *Il arriva un moment où il nous fallut vendre la maison.*
       There remains for us to apologize. *Il nous reste à vous présenter des excuses.*

25   (2) Ne pas confondre **there is** = *il y a* avec **there is** = *voilà* (dans ce cas **there** est *accentué*), construit comme **here is** = *voici* (90).

       There's [ðɛəz] **Mr Jones. Let's invite him.** *Voilà M. Jones. Invitons-le.*

26   (3) *Il y a* ne se traduit pas par **there is** :

— pour la *distance* (**It's three miles from the station to the village**).
— pour la *durée* (voir 156 à 160).
— dans l'expression « *qu'y a-t-il ?* » (= *que se passe-t-il ?*) : **What's the matter ?**

27   e. — Le verbe **to be** et son sujet peuvent être sous-entendus après *if, when, while, until, though,* lorsque cela ne nuit pas à la clarté de la phrase.

       He made up his mind to relate what he had seen if told to do so. *Il décida de raconter ce qu'il avait vu si on le lui demandait.*
       When a boy I used to be fond of honey. *Quand j'étais enfant j'aimais beaucoup le miel.*

2. — TO HAVE.

28   a. — SA CONJUGAISON ET SES CONTRACTIONS. Il est beaucoup moins irrégulier que **to be** : radical unique terminé par un *s* à la 3ᵉ personne du singulier du présent (**has**) et par un *d* aux temps irréguliers du passé (**had**). Les autres temps sont réguliers (**we shall have; let's have; having...**).

Ce qui a été dit sur l'emploi des contractions de **to be** (§ 18) s'applique également à celles de **to have** : **'ve** (= have), **'s** (= has), **'d** (= had).

       He's (= he has) **never been to England; I have.** *Il n'est jamais allé en Angleterre, moi si.*

29 *Remarque* : Ne pas oublier que *'s* remplace *has* lorsqu'il est suivi d'un participe passé (**He's been to Australia**), alors que suivi d'un participe présent il remplace *is* (**He's staying in Australia**).

De même *'d* remplace *had* lorsqu'il est suivi d'un participe passé (**They'd** [ðeid] **never left their country**), alors que suivi d'un infinitif sans *to* il remplace *would* ou *should* (**I'd like to know where they are**).

b. — SES EMPLOIS ET SES FORMES INTERROGATIVE ET NEGATIVE.

30 (1) En tant qu'*auxiliaire*, suivi d'un participe passé, il sert à former les temps composés du passé (les perfects) de *tous* les verbes (voir 19 et 137).

present perfect (**They have bought a new car**)
past perfect, ou *pluperfect* (**I had met him before**)
conditionnel passé (**He would have helped us if he had been there**).

L'auxiliaire *have* se conjugue sans *do*.
Have they left ? *Sont-ils partis ?*

31 (2) Les expressions *I had better* (je ferais mieux de) et *I had* (= *I would*) *rather* (je préférerais) seront étudiées au § 55. Elles se conjuguent sans *do*.
We'd better not wait. *Nous ferions mieux de ne pas attendre.*

32 (3) Exprimant *la possession* ou un lien de *parenté* il est souvent suivi dans la conversation de *got* et il n'a pas de forme progressive.
He's got (= he has) **a new car.** *Il a une nouvelle voiture.*

Aux formes interrogative et négative du présent :

langue écrite : **Have you a car ? I have not a car.**
langue familière, surtout en Grande-Bretagne : **Have you got a car ? I haven't got a car.**
langue familière surtout aux Etats-Unis : **Do you have a car ? I don't have a car.**

Au *preterite* on conjugue avec *did* même en Grande-Bretagne.
Did you have enough money ? *Aviez-vous assez d'argent ?*

33 (4) *Suivi d'un infinitif complet* il exprime la *nécessité* (voir 49 et 328).
We shall have to wait. *Nous devrons attendre.*

L'expression *to have to* peut être accompagnée de *got* dans la langue familière.
I've got to write a letter. *Il faut que j'écrive une lettre.*

Aux formes interrogative et négative, on conjugue presque toujours avec *do*.
Did you have to wait ? *Avez-vous dû attendre ?*

34 (5) Dans un grand nombre d'*expressions idiomatiques to have* a un sens précis (= to take, to eat, to experience,...). On le conjugue alors toujours avec *do*. On peut le mettre à la *forme progressive* et le conjuguer à l'*impératif*.

To have lunch (déjeuner), **to have a cup of tea** (prendre une tasse de thé), **to have a rest** (se reposer un instant), **to have a look at** (jeter un coup d'œil à), **to have a good time** (bien s'amuser), etc.
Did you have a nice time ? *Vous êtes-vous bien amusés ?*
He was having a rest. *Il était en train de se reposer.*
Do have a cup of tea. *Prenez donc une tasse de thé* (voir 200).

35 (6) Les *sens causatifs* de *to have* (**They had him do it. We had a house built**) seront étudiés aux §§ 272, 276, 277. *To have* se conjugue alors avec *do*.
When did you have your hair cut ? *Quand t'es-tu fait couper les cheveux ?*

4. — LES AUXILIAIRES DE MODALITÉ (Verbes défectifs)

1. — LEUR CONJUGAISON, LEUR ROLE.

Voir R.F. 3, 18 et 29.

36   Le rôle principal de ces auxiliaires est d'exprimer diverses nuances de **modalité**, c'est-à-dire une attitude d'esprit, un **point de vue personnel**. En conjuguant le verbe avec **may**, je peux préciser que l'action exprimée par ce verbe me paraît incertaine ; avec **must**, qu'elle me paraît très probable ; avec **should**, qu'elle me paraît souhaitable, etc. (exemples, §§ 43, 47, 48. Voir aussi leçon 30).

Ces auxiliaires ne peuvent jamais être suivis d'un complément d'objet.

Le pouvez-vous ? **Can you *do* it ?**

37   Leur preterite peut prendre le sens d'un conditionnel présent. C'est alors un preterite modal (voir § 175). Comparer :

> **I tried to start the car, but I couldn't.** *J'ai essayé de mettre la voiture en marche, mais je n'y suis pas arrivé* (**couldn't** : preterite à sens de passé).
>
> **Could you give me an answer by the end of the week ?** *Pourriez-vous me donner une réponse d'ici la fin de la semaine ?* (**could** : preterite modal à sens de conditionnel présent).

2. — LEURS EMPLOIS.

38   a. — CAN, preterite : **could** [kud]. Le présent ne se prononce [kæn] que lorsqu'il est accentué, sinon [kən] ou [kn].

> **I can see them** [aikn'si:ðm].

(1) Il exprime une **possibilité**, une **capacité** matérielle ou une **faculté** intellectuelle (je suis assez fort, assez riche, assez intelligent pour..., j'ai le temps de...).

> **Can you lift this trunk ?** *Pouvez-vous soulever cette malle ?*
> **You can't** [ka:nt] **understand, you're too young.** *Tu ne peux pas comprendre, tu es trop jeune.*
> **That can't be true.** *Il est impossible que cela soit vrai.*

A la forme interrogative **could** a généralement le sens d'un conditionnel présent.

> **Could you post the letter ?** *Pourriez-vous mettre cette lettre à la poste ?*
> **Were you able to** (ou : **Did you manage to**) **post the letter ?** *Avez-vous pu mettre la lettre à la poste ?*

39   (2) Il s'emploie pour exprimer que des **réflexes** ont été acquis par la pratique (en français : *savoir*).

> **He can swim, drive, play tennis.** *Il sait nager, conduire, jouer au tennis.*
> **I can't speak German.** *Je ne parle pas l'allemand.*

40   (3) Il sert à conjuguer les **verbes de perception** (et alors ne se traduit pas).

> **Can you hear the bells ?** *Entendez-vous les cloches ?*

41   (4) Dans la conversation familière il a souvent le sens de **may** (**permission**).

> **Can I** (plus poli : **Could I**) **use your pen ?** *Est-ce que je peux me servir de votre stylo ?* (« **May I...** » serait encore plus poli : *Puis-je ?*).

A la forme négative il exprime alors une interdiction.

> **You can't behave like that here.** *Il n'est pas permis de se conduire comme cela ici* (**Can't** est ici synonyme de ***mustn't***).

b. — MAY, preterite : *might*.

42 (1) Il s'emploie pour demander poliment (ou pour accorder) une **permission**.
May I smoke a cigar ? *Puis-je fumer un cigare ?* (voir 41).
You may smoke if you wish. *Vous pouvez fumer si vous voulez.*

Aux autres personnes et à la forme négative, l'idée de permission s'exprime plus souvent à l'aide de l'équivalent **to be allowed to** (ou : **to be permitted to**).
They are not even allowed to smoke in the corridors. *Ils ne peuvent même pas (on ne leur permet même pas de) fumer dans les couloirs.*

43 (2) Il exprime une *éventualité*, une *incertitude* (en français : *il se peut que...*).
She may come tonight. *Il se peut qu'elle vienne ce soir.*

Might peut s'employer, avec le sens d'un conditionnel présent, pour exprimer une action future incertaine, un risque (353).
It might rain this afternoon. *Il se pourrait qu'il pleuve cet après-midi.*
Be careful, you might skid. *Soyez prudent, vous pourriez déraper.*

— *Might* peut exprimer une suggestion, parfois un reproche.
We might ask a policeman. *Nous pourrions demander à un agent.*
You might at least help us. *Vous pourriez au moins nous aider.*

44 (3) Il exprime *un souhait,* dans une langue très soignée (337).
May the Lord have mercy on your soul. *Que Dieu ait pitié de votre âme* (formule qui termine une sentence capitale).

(4) Il s'emploie avec la valeur d'un **auxiliaire du subjonctif** (179-180).

45 c. — MUST n'existe qu'au présent. La forme unique *must* peut toutefois s'employer comme *passé* dans des subordonnées de *style indirect*.
He said it must be true. *Il a dit que ce devait être vrai.*

46 (1) Il exprime une *nécessité*, une *obligation* (voir 33 et 328).
You must not be late. *Il ne faut pas que vous soyez en retard.*
I'm afraid I must go now (= **I'm afraid I've got to go now**). *Il faut malheureusement que je parte maintenant.*

A la forme négative distinguer l'interdiction (*must not*) de l'absence de nécessité (*need not*). Voir § 54.
You mustn't [mʌsnt] **come** est le contraire de : **You may come.**
You needn't come est le contraire de : **You must come.**

47 (2) Il exprime une *forte probabilité*, une *quasi-certitude*, une conclusion logique (comparer avec le 2ᵉ sens de *may* : éventualité, incertitude).
It must be very cold outside. *Il doit faire très froid dehors.*
He hasn't come, he must be ill. *Il n'est pas venu, il doit être malade.*

A la forme négative, « **that can't be true** » est le contraire de « **that must be true** ».

48 d. — WILL (pret : *would*) et SHALL (pret. : *should*), défectifs qui servent d'auxiliaires pour le futur et le conditionnel, seront étudiés à la leçon 9.

e. — OUGHT TO n'a qu'une forme. Il s'emploie pour donner des **conseils** moraux ou amicaux (devrais, devriez). SHOULD (à toutes les personnes) a à peu près le même sens, en insistant toutefois moins sur la contrainte morale (voir aussi 350).
You ought to (= **should**) **be ashamed.** *Vous devriez avoir honte.*
He should (= **ought to**) **read this book.** *Il devrait lire ce livre.*

3. — LES AUTRES TEMPS QUE LE PRESENT ET LE PRETERITE.

49 a. — *Les équivalents,* qui se conjuguent à tous les temps, remplacent les verbes défectifs en particulier aux modes impersonnels, aux temps composés du passé, au futur. Ce sont :

{ **To be able to,** équivalent de **can** exprimant la possibilité ou les réflexes acquis.
 To be allowed to, équivalent de **may** exprimant la permission.
 To have to (= **to be obliged to**), équivalent de **must** exprimant la nécessité.

(Voir « *have got to* » et « *did you have to...?* », § 33 et 328).

> He apologized for not being able to come. *Il s'excusa de ne pouvoir venir.*
> We've had to alter our plans. *Nous avons dû modifier nos projets.*
> Will you be allowed to come? *Pourrez-vous (= serez-vous autorisé à) venir ?*

50 Un simple présent a souvent le sens d'un futur quand le sens reste clair.

> I can come on Sunday (= I'll be able to come on Sunday).

Nous avons vu que les preterites **could, might, should** et **ought to** peuvent avoir le sens de conditionnels présents. Le conditionnel de « devoir » se traduit de deux façons selon le sens de la phrase.

> If he wanted to arrive before lunch he would have to start very early. *S'il voulait arriver avant le déjeuner il devrait (= il lui faudrait) partir très tôt.*
> You should get up earlier. *Tu devrais te lever plus tôt (conseil).*

51 b. — On traduit la tournure « *nous aurions dû écrire* » (vous auriez pu venir, il aurait fallu prendre...) en faisant suivre l'auxiliaire de modalité d'un infinitif passé (sans *to*, sauf après *ought*). Comparer (le temps composé est souligné) :

{ Nous aurions dû écrire
 We should <u>have written</u> (mot à mot : nous devrions avoir écrit).

Cette tournure ne s'emploie que pour certains sens des défectifs :
can exprimant la **possibilité** d'un fait envisagé rétrospectivement.

> He can't have told you about it because he didn't know it. *Il est impossible qu'il vous en ait parlé parce qu'il ne le savait pas.*

could exprimant une **possibilité** qui ne s'est pas réalisée.

> They could have walked there. *Ils auraient pu y aller à pied.*

might exprimant un **hasard** concernant un fait passé.

> They might have been killed. *Ils auraient pu se tuer.*

Il s'y ajoute parfois une nuance de **reproche** (moins direct qu'avec should).

> You might have told me before. *Vous auriez pu me le dire plus tôt.*

should et **ought to** exprimant un **regret,** un **reproche** concernant le passé.

> We should (= ought to) have invited her. *Nous aurions dû l'inviter.*

may exprimant une **incertitude** concernant un fait passé (cf. sens n° 2 de may).

> He may have lost our address. *Il se peut qu'il ait perdu notre adresse.*

must exprimant une **quasi-certitude** concernant un fait passé (cf. sens n° 2 de must)

> You must have been disappointed. *Vous avez dû être déçu.*

Ne pas confondre les deux sens de « *ils ont dû* » dans les phrases :

> Ils ont dû avoir peur (quasi-certitude : « je parierais que... »). **They must have been afraid.**
> Ils ont dû appeler un docteur (nécessité : « il leur a fallu... »). **They had to call a doctor.**

4. — DARE ET NEED.

52 Ces deux verbes, parfois appelés « *semi-défectifs* », se conjuguent tantôt comme des verbes ordinaires, tantôt comme des auxiliaires de modalité.

Ils se conjuguent ***comme des auxiliaires surtout aux formes interrogative et négative***. On peut faire alors les contractions ***daren't*** [dɛənt] et ***needn't***.

53 a. — DARE, preterite *dared* ou *dare*.

How dare you say such a thing ? *Comment osez-vous dire une chose pareille ?*
He daren't address me. *Il n'ose pas m'adresser la parole.*

On peut dire aussi en conjuguant *to dare* comme un verbe ordinaire :
He doesn't dare to address me.

A la forme affirmative et aux autres temps que le présent et le preterite on conjugue *to dare* comme un verbe ordinaire.

I would not dare to disturb him. *Je n'oserais pas le déranger* (*to* est parfois omis).

Voir *to dare* (= *mettre au défi*), § 258.

54 b. — NEED (voir aussi § 286, to need + objet direct).

She needn't worry. *Elle n'a pas besoin de s'inquiéter ?*
Need (= must) **you wait for them ?** *Est-il nécessaire que vous les attendiez ?*

La réponse négative serait : **No, I needn't** (= I don't have to), la réponse affirmative : **Yes, I must**. (Voir *Must*, § 46).

Need peut s'employer comme preterite au style indirect.

He said that you needn't do it. *Il a dit qu'il n'était pas nécessaire que vous le fassiez.*

Au passé, comparer :

They needn't have done all this work. *Ils n'avaient pas besoin de faire tout ce travail* (sous-entendu : ils l'ont fait quand même).
They didn't need to do it. *Ils n'ont pas eu à le faire* (sous-entendu : ils ne l'ont pas fait).

5. — I HAD BETTER, I WOULD RATHER.

55 Les expressions ***I had better*** *(je ferais mieux de, je ferais bien de)* et ***I would rather****,* plus couramment aujourd'hui que ***I had rather*** *(je préfère, je préfèrerais)* sont semblables aux auxiliaires de modalité : elles n'existent qu'à un temps (preterite à sens de conditionnel présent), se conjuguent sans *do* et sont suivies d'infinitifs sans *to*. Dans la conversation on dit généralement : **I'd better, I'd rather.**

I'd better finish my work before going to bed. *Je ferais mieux de finir mon travail avant d'aller me coucher* (voir 31).
We'd rather (parfois : **we'd sooner**) **go to Spain** (***than*** **stay in France**). *Nous préférerions aller en Espagne (plutôt que de rester en France).*
I'd rather not meet him. *Je préfèrerais ne pas le rencontrer.*

I'd rather se construit aussi suivi d'un preterite modal (§ 178 et 340).

5. — EMPLOIS IDIOMATIQUES DES AUXILIAIRES

56 Les auxiliaires (*be, have, do, shall, will, can, may, must, ought to*, ainsi que *dare* et *need* quand ils sont conjugués comme des auxiliaires) servent à former des expressions qui se conjuguent en anglais, alors que les expressions françaises correspondantes sont invariables.

Elles se forment en rappelant le verbe déjà exprimé. S'il s'agit d'un verbe ordinaire à un temps simple (présent ou preterite) on le rappelle sous la forme de l'auxiliaire *do* (ou *does*, ou *did*, selon la personne et le temps); s'il s'agit d'un verbe conjugué avec un auxiliaire c'est ce dernier que l'on emploie (le premier auxiliaire seulement s'il y en a plusieurs).

They are playing → *are*. She went → *did*. We have been playing → *have*.
He would have gone → *would*.

On fait bien sûr accorder l'auxiliaire avec le second sujet s'il est différent du premier. (Ex. : We *were*..., so *was* he, § 61).

Ces expressions sont des **membres de phrases elliptiques** (« *tags* ») qui permettent soit d'exprimer une réaction à ce qu'on vient d'entendre (approbation, doute, etc.), soit d'ajouter rapidement une idée à ce qu'on vient de dire soi-même (par exemple pour marquer une opposition, pour prendre à témoin l'interlocuteur).

On veillera à bien placer l'accent tonique. L'auxiliaire ne peut jamais être réduit à sa forme faible ('ve, 's, 'd, 'll).

La contraction avec not (aren't, won't, doesn't, etc.) est d'emploi très courant.

1. — « TAGS » EXPRIMANT DES REACTIONS A CE QU'ON VIENT D'ENTENDRE.

57 a. — Après *yes* et *no* (également après *indeed, of course, perhaps, I'm afraid*...) pour éviter une réponse trop sèche. *L'auxiliaire est accentué.*

Have you been working all day ? — *Yes, I have.*
Can John drive ? — *No, he can't* (avec ou sans virgule après *yes* et *no*)
Is she angry with me ? — *Of course she is* (Bien sûr que oui).

C'est ainsi que l'on traduit notre « *si* » (ou : « *mais si* »), qui n'a pas d'équivalent anglais en un seul mot.

Don't you like tea ? — *Yes, I do.*

58 b. — Pour **remplacer** *yes* ou *no*. La réponse est alors catégorique, synonyme de *yes indeed, not at all*. *L'auxiliaire est accentué.*

Do you intend to answer his letter ? — *I don't.* (Certainement pas).
Will you have this woman to be your lawful wedded wife... ? — *I will* (formule rituelle de la cérémonie de mariage).

59 c. — Pour **constater** un fait (Oui, c'est bien vrai), souvent avec **surprise** (Tiens ! C'est vrai !). *L'auxiliaire est accentué.*

It's stopped raining. — *So it has.*
You are late, John. — *So I am* (ni virgule ni inversion après *so*).

60   d. — Pour exprimer *l'étonnement* (Vraiment ?). *L'auxiliaire est accentué.*
   She's now living in Australia. — *Is she?* (Oh, is she? ou : *Is she really ?*)
   He never drinks wine. — *Oh, doesn't he ?*

2. — « TAGS » EXPRIMANT DES IDEES AJOUTEES A CE QU'ON VIENT DE DIRE.

61   a. — « *moi aussi* », « *moi non plus* » (le second sujet se comporte comme le premier. C'est *le sujet*, et non l'auxiliaire, qui est **accentué**).

« *moi aussi* » :
   I must hurry up, *so must you* (= and so must you).
   The Joneses came by train, *so did the Robinsons.*
   We'll go to London for Christmas, *so will our neighbours.*
   John is very fond of detective stories, *so am I* (familièrement : « *me too* »).

Ne pas confondre les deux constructions :
   Il aime la musique, sa femme aussi. **He likes music, *so does his wife.***
   Il aime la musique, et aussi la poésie. **He likes music, *and poetry too.***

« *moi non plus* » :
   He can't swim, *neither can his sister.*
   They aren't hungry, *neither am I.*
   We don't eat much bread, *neither do our children* (On peut dire aussi : *Nor do our children*, ou : *Our children don't either*).

Ne pas confondre les deux constructions :
   Il n'aime pas la musique, sa femme non plus. **He doesn't like music, *neither does his wife.***
   Il n'aime pas la musique, ni la poésie non plus. **He doesn't like music, *or poetry either.***

62   b. — « *moi si* », « *moi non* » (le second sujet ne se comporte pas comme le premier. Le sujet et l'auxiliaire sont **tous deux accentués**).

« *moi si* » :
   He doesn't like music, *his wife does* (= but his wife does).
   He can't swim, *his sister can.*
   If you aren't hungry, *I am.*

« *moi non* » :
   He likes music, *his wife doesn't* (= but his wife doesn't).
   John is fond of detective stories, *I'm not* (*not* est accentué).
   I must hurry up, *you needn't* (*needn't*, exprimant l'absence d'obligation, est le contraire de *must*. Voir § 46).

63   c. — « *et vous ?* », « *pas vous ?* » (Le sens demande que *le sujet* soit mis en relief; c'est donc lui, et non l'auxiliaire, qui est **accentué**).
   I like Graham Greene. *Do you ?* (Et vous ?).
   We were all very pleased. *Weren't you ?* (Pas vous ?).

64   d. — « *n'est-ce-pas ?* ». Ce « tag », qui permet discrètement de prendre à témoin un interlocuteur, est plus courant que notre « n'est-ce-pas ? », car il prend des formes très variées et passe inaperçu, alors que la formule française devient souvent une sorte de tic. On l'appelle « ***question tag*** » ou « ***colloquial query*** ».

Si la phrase à laquelle il s'ajoute est **affirmative** il comporte une négation; si elle est **négative** il n'en comporte pas.

Ce « tag » n'est pas accentué, sauf si l'on insiste pour obtenir une réponse.

Phrases affirmatives	*Phrases négatives*
John **is** very fond of cats, **isn't he**?	John **isn't** very fond of cats, **is he**?
It **was** very cold, **wasn't it**?	It **wasn't** very cold, **was it**?
You **went** to London yesterday, **didn't you**?	You **didn't** go to London yesterday, **did you**?
She**'ll** bring her children, **won't she**?	She **won't** bring her children, **will she**?
We **can** do it ourselves, **can't we**?	We **can't** do it ourselves, **can we**?
They **have** been working all day, **haven't they**?	They **haven't** been working all day, **have they**?
You **have** lunch at home, **don't you**? (voir § 34).	You **don't** have lunch at home, **do you**?

65 REMARQUES.

(1) Si la phrase comporte l'expression **there is**, c'est **there** que l'on répète.

There was a very thick fog, **wasn't there**?

(2) Les démonstratifs **this** et **that** sont rappelés sous la forme du pronom neutre **it**.

That was very nice, **wasn't it**?

(3) **Everybody**, quoique singulier, est rappelé sous la forme du pronom pluriel **they**.

Everybody was tired, **weren't they**?

66 e. — Pour *sous-entendre un membre de phrase déjà exprimé* tout en insistant sur la réalité de ce qu'on affirme (« effectivement », « vraiment », « en fait »). L'**auxiliaire** seul est **accentué**. Il s'agit souvent de marquer une opposition (entre ce qui avait été annoncé et ce qui a été fait, par exemple), ou bien de confirmer ce qui était incertain.

Opposition :

He pretended to be a doctor *but he wasn't* (Il nous avait trompés).

He said he wouldn't accept the money, *but he did.* (Ici, la proposition complète serait : he did accept it. Voir forme emphatique, leçon 13, § 172).

Confirmation :

He said he would write every week, *and so he did* (et il l'a fait).

Ne pas confondre les trois tournures :

{ **John was right.** — *So he was* (Tiens, oui ! § 59)
{ **We were tired,** *so was he* (lui aussi, § 61).
{ **He said he was a duke,** *and so he was* (et c'était bien vrai).

67 f. — Après **as** (« comme moi », « comme lui ») et après **than** et **as** introduisant un complément de comparatif.

Why don't you get up early, *as I do* ? (comme moi). On peut dire aussi « **like me** », mais non « like I do ».

She plays better than he does } voir RF 20 et § 434.
They were as pleased *as I was* }

6. — LES POSTPOSITIONS

I. — **GENERALITES.**

a. — Les postpositions (« adverbial particles ») sont des adverbes étroitement liés par le sens aux verbes qui les précèdent. Le verbe et la postposition forment un groupe phonétiquement inséparable : le **verbe composé** (« compound verb »).

Dans « **to drive in England** » (*conduire en Angleterre*) **in** est une préposition qui introduit un complément; il peut y avoir un silence après le verbe. Mais dans « **to drive in a nail** » *(enfoncer un clou)* **in** est une postposition liée au verbe, et l'expression doit se lire : **to-drive-in a-nail.**

La postposition est ***toujours accentuée,*** alors que la préposition ne l'est que dans des cas exceptionnels, lorsqu'il y a une raison spéciale de la mettre en relief.

Did you get through ? (through *accentué*). *Avez-vous été reçu à votre examen ?*
We went through the wood (through *inaccentué*). *Nous avons traversé le bois.* (On peut exceptionnellement accentuer **through** pour insister : **through, not round, the wood**).

b. — Place de la postposition.

(1) Après le complément d'objet direct si c'est un pronom personnel ou démonstratif.
Show them in. *Faites-les entrer.*
Throw that away. *Jette cela.*

(2) Avant ou après le complément d'objet direct si c'est un nom.
He took off his hat = **he took his hat off.** *Il retira son chapeau.*
Si le complément est long la postposition se place avant.
He gave away all the money he had won. *Il distribua en cadeaux tout l'argent qu'il avait gagné.*
A l'impératif la postposition en fin de phrase donne plus de vigueur à l'ordre.
Take your boots off. *Retire tes chaussures.*

(3) En tête de phrase, pour donner plus de vivacité à un récit. Cette tournure ne s'emploie que pour l'expression d'un déplacement. Le sujet se place alors après le verbe si c'est un nom, avant si c'est un pronom.
Off we go. *Nous voilà partis.*
Off went the rocket. *Voilà la fusée partie.*
Cette règle n'est pas absolue mais il est préférable de ne pas s'en écarter.

c. — Emplois des postpositions.

(1) Elles peuvent accompagner un **verbe de sens vague** auquel elles donnent un **sens précis.**
To get up. *Se lever.*
To get away. *S'enfuir.*
To get on. *Monter (dans l'autobus..)*
To get together. *Se réunir.*

71   (2) Elles peuvent accompagner un *verbe exprimant une façon de faire* (par exemple une façon de se déplacer); la postposition exprime alors le *résultat de l'action*, la direction du déplacement. Voir leçon 25 (structure F).

   I swam across. *J'ai fait la traversée à la nage.*
   He rushed out. *Il est sorti précipitamment.*

   (3) Certaines postpositions (*over, round, along, across, up, down*) s'ajoutent parfois aux verbes de déplacement lorsqu'il s'agit d'une courte distance; elles n'expriment alors *rien de précis* mais donnent à la phrase un *tour familier*.

   Take this letter over to the post office. *Portez cette lettre à la poste.*
   Come round (ou : **along**) **and see me this evening.** *Venez me voir ce soir.*

72   (4) Elles peuvent *modifier légèrement le sens* d'un verbe.

   Drink your beer. *Buvez votre bière.*
   Drink up your beer. *Videz votre verre de bière.*

La postposition ne modifie pas du tout le sens du verbe (il s'agit de *pléonasmes*) dans les expressions courantes : **to lift up** *(soulever)*, **to fall down** *(tomber)*, **to pour out the tea** *(verser le thé)*.

   (5) Elles peuvent aussi *modifier complètement le sens* d'un verbe.

   To put off (= to postpone). *Remettre à plus tard.*
   To make out (= to understand). *Comprendre.*
   To bring about (= to cause). *Provoquer.*
   To keep on (= to continue). *Continuer.*
   To give away (= to distribute). *Distribuer.*
   To put up with (= to tolerate). *Tolérer, supporter.*
   To make up for (= to compensate). *Compenser, rattraper (un retard).*

Ces expressions idiomatiques, qu'il faut apprendre avec soin, sont plus courantes encore dans la langue parlée que dans la prose soignée. L'anglais préfère instinctivement les expressions composées de monosyllabes aux mots plus longs, souvent d'origine latine, dont l'accumulation donne un style un peu guindé.

73   (6) Elles s'emploient après **to be** dans des cas précis.

   To be up, in, out, away, back. *Etre levé, chez soi, sorti, absent, de retour.*
   School is over. *Les classes sont finies.*
   I must be off. *Il faut que je parte.*

74   (7) Elles s'emploient pour *transformer un verbe d'attitude en verbe de mouvement*.

   To lie (=to be lying). *Etre allongé.*
   To lie down. *S'allonger.*
   To stand (= to be standing). *Etre debout.*
   To stand up. *Se lever (d'une chaise).*

Mais il arrive qu'on ajoute la postposition pour l'expression d'une attitude (sans déplacement).

   He was lying down in the grass. *Il était allongé dans l'herbe.*

   (8) Elles peuvent s'employer *seules*, sans verbe (**Hands up !** *Haut les mains !* **Out !** *sortez !*) ou suivies de **with**.

   Down with the traitors ! *A bas les traîtres !*

2. — SENS DES PRINCIPALES POSTPOSITIONS.

Cette liste, qui est loin d'être complète, est destinée à attirer l'attention sur certains sens des postpositions les plus employées. Elle ne peut rendre compte du sens des expressions comme **to put away, to put off, to put up with**, etc., qu'il faut apprendre par cœur.

75 ABOUT.

a. — En tous sens (mouvement). **He gets about a good deal.** *Il voyage* (ou : *il circule*) *beaucoup.*

b. — Çà et là (sans mouvement). **There were books lying about on the carpet.** *Il y avait des livres éparpillés sur le tapis.*

76 AWAY.

a. — Eloignement. **Take all these papers away.** *Emportez tous ces papiers.*

b. — Disparition complète. **The snow has melted away.** *La neige a entièrement fondu.*

c. — Entrain. **She laughed away to her heart's content.** *Elle riait, riait tout son soûl.*

d. — Action faite sans délai et sans restriction. **Fire away !** *Allez-y, parlez donc !*

77 BACK.

a. — Mouvement vers l'arrière. **He sat back in his chair, looking happy.** *Il se renversa dans son fauteuil, l'air heureux.*

b. — Retour au point de départ. **Call him back.** *Rappelez-le.*

c. — Réplique, revanche. **Don't answer back.** *Ne réplique pas.*
 If anyone hits me, I hit back. *Si on me frappe, je rends la pareille.*

d. — Attitude réservée. **She kept back her tears.** *Elle refoula ses larmes.*

78 DOWN.

a. — Mouvement vers le bas. **It's easier to climb up than down.** *L'ascension est plus facile que la descente.*

b. — Mouvement pour se mettre à écrire. **Take this down.** *Notez ceci.*

c. — Eloignement du point central (Londres, l'université). **We went down to Norfolk for a few days.** *Nous sommes allés passer quelques jours dans le Norfolk* (c'est un Londonien qui parle).

d. — Diminution. **The fire is burning down.** *Le feu baisse.*

79 IN.

a. — Vers l'intérieur (mouvement). **Step in.** *Montez (en voiture).*

b. — A l'intérieur (sans mouvement). **He was kept in for his laziness.** *Il a été gardé en retenue à cause de sa paresse.*

c. — Visite. **He dropped in last night.** *Il est entré nous dire bonjour hier soir.*

d. — Pénétration. **Don't rub it in !** *N'insistez pas lourdement (sur mon erreur; j'en suis déjà assez confus).*

80   OUT.

    a. — Vers l'extérieur (mouvement). **Come out for a stroll.** *Venez faire une petite promenade.*

    b. — A l'extérieur (sans mouvement). **We are dining out tonight.** *Nous dinons en ville ce soir.*

    c. — Extension. **The map lay spread out on the table.** *La carte était étalée sur la table.*

    d. — Distribution. **The money was dealt out to the large families of the village.** *L'argent fut distribué aux familles nombreuses du village.*

    e. — Clarté, extériorisation. **I've found out the truth about him.** *J'ai découvert la vérité à son sujet.*

    He turned out to be a very decent chap. *Il se révéla être un très chic type.*
    He spoke out against the atrocities. *Il protesta contre les atrocités.*

    f. — Disparition. **Cheap shoes soon wear out.** *Des chaussures bon marché s'usent vite.*

    Owing to a strong wind they couldn't put out the fire. *A cause d'un vent violent ils ne purent éteindre l'incendie.*

    g. — Accomplissement total. **Hear him out.** *Ecoutez-le jusqu'au bout.*

    h. — Soudaineté. **The fire broke out in a baker's shop.** *Le feu s'est déclaré dans une boulangerie.*

81   ON.

    a. — Contact. **She tried on a dozen hats.** *Elle essaya une douzaine de chapeaux.* **He's put on weight.** *Il a engraissé.*

    b. — Mouvement. **Come on!** *Allez, avancez!*
    Move on! *Circulez!*

    c. — Progression, continuation. **What's going on?** *Que se passe-t-il?*
    Go on! (= Carry on!) *Continuez!*
    They worked on until it was dark. *Ils continuèrent à travailler jusqu'à la tombée de la nuit.*

    d. — Mise en marche. **Switch on the light.** *Allumez la lumière.*

82   OFF.

    a. — Eloignement. **We had to keep him off.** *Nous avons dû l'empêcher d'approcher.*

    The decision will have to be put off. *La décision devra être remise à plus tard.*

    b. — Départ, séparation nette. **Off we go!** *Nous voilà partis!*
    Take off your coat. *Enlevez votre manteau.*
    He had his beard shaved off. *Il s'est fait couper la barbe.*

    c. — Interruption. **Switch off the light.** *Eteignez la lumière.*
    It's time to break off. *Il est l'heure de cesser le travail.*

    d. — Achèvement total. **They paid off their debts.** *Ils se sont acquittés de leurs dettes.*

    I'll finish off this work over the week-end. *Je terminerai ce travail pendant le week-end.*

83   OVER.

     a. — Passage d'un pays à un autre, d'une personne à une autre. **He's gone over to France.** *Il est parti en France.*

         Hand this gun over to me. *Remettez-moi ce revolver.*

     b. — Mouvement pour retourner ou faire basculer. **Don't knock the bottle over.** *Ne renversez pas la bouteille.*

         Please turn over (P.T.O.). *Tournez s.v.p.*

     c. — Répétition. **I'll read it over** (= **over again** = **again**) **when I get home.** *Je la relirai (lettre) quand j'arriverai chez moi.*

     d. — Action faite avec soin. **Think it over.** *Réfléchissez-y bien.*

     e. — Court déplacement (sens vague). **Ask him over.** *Invitez-le (à venir chez nous).*

84   ROUND.

     a. — Mouvement circulaire, demi-tour. **Don't look round.** *Ne vous retournez pas.*

     b. — Retour cyclique. **We shall be glad when spring comes round.** *Nous serons heureux quand le printemps reviendra.*

     c. — Tout autour. **They gathered round.** *Ils firent cercle.*

     d. — Passage par une succession d'endroits. **Please hand these pictures round.** *Veuillez faire circuler ces images.*

         He showed us round. *Il nous a pilotés.*

     e. — Court déplacement (sens vague; cf. over). **They have asked us to go round after dinner.** *Ils nous ont invités à aller les voir après le dîner.*

85   THROUGH.

     a. — Entièrement. **Read this letter through carefully.** *Lisez cette lettre d'un bout à l'autre attentivement* (cf. over).

     b. — Idée d'épreuve subie jusqu'au bout. **I saw her safely through.** *Je l'ai assistée jusqu'au bout.*

         I saw it through. *J'ai tenu bon, je suis allé jusqu'au bout.*
         I'm through with it (américain). *J'ai terminé.*

     c. — Liaison assurée. **This train goes through to Paris.** *Ce train va jusqu'à Paris (il n'y a pas à changer).*

86   UP.

     a. — Mouvement vers le haut. **He jumped up.** *Il se leva d'un bond.*

     b. — Rapprochement du point central (cf. down) ou déplacement vers le nord. **He's going up to Oxford next term.** *Il va entrer à Oxford le trimestre prochain.*
We'll go up to the Lake District for Easter. *Nous irons dans le pays des Lacs (au nord-ouest de l'Angleterre) à Pâques.*

     c. — Intensité accrue. **Speak up.** *Parlez plus fort.*

     d. — Achèvement total. **He came up to me.** *Il vint jusqu'à moi.*
         Drink up your beer. *Videz votre verre.*

     e. — Poursuite du chemin (sens vague). **Go further up.** *Continuez un peu plus loin* (ici, **up** = **along**. On dit aussi, dans le même sens : **Go further down**, *sans qu'il y ait montée ni descente).*

7. — PLACE DES MOTS ACCOMPAGNANT LE VERBE

Les règles énoncées dans cette leçon ne sont pas toutes absolues. On pourra trouver des exemples qui les contredisent. Il sera sage toutefois de ne pas s'en écarter si l'on veut s'exprimer dans une langue à la fois correcte et idiomatique.

1. — **LE SUJET.**

87 a. — Sa place normale est *avant le verbe*. *L'inversion est rare* à la forme affirmative. **On ne la fait pas normalement :**

(1) dans les **phrases exclamatives** et les **interrogatives indirectes**.
What a pretty garden Mrs Jones has ! *Quel joli jardin a Mrs Jones !*
I wonder where John is. *Je me demande où est John.*

(2) dans les **subordonnées relatives**.
The cakes that Mrs Robinson makes are always delicious. *Les gâteaux que fait Mrs Robinson sont toujours délicieux.*

88 (3) après **perhaps, maybe, so** (dans le sens de : consequently), **what** (= ce que), **as**.
Perhaps (maybe) he is right. *Peut-être a-t-il raison.*
We had a lot of luggage, so we took a taxi. *Nous avions baucoup de bagages, aussi avons-nous pris un taxi.*
What your wife says is true. *Ce que dit ta femme est vrai.*
As your wife says... *Comme dit ta femme...*

89 (4) dans les **propositions incidentes** (dit-il, demandèrent-ils...).
« No, *they answered*, we can't accept that »
His friends, *he said*, would be very glad to come.

L'inversion peut se faire avec **to say**, surtout si le sujet est un nom.
« We're wasting our time » *William said* (= *said William*).

(5) après les verbes construits avec **la structure 2 b.**
He makes his pupils work hard. *Il fait beaucoup travailler ses élèves.*

90 b. — *L'inversion se fait normalement :*

(1) dans l'expression **there is** (= il y a), dont le sujet suit le verbe **to be**.

Avec les expressions **here is** (voici) et **there is** (voilà) l'ordre des mots varie suivant que le sujet est un pronom (**Here she is, there they are**) ou un nom (**Here is my mother, There's Mr Jones**).

(2) dans les « **tags** » « **so am I** » et « **neither am I** » (§ 61).

91 (3) pour exprimer une **supposition** (style soigné).
Had I known (= if I had known) the whole truth... *Si j'avais su toute la vérité...*
Were I (= if I were) to tell you the whole story... *Si je vous racontais toute l'histoire...* (§ 176). Voir aussi 181 et 353 (should).

92 (4) lorsqu'un **terme négatif (never, nowhere, not only, no sooner)** ou **semi-négatif (hardly, little, seldom)** ou de **sens fort (well, often)** est **mis en relief exceptionnellement en tête de phrase**, surtout dans le style soigné, voire littéraire.

Never shall we forget how much we are indebted to you. *Jamais nous n'oublierons tout ce que nous vous devons.*
No sooner had they sat down on the lawn to have tea than it started raining (= **Hardly had they sat... when it started raining**). *Ils ne furent pas plus tôt assis sur la pelouse pour prendre le thé qu'il se mit à pleuvoir.*
Little does he know what's in store for him. *Il ne se doute guère de ce qui l'attend.*

93 (5) après **nor** placé en tête d'une proposition.

He hadn't breathed a word to any of his friends, nor had he even told his wife. *Il n'en avait soufflé mot à aucun de ses amis, et n'en avait même pas parlé à sa femme.*

2. — LES COMPLEMENTS.

94 a. — L'anglais *ne place pas le complément d'objet avant le verbe.*
I've seen everything. *J'ai tout vu* (voir R.F. 10).

b. — En principe *le complément d'objet direct ne doit pas être séparé du verbe.*
J'aime beaucoup le thé. **I like tea very much.**
Il parle bien l'anglais. **He speaks English well.**
Pour la construction « **He gave John a book** », voir § 291 et § 293.

95 c. — Les *autres compléments* se placent donc normalement *après le complément direct*. Toutefois, quand ce dernier est long et que les autres termes de la phrase (complément indirect, adverbe) sont courts, il arrive que l'on inverse l'ordre normal des compléments pour éviter une construction gauche ou ambiguë.

We borrowed from him all the money we needed to buy the house. *Nous lui avons emprunté tout l'argent dont nous avions besoin pour acheter la maison.*

Mais, avec un complément direct plus court : **We borrowed the money from him.**

d. — Les *compléments circonstanciels* (temps, lieu, etc.), se placent après les compléments d'objet et d'attribution, directs et indirects.

I gave it to John's father yesterday. *Je l'ai donné hier au père de John.*

3. — L'ADVERBE.

96 Le principe essentiel à retenir est que *l'adverbe ne doit pas séparer le verbe de son complément direct* (voir plus haut, § 94). A part cela, dans la langue écrite, la place de l'adverbe est souvent fonction du style choisi par l'auteur.

97 a. — *Adverbes de temps imprécis et de fréquence (soon, always, never, hardly ever, often, still, usually, seldom...).* Ils se placent avant le verbe à un temps simple, après l'auxiliaire à un temps composé (autrement dit : *toujours avant le verbe principal*).

He never smokes. *Il ne fume jamais.*
I have never been to England. *Je ne suis jamais allé en Angleterre.*

S'il y a *plusieurs auxiliaires*, l'adverbe de temps imprécis se place *après le premier*.

He would never have passed that exam without your encouragements. *Il n'aurait jamais passé cet examen sans vos encouragements.*

Exception : il se place *après le verbe to be.*
He is often late. *Il est souvent en retard.*

Mais à l'impératif : **Never be late.** *Ne soyez jamais en retard.*

98   b. — *Adverbes de temps précis (yesterday, today, tomorrow, early, late...)* et de *lieu (outside, downstairs...)* : ils se placent généralement à la fin de la proposition.

Il y a en bas une dame qui vous attend. **There's a lady waiting for you downstairs.**

99   c. — *Autres adverbes* (notamment de *manière*) : ils peuvent se placer à divers endroits de la phrase (mais pas entre le verbe et son complément direct).

He readily helped all those who needed it. *Il aidait volontiers tous ceux qui en avaient besoin.*
I'll help your friends willingly. *J'aiderai volontiers vos amis.*
He ate greedily and laughed noisily. *Il mangeait voracement et riait bruyamment* (verbes intransitifs, suivis de l'adverbe de manière).

d. — Cas particuliers.

100   (1) *Enough* et *too much* modifiant un verbe se placent après ce verbe.

You've drunk enough (too much). *Vous avez assez bu (trop bu).*

101   (2) *Very much, well* et *very well* se placent en fin de proposition.

We enjoyed meeting your friends very much. *Nous avons été très heureux de faire la connaissance de vos amis.*

Mais (pour la clarté de la phrase, le complément étant très long) :

We very much enjoyed seeing our friends who had been in America for two years. *Nous avons été très heureux de voir nos amis qui étaient en Amérique depuis deux ans.*

102   (3) *Even, only, rather, quite, half, almost, nearly, scarcely, hardly* se placent en général devant le mot (souvent le verbe) dont ils modifient le sens.

I half guess what you mean. *Je devine à demi ce que vous voulez dire.*

Comparez :

Even he apologized (*he* est accentué). *Même lui s'est excusé.*
He even apologized (*even* est accentué). *Il est allé jusqu'à s'excuser.*

Cette règle n'est pas toujours respectée en ce qui concerne *only*, que l'on a tendance à placer vers le début de la phrase, même quand le sens s'y oppose.

He only died a week ago. *Il y a seulement une semaine qu'il est mort.*

4. — LA PREPOSITION.

103   Quand la proposition est introduite par un pronom relatif (**who, whom, which**) ou un pronom (ou adjectif) interrogatif (*what, who, which, whose...*), **la préposition peut être rejetée** après le verbe et ses compléments.

What are you waiting *for* ? *Qu'attendez-vous ?*
Who did you play with ? (**Who** plutôt que **whom** bien que ce terme soit complément, 542). *Avec qui avez-vous joué ?*

Le rejet peut se faire quand le verbe est à l'*infinitif.*

He has no friends to play *with* (= no friends with whom to play, expression de style plus soigné). *Il n'a pas d'amis avec qui jouer.*

Le rejet de la préposition s'emploie beaucoup dans la langue parlée.

8. — FORME PROGRESSIVE
PRÉSENT PROGRESSIF ET PRÉSENT SIMPLE

1. — **NOTION D'ASPECT.**

104   a. — Alors que **le *temps*** indique dans quelle période se situe l'action exprimée par le verbe (passé, présent, avenir), **l'*aspect*** envisage l'action sous l'angle de son déroulement (durée, achèvement, répétition, etc.).

Le français, riche en temps et en modes, utilise peu la notion d'aspect. Toutefois ***l'imparfait,*** temps du passé, s'emploie par contraste avec le passé composé (ou le passé simple) pour marquer une répétition ou une durée.

Ils ont joué au tennis hier après-midi (action unique, considérée rétrospectivement).
Le samedi après-midi ils jouaient au tennis (action répétée).
Ils jouaient au tennis quand il s'est mis à pleuvoir (action que l'on considère alors qu'elle était en progrès, qu'elle durait depuis un certain temps).

Les actions décrites dans ces trois phases sont situées dans la même période de temps (le passé), mais elles s'opposent les unes aux autres par leur aspect : ***l'aspect fréquentatif*** (2ᵉ exemple) et ***l'aspect progressif*** (3ᵉ exemple) sont les emplois principaux de notre imparfait.

Cette opposition n'est marquée clairement en français qu'au passé. Au présent nous disons :

Ils jouent très bien au tennis.
Ils jouent au tennis le samedi après-midi (aspect fréquentatif).
Que font-ils en ce moment ? — Ils jouent au tennis (aspect progressif).

b. — L'anglais, grâce à ses formes progressive et fréquentative, traduit le verbe jouer de trois façons différentes dans les exemples au passé :

They *played* tennis yesterday afternoon.
On Saturday afternoons they *would play* tennis.
They *were playing* tennis when it started raining.

... et de deux façons différentes dans les exemples au présent :

They *play* tennis very well.
They *play* tennis on Saturday afternoons.
What are they doing now ? — They *are playing* tennis.

La forme fréquentative (they would play) sera étudiée à la leçon 12.

La forme progressive existe à tous les temps. L'opposition fondamentale entre les deux formes (simple et progressive) obéit aux mêmes principes quel que soit le temps.

c. — Il existe une autre opposition fondamentale, entre les ***actions inachevées*** (**aspect progressif,** ou ***imperfectif*** : I'm doing my work) et les ***actions achevées*** (**aspect perfectif** : I've done my work. Voir 137, present perfect). On a donc pour chaque verbe trois séries de formes, par exemple :

— *to write* (He writes a new book every year : action répétée).
— *to be writing* (He is writing a new book : action inachevée).
— *to have written* (He has written a new book : action achevée).

Il s'agit de trois ***aspects*** du même verbe.

2. — LE PRESENT PROGRESSIF.

105   Son emploi est si courant, surtout dans la conversation, qu'il est normal de l'étudier avant le présent simple.

Il se forme en faisant suivre **l'auxiliaire to be** d'un **participe présent**. Voir § 6 et R.F. 7 (orthographe de certains participes présents).

Il s'emploie pour une action qui est en cours, « en progrès », que l'on fait en ce moment.

He is sleeping. *Il dort (Il est en train de dormir).*

(Le contexte est généralement assez clair pour qu'il ne soit pas utile de traduire chaque forme progressive par l'expression « être en train de »).

Look out! The train is coming. *Attention ! Le train arrive.*
What are you waiting for? *Qu'attendez-vous ?*
What is he doing? — He isn't working, he's listening to a new record. *Que fait-il ? — Il ne travaille pas, il écoute un nouveau disque.*

106   La forme progressive s'emploie normalement dans **les descriptions** pour tout ce qui s'applique au moment présent (par exemple, dans la description d'une personne, sa position, son attitude, les vêtements qu'elle porte en ce moment).

The children are sitting on the grass. *Les enfants sont assis sur l'herbe.*

Aux expressions françaises *être assis, être couché, être penché, être agenouillé, être appuyé*, etc. (**être + participe passé**) correspondent généralement des formes progressives : **to be sitting, lying, bending, kneeling, leaning,** (**to be + participe présent**).

3. — LE PRESENT SIMPLE.

107   a. — Il s'emploie quand on ne décrit pas ce qui se passe en ce moment, mais que l'on énonce une **vérité permanente**, toujours valable.

The English read a lot of newspapers. *Les Anglais lisent beaucoup de journaux.*

Spring begins on March 21st (lire : *the twenty-first*). *Le printemps commence le 21 mars.*

108   b. — Comme nous l'avons vu (104) « they play tennis » peut exprimer, selon la phrase, une vérité permanente (**They play tennis very well**) ou une **répétition** (**They play tennis on Saturday afternoons**). Le présent simple peut donc avoir **une valeur fréquentative.** Voir § 167. On l'appelle alors « **présent d'habitude** ».

We go to London every month. *Nous allons à Londres tous les mois.*
What do you do on Sundays? *Que faites-vous le dimanche ?*

109   c. — Comparer les phrases suivantes :

He wears glasses because he is short-sighted. Why isn't he wearing them today? *Il porte des lunettes parce qu'il est myope. Pourquoi ne les porte-t-il pas aujourd'hui ?*

The actors are rehearsing; they rehearse every morning. *Les acteurs sont en train de répéter; ils répètent tous les matins.*

It's raining again. Does it often rain in your country? *Il s'est remis à pleuvoir. Est-ce qu'il pleut souvent dans votre pays ?*

4. — CAS PARTICULIERS.

110   a. — Les **verbes de perception involontaire** (*to see, to hear...*) ne s'emploient pas normalement à la forme progressive, alors que les verbes de sens voisin exprimant des **actions volontaires** (*to look, to listen...*) ont une forme progressive très courante.

       Can you see that bird in the tree ? — Yes I'm looking at it. *Voyez-vous cet oiseau dans l'arbre ? — Oui, je suis en train de le regarder.*

Dans la phrase « **I'll be seeing you tomorrow** » le verbe *to see* n'est pas à proprement parler un verbe de perception, mais un synonyme de *to meet* (§ 321).

111   b. — Certains verbes expriment des **notions n'admettant pas de développement dans le temps** (croyances, préférences, sentiments, apparences...). On ne saurait les accompagner de compléments indiquant que l'on considère seulement le moment présent. Ces verbes ne s'emploient pas à la forme progressive.

       They believe in ghosts. *Ils croient aux fantômes.*
       We don't agree with him. *Nous ne sommes pas d'accord avec lui.*
       I know them very well. *Je les connais très bien.*

De même pour *to remember, to like, to love, to hate, to prefer, to understand, to want, to mind, to belong to, to look like.*

Le verbe *to think* admet les deux constructions, selon le sens de la phrase :

       What are you thinking of ? *A quoi pensez-vous ?* (*to think* = réfléchir).
       I think he is wrong. *Je pense qu'il a tort* (*to think* = croire, avoir une opinion. Dans cette seconde phrase on peut remplacer **think** par **believe**).

Pour *to have* et *to be*, voir § 34 et § 210.

5. — SENS SPECIAUX DU PRESENT PROGRESSIF ET DU PRESENT SIMPLE.

112   a. — **Le présent progressif** prend une **valeur fréquentative** (avec une nuance d'obstination) quand il est accompagné d'un adverbe comme *always, for ever.*

       He is always asking me to lend him some money. *Il me demande constamment de lui prêter de l'argent.*

113   b. — Les deux présents peuvent s'employer, comme le présent français, avec le sens d'un *futur* (§ 127). Comparer les deux présents :

       We are leaving tomorrow. *Nous partons demain* (style familier).
       He leaves at 10 tomorrow. *Il part à 10 heures demain* (style officiel).

Le présent s'emploie à la place du futur *après une conjonction de temps* (§ 131).

       Let me know as soon as he arrives. *Prévenez-moi dès qu'il arrivera.*

114   c. — Dans un texte narratif au passé le français emploie parfois le présent pour donner plus de vivacité au récit. Ce *présent de narration* est beaucoup plus **rare** en anglais. Employer le preterite (§ 134).

       Elle met son manteau et son chapeau, se regarde dans la glace, prend son sac à main et dit : « Je suis prête ». **She put on her coat and hat, looked at herself in the mirror, took her hand-bag, and said : « I'm ready ».** (plus couramment que : *She puts... looks... takes... says...*).

9. — FUTUR ET CONDITIONNEL

1. — **WILL ET SHALL,** le « *plain future* ». Voir R.F. 9.

115 Les auxiliaires du futur sont des **auxiliaires de modalité** (I will = *je veux;* I shall = *je dois*) dont le premier sens ne disparaît jamais totalement. C'est pourquoi on ne peut pas toujours s'en tenir aux règles fondamentales (ordre des auxiliaires : **shall-will-will**), même pour le « *plain future* » (futur sans nuances spéciales). Il faut souvent choisir l'auxiliaire en fonction de la nuance que l'on peut le cas échéant ajouter à la simple idée de futur. Il faut aussi distinguer l'usage américain de l'usage britannique.

116 a. — « *Plain future* » **à la 1ʳᵉ personne :** En Amérique on emploie **will** dans presque tous les cas. En Angleterre, dans une langue soignée, il est préférable d'employer **shall** dans les cas suivants :

    (1) à la **forme interrogative** (on ne dit pas « will I », « will we »).
        How long shall we wait ? *Combien de temps attendrons-nous ?*

    (2) quand il n'y a **aucune idée de choix, de volonté,** notamment :
        (a) avec **have to** (nécessité) et **be able to** (possibilité).
        We shall have to walk. *Nous devrons aller à pied.*

        (b) pour les **actions inexorables.**
        I shall be [aiʃl'bi] **30 next week.** *J'aurai 30 ans la semaine prochaine.*

        (c) pour les **sensations** et les **sentiments** (on ne les choisit pas) : **to be cold, to be tired, to be disappointed,** etc.; **to like, to hate,** etc.
        We shall be glad to meet (= **we shall enjoy meeting**) **your friend.** *Nous serons heureux de faire la connaissance de votre ami.*

        (d) pour les **opérations intellectuelles involontaires.**
        If you don't do it, I shall know that you are a coward. *Si vous ne le faites pas, je saurai que vous êtes un lâche.*

    Mais on entend de plus en plus en Angleterre dans la langue familière :
        I will have to..., I will be glad..., etc.

Dans les autres cas, distinguer dans la mesure du possible entre :
    I shall do it, I shan't do it (simples faits)
et : **I will do it, I won't do it** (idée de choix ou de refus, voir 119).

Cette distinction se fait surtout à la forme négative, les deux formes affirmatives étant souvent contractées dans la langue parlée sous la forme **« I'll** [ail] **do it ».**

117 b. — « *Plain future* » **aux 2ᵉ et 3ᵉ personnes :** l'auxiliaire est **will,** qui est souvent contracté sous la forme **'ll** dans la langue parlée.
    She'll be [ʃil'bi] **thirty next week.** *Elle aura trente ans la semaine prochaine.*

Mais il est parfois souhaitable d'éviter que l'on interprète **will** dans son sens fort (surtout à la forme négative : **he won't** = *il refuse de*). On se sert alors de la **forme progressive,** qui n'exprime dans ce cas aucune notion de durée.
    She won't be singing in the choir, she has a sore throat. *Elle ne chantera pas dans la chorale, elle a mal à la gorge.*

    (**« She won't sing »** pourrait signifier : *Elle ne veut pas chanter*)

Will you be coming? *Viendrez-vous?* (≠ **Will you come?** *Voulez-vous venir?*)

2. — WILL ET SHALL, le « futur nuancé ».

Les deux auxiliaires gardent leur premier sens dans des cas précis. Ils sont alors **accentués**. C'est le *futur nuancé* (ou *futur d'insistance*, « emphatic future »).

118   a. — WILL, le plus employé des deux auxiliaires, garde son premier sens (**volonté, choix, consentement, désir, intention**) dans deux cas :

(1) dans les **questions à la 2ᵉ personne** et les **affirmations à la 1ʳᵉ personne**.
Will you help me? — Yes, I will. *Voulez-vous m'aider? — Oui, bien sûr.* La réponse « I shall » serait fort peu polie (= oui, puisque je ne peux pas faire autrement, ou : quand cela ne me dérangera pas).
We will do our best to make him feel at home. *Nous ferons tout notre possible pour qu'il se sente chez lui* (c'est une promesse).

A l'idée d'intention s'ajoute souvent une idée de **futur proche** (voir § 123).
I will tell you a story. *Je vais vous raconter une histoire.*

119   (2) **à la forme négative à toutes les personnes. Won't** (ou **will not**) est alors *fortement accentué*, et exprime **un refus** ou **une promesse négative**.
I give him good advice, but he won't listen to me. *Je lui donne de bons conseils, mais il ne veut pas m'écouter.*
I won't obey this order. *Je refuse d'obéir à cet ordre.*
I won't do it again. *Je promets de ne pas recommencer.*

(3) Autres emplois de **will** : voir 165 et 351.

120   b. — SHALL, qui s'emploie de moins en moins couramment comme auxiliaire du « plain future » à la première personne (voir § 116) garde en conséquence, plus souvent encore que **will**, son sens plein (**nécessité**).

(1) **Shall I? Shall we?** s'emploient pour **demander un avis**, un conseil (*pensez-vous que je doive... ? Voulez-vous que je... ?*)
Shall we help you? *Voulez-vous que nous vous aidions?*
Shall I make the tea? *Faut-il que (ou : voulez-vous que) je fasse le thé?*

121   (2) A la 2ᵉ et à la 3ᵉ personnes **shall** peut s'employer dans un style solennel pour les **promesses formelles** faites par la personne qui parle, ou les **commandements** prononcés par la personne qui parle. (**you shall do it = I want you to do it**).
Your orders shall be obeyed. *On obéira à vos ordres (j'y veillerai).*
You shall leave the room at once (ton très autoritaire). *Je vous ordonne de quitter cette pièce immédiatement.*

Shall s'emploie normalement pour les **prophéties**.
And the dead shall rise. *Et les morts ressusciteront.*

122   (3) A la forme négative **shall not** (ou **shan't**) s'emploie aux 2ᵉ et 3ᵉ personnes pour les **interdictions** (style solennel).
You shan't open that door. *Je vous interdis d'ouvrir cette porte* (sous-entendu : je saurai vous en empêcher s'il le faut).

Comparer :
She *shan't* go to Scotland with them *(c'est moi qui m'y oppose).*
She *won't* go to Scotland with them *(c'est elle qui refuse,* **won't** *est accentué).* Voir 119.
She *won't* be going to Scotland with them *(le motif n'est pas indiqué).* Voir 117.

3. — LES AUTRES FUTURS.

123   a. — L'expression **to be going to** exprime un *futur proche* quand il s'y ajoute une *idée d'intention* (en français : **aller**).

      I'm going to buy a car. *Je vais acheter une voiture.*

Le sujet peut être neutre (donc sans idée d'intention).

      It's going to rain. There's going to be a storm. *Il va pleuvoir. Il va y avoir un orage.*

To be going to peut exprimer une intention même s'il s'agit d'un futur éloigné, à condition de préciser la date de l'action.

      What are you going to be when you are grown-up ? *Que vas-tu faire quand tu seras grand ?*

To be going to s'emploie au preterite, pour les actions que l'on **allait** faire.

      We were going to write to you. *Nous allions vous écrire.*

124   b. — L'expression **to be about to** exprime un *futur proche* avec plus de précision que **to be going to**, mais *sans idée d'intention* (être sur le point de).

      Hurry up ! The train's about (= the train's just going) **to start.** *Dépêchez-vous ! Le train va partir.*

      He was about to slip into the river when I caught hold of him. *Il était sur le point de glisser dans la rivière lorsque je l'ai empoigné.*

125   c. — L'expression **to be to** exprime une action future qui a été décidée, convenue (en français le verbe *devoir* peut exprimer cette nuance).

      We are to see them tomorrow. *Nous devons les voir demain.*

Ne pas confondre « **he is to go** » (projet) avec « **he has to go** » (obligation).

Au preterite deux constructions sont possibles :

      (1) **When we met them they were to go to Germany.** *Quand nous les avons rencontrés ils devaient aller en Allemagne.* On envisage quels étaient à cette date leurs projets.

      (2) **He was to have written to us, but I expect he was too busy.** *Il devait nous écrire, mais j'imagine qu'il a été trop occupé.* On constate rétrospectivement que ce qui avait été convenu n'a pas été fait.

Le *preterite* peut prendre le sens d'une *décision du destin*.

      He was to die at the age of 30. *Il devait mourir à l'âge de 30 ans.*

126   **To be to** sert aussi à exprimer un *ordre sévère* ou une *nécessité*.

      You are to do it at once (ton sec). *Tu dois le faire immédiatement.*

      What is to be done ? (= What must be done) *Que faut-il faire ?*

Dans certaines expressions, en particulier avec des passifs comme **to be seen, to be expected, to be found,** etc., **to be to** peut exprimer la possibilité.

      The letter was nowhere to be found. *On ne put pas retrouver la lettre.*

Enfin, après *if*, **to be to** exprime une *éventualité peu vraisemblable* (176).

      If we are to believe him, he can speak Russian fluently. *A l'en croire* (= s'il faut l'en croire), *il parle couramment le russe.*

127   d. — Le *présent progressif* s'emploie familièrement **avec le sens d'un futur** (actions projetées, attendues), lorsque le verbe est accompagné d'un complément de temps.

      Are you working tomorrow ? *Travaillez-vous demain ?*

Le présent simple peut aussi prendre ce sens (mais dans un style officiel).
Tomorrow I go to London by the 8.45 train. *Demain je vais à Londres par le train de 8 h. 45.*

4. — LE CONDITIONNEL. WOULD ET SHOULD.

128   a. — ***Should*** et ***would***, preterites de ***shall*** et de ***will***, s'emploient suivis de l'infinitif sans *to* comme auxiliaires du conditionnel, ***should*** à la 1re personne et ***would*** aux deux autres. Ils sont alors *inaccentués* et se prononcent [ʃd] et [wəd].

Le conditionnel s'emploie, comme en français, dans une principale dont la subordonnée exprime une **condition** ou une **supposition**; et aussi par **politesse** pour faire une offre ou adoucir une affirmation, une demande.

I should buy (= **I'd buy**) **a yacht if I could afford it.** *J'achèterais un yacht si j'en avais les moyens.*
Your results would be better if you worked harder. *Tes résultats seraient meilleurs si tu travaillais plus.*
I should like a drink. *Je voudrais boire quelque chose* (*should like*, *would like* s'emploient pour le conditionnel du verbe *to want* quand il a le sens de *vouloir*).

129   De même que ***will*** s'emploie de plus en plus au lieu de ***shall*** à la 1re personne du futur, ***would*** tend à remplacer ***should***. ***Would*** est d'ailleurs préférable s'il y a idée de **volonté**, de **consentement**.

I would help you if I could. *Je vous aiderais (volontiers) si je pouvais.*

Mais il est recommandé de dire **I should like...**, **I should be very glad if...**, car on ne « consent » pas à désirer, à être content... (Cf. *shall*, § 116).

130   b. — Quand ils sont ***accentués, should*** et ***would*** gardent leur valeur d'auxiliaires de modalité (forme emphatique).

Should [ʃud], preterite de ***shall*** à sens de conditionnel présent (je devrais, vous devriez) a été étudié à la leçon 4 (§ 48).

Would [wud], preterite de ***will*** (je voulais, vous vouliez...) s'emploie dans ce sens surtout à la forme négative (**wouldn't** = **refused to**).

He wouldn't listen to me. *Il ne voulait pas m'écouter.*

5. — PRESENT ET FUTUR, PRETERITE ET CONDITIONNEL.

131   a. — Dans une *subordonnée commençant par une conjonction de temps* (*when, while, once, as soon as, whenever...*) *l'idée de futur est exprimée par un présent, l'idée de conditionnel par un preterite*. Une telle subordonnée peut dépendre d'une principale au futur (ou au conditionnel) ou à l'impératif.

We'll go for a walk when it stops raining. *Nous irons nous promener quand la pluie s'arrêtera.*
Come and see us when you like. *Venez nous voir quand vous voudrez.*
He said he would come as soon as he was ready. *Il a dit qu'il viendrait dès qu'il serait prêt.*

Remarquer que le français applique une règle semblable après *si* (*Nous jouerons au tennis quand la pluie s'arrêtera*, mais : *nous jouerons au tennis si la pluie s'arrête*).

132   b. — Cette règle ne s'applique pas aux phrases interrogatives ni aux propositions interrogatives indirectes, SV 7 (***when***, adverbe = « à quel moment ». Il est accentué).

When will you be ready ? *Quand serez-vous prêt ?*
Do you know when she will arrive ? *Sais-tu quand elle arrivera ?*
We all wondered when the first men would reach the moon. *Nous nous demandions tous quand les premiers hommes atteindraient la lune* (Voir aussi 622).

10. — TEMPS DU PASSÉ

Le temps principal du passé est le **preterite**, qui est un temps simple.
Le **present perfect**, on le verra, n'est pas à proprement parler un passé; il se traduit d'ailleurs en français tantôt par un présent, tantôt par un passé composé.

1. — LE PRETERITE.

133 Voir prononciation de **-ed** (R.F. 8 et § 5), formes interrogative et négative (R.F. 2 et § 11), preterite de **to be** (§ 17), verbes irréguliers (p. 210).

Bien distinguer, grâce au contexte, à quel temps sont **we cut, they set, I shut**. Pour ces verbes, dont le preterite est semblable au présent, seule la 3ᵉ personne du singulier est différente (**He cut** est au preterite, **he cuts** au présent).

134 a. — Il exprime une **action terminée, précise, que l'on relate**. C'est le temps de la **narration**. Il sous-entend une coupure très nette entre l'action qu'il exprime et le présent. Il s'emploie en particulier pour une série d'actions rapides.

> **She put on her hat, looked at herself in the mirror, took her handbag, and said : « I'm ready ».** Elle mit... se regarda... prit... et dit...

On l'emploie pour toute action passée dont **la date est précisée** d'une façon ou d'une autre, ou simplement quand il est évident qu'elle est présente à l'esprit de celui qui parle, ou bien quand on donne une précision (lieu, cause...) qui montre que l'**on évoque un moment précis du passé.**

> **I saw him last night, he gave me this book for you.** Je l'ai vu hier soir, il m'a remis ce livre pour vous.
> **Queen Victoria died in 1901.** La reine Victoria est morte en 1901.
> **I met him at the station ten minutes ago.** Je l'ai rencontré à la gare il y a dix minutes (pour l'emploi de **ago**, voir 157).
> **I bought this book at Smith's.** J'ai acheté ce livre chez Smith.

On l'emploie évidemment pour poser toute **question relative à une action bien précise**, demandant une réponse au « preterite ».

> **When did Queen Victoria die ?** Quand la reine Victoria est-elle morte ?
> **Where did you buy this book ?** Où avez-vous acheté ce livre ?
> **Why didn't you wait for me ?** Pourquoi ne m'avez-vous pas attendu ?

On remarquera que ces phrases sont traduites en français au **passé composé**.

135 b. — On l'emploie pour marquer une **opposition nette avec le présent**.

> **For a long time he wanted to become an actor.** Pendant longtemps il a voulu être acteur (mais il a changé d'avis).
> **I was very fond of cricket when I was a boy.** J'aimais beaucoup le cricket quand j'étais enfant. On peut insister sur l'opposition avec le présent en disant « **I used to be fond of cricket** » (163).

136 c. — L'opposition dans le passé entre une **action rapide** et une **action inachevée, qui a une durée** (en français : **passé composé/imparfait**) s'exprime à l'aide des **deux formes du preterite (simple/progressive).**

> **I was listening to a play on the radio when someone knocked at my door.** J'écoutais une pièce à la radio quand on a frappé à ma porte.
> **What was she doing when you met her ?** Que faisait-elle quand vous l'avez rencontrée ?

Comme au présent la forme progressive s'emploie pour les descriptions.
He was wearing a grey suit. *Il portait un complet gris.*

d. — Voir **Preterite modal** (If I were... I wish I were...), 175 à 178.

2. — LE PRESENT PERFECT.

137 Rappelons qu'il se conjugue avec l'*auxiliaire to have* suivi du *participe passé*, c'est-à-dire comme notre passé composé. Mais alors que nous disons : *je suis allé, je suis tombé,* le present perfect se conjugue avec **to have** pour tous les verbes **(I have gone, I have fallen, they have come, he has arrived).** Voir 19.

Plutôt qu'un temps du passé, il convient de considérer le present perfect comme **un aspect** (104) **du présent : l'aspect perfectif,** qui exprime que l'action a été accomplie antérieurement au moment présent mais ne la décrit pas. En fait il renseigne plus sur le présent que sur le passé. Il s'oppose souvent à la forme progressive du présent. Comparer : « **I'm doing my work** » (action inachevée) et « **I've done my work** » (action achevée). Notre passé composé n'exprime cette notion que dans certains cas (par exemple, dans un bureau de vote, la formule « *a voté* » signifie que « *c'est chose faite* », mais ne décrit pas l'action pour elle-même), alors que généralement il est le temps de la narration dans la langue parlée (ex. : « *aux dernières élections il a voté pour le candidat libéral* »; ici l'action est décrite, on donne des précisions à son sujet qui montrent qu'on se reporte mentalement à un moment précis du passé, cas où l'anglais emploie le preterite, jamais le present perfect).

On distinguera 5 emplois du present perfect. On remarquera dans chacun de ces cas **un lien entre l'action et le moment présent.**

138 a. — *L'action n'est pas terminée,* et je fais le **bilan** de ce qui a été réalisé jusqu'au moment présent en indiquant la durée de cette action jusqu'à maintenant (bilan provisoire) ou en disant à quel moment elle a commencé. Le français emploie alors **le présent.**

    How long has he been here ? *Depuis combien de temps est-il ici ?*
    He has been ill for a week. *Il est malade depuis une semaine.*
    He has been ill since Tuesday. *Il est malade depuis mardi.*
(Les emplois de **how long, for,** et **since** seront étudiés aux §§ 154 à 159).

    I've had this car for two years. *J'ai cette voiture depuis deux ans.*
    (« **I've had** », et non « **I've got** » qui joue le rôle d'un présent, § 32).

Le present perfect est alors souvent à la **forme progressive** (si le verbe le permet, voir 111), l'action étant faite encore en ce moment.

    How long have you been learning English ? *Depuis combien de temps apprenez-vous l'anglais ?*
    He has been living in this town for ten years. *Il y a dix ans qu'il habite dans cette ville* (Comparer avec : **He lived...** = *il a habité... pendant...,* action terminée).

139 b. — L'action est située par un complément de temps dans **une période qui n'est pas entièrement écoulée (this year, today)** ou bien un complément (ou adverbe) de temps précise que *ce que je dis s'applique à une période allant jusqu'au présent* (**so far** = *jusqu'ici*; **not yet,** *pas encore*). Il s'agit donc, ici encore, d'un **bilan provisoire.**

    Have you (ever) been to England ? *Etes-vous déjà allé en Angleterre ?*
    (**have been** sert ici de present perfect à **to go**).
    He hasn't finished his work yet. *Il n'a pas encore fini son travail.*

>   **We have seen them twice this year.** *Nous les avons vus deux fois cette année.*

Quand on dit « **What did you do today ?** », « **I saw John twice this week** », c'est que la journée (la semaine, etc.) est considérée comme terminée, qu'il est trop tard pour faire encore quelque chose, pour voir John encore une fois.

Dans la conversation on emploie souvent le preterite avec **never** et **ever** lorsque le sens semblerait demander le present perfect (**I never saw such a fool**, phrase qui semble exprimer une conclusion définitive).

140 c. — L'action est terminée, mais *je ne la raconte pas* (je ne la situe pas dans le passé), je ne m'y intéresse pas pour elle-même, mais seulement pour ce qui en reste dans le présent, pour **son résultat**. C'est une **constatation**.

>   **Look ! Someone's drunk your beer** ('s = has). *Tiens ! Quelqu'un a bu ta bière* (je m'aperçois que le verre est maintenant vide).
>   **Oh, damn, I've forgotten my key.** *Zut, j'ai oublié ma clef.*

Comparer
>   **Oh dear, what's happened ?** *Mon Dieu, qu'est-il arrivé ?* (je constate quelque chose d'anormal).
>   **And then what happened ?** *Et ensuite que s'est-il passé ?* (je demande que l'on poursuive un récit).

141 d. — Je m'intéresse au fait qu'une action a été accomplie et j'insiste sur ce seul fait sans en préciser les circonstances. Il ne s'agit pas d'un récit mais d'un fait présent : *la possibilité actuelle d'affirmer que l'action a été effectivement accomplie*.

>   **I have seen this man somewhere.** *J'ai vu cet homme quelque part.*
>   **Has anyone read this book ? — I have.** *Quelqu'un a-t-il lu ce livre ? — Oui, moi.*

Comparer ces deux réponses à la question : **Have you seen this film ?**

— **Yes, I have** (= I've seen it) : J'ai présent à la mémoire le fait de l'avoir vu, mais je n'éprouve pas le besoin de raconter cette action; le fait de l'avoir accompli seul m'intéresse ici.

— **Yes, I saw it when I was in London last year** : Je me reporte par la pensée au moment où je l'ai vu, je raconte l'action. Cette réponse donne en fait une précision que la question ne demandait pas, d'où l'emploi d'un temps différent.

142 e. — L'action est **récente**, située **entre le passé et le présent**, et j'insiste sur ce fait en employant l'adverbe **just**. Cette tournure, appelée **passé récent** se traduit par l'expression « *venir de* ».

>   **I've just written a few letters.** *Je viens d'écrire quelques lettres.*
>   **He's** (= he has) **just arrived.** *Il vient d'arriver.*

Mais un complément avec **ago** ne peut accompagner qu'un preterite, même si l'action est récente. Comparer l'exemple précédent avec :

>   **He arrived five minutes ago.** *Il est arrivé il y a cinq minutes.*

Dans la conversation la même idée est parfois rendue par l'emploi de la **forme progressive** du present perfect (seulement lorsque l'action a une durée).

>   **We've been drinking coffee.** *Nous venons de boire du café.*
>   **What have you been doing ?** *Que faisais-tu ?* (à l'instant).

3. — LE PAST PERFECT (*pluperfect*, plus-que-parfait).

143 Il se conjugue (cf. notre plus-que-parfait) avec le **preterite de l'auxiliaire to have** suivi du **participe passé** du verbe conjugué. Comme pour le present perfect, il ne se forme pas avec l'auxiliaire **to be** (he had fallen, they had come), sauf de rares exceptions (**They were gone.** *Ils n'étaient plus là.* Voir 19).

144   a. — Comme en français, il exprime une **action antérieure** à une autre action passée (laquelle est au preterite). Il se traduit alors par notre plus-que-parfait ou par notre passé antérieur, selon la construction de la phrase.

> **When they got home they found that someone had opened their garden gate.** *Quand ils arrivèrent chez eux ils s'aperçurent que quelqu'un avait ouvert la porte de leur jardin.*
>
> **When (= after) he had finished his work, he went for a walk.** *Quand il eut fini son travail, il alla se promener.*

145   b. — Il s'emploie, généralement à la *forme progressive*, pour une action qui n'était *pas encore terminée au moment du passé que l'on considère* (cf. 138).

> **I had been waiting for them for an hour when the phone rang.** *Je les attendais depuis une heure quand le téléphone sonna (remarquer l'imparfait en français).*

146   c. — Comme le present perfect, le past perfect peut être accompagné de l'adverbe *just.*

> **The clock had just struck twelve.** *Minuit venait de sonner à l'horloge.*

d. — Voir **past perfect modal** (175 à 178) et concordance des temps (188).

4. — LE FUTUR ANTERIEUR ET LE CONDITIONNEL PASSÉ.

147   *Le futur antérieur* (**I shall have seen, they will have brought...**) s'emploie dans les mêmes cas qu'en français.

> **Before the end of the year we shall have spent over £ 100 on medicines.** *Avant la fin de l'année nous aurons dépensé plus de 100 livres pour des médicaments.*

148   *Le conditionnel passé* (**I should have thought, you would have found...**) s'emploie selon les règles de la concordance des temps (188).

> **If he had met you, he would have invited you.** *S'il vous avait rencontré, il vous aurait invité.*

11. — COMMENT SITUER UNE ACTION DANS LE TEMPS. DATE, FRÉQUENCE, DURÉE.

On situe une action dans le temps en précisant sa **date**, sa **fréquence**, sa **durée**. Les questions relatives à ces trois notions commencent respectivement par **when** (quand), **how often** (tous les combien), **how long** (pendant combien de temps, depuis combien de temps).

1. — WHEN... ? *(Comment dater une action).*

149   a. — En indiquant **la date** (ou l'heure...) à laquelle l'action est (a été, sera) faite. Remarquer les prépositions employées dans les exemples suivants.
> **I get up at 6 in the morning.** *Je me lève à 6 heures du matin.*
> **The war ended in 1945 (on May 8th 1945).** *La guerre s'est terminée en 1945 (le 8 mai 1945).*
> **We work on Saturdays.** *Nous travaillons le samedi.*

150   b. — En précisant **combien de temps s'est écoulé depuis que l'action a été faite** (avec **ago** et verbe au « preterite ») ou bien combien de temps s'écoulera jusqu'à ce qu'elle soit faite (avec **in** et verbe au futur).
> **He arrived three weeks ago and will leave in a fortnight.** *Il est arrivé il y a trois semaines et repartira dans une quinzaine de jours.*

Ago insiste sur *ce qui sépare l'action passée du moment présent;* on ne peut donc l'employer qu'*avec un preterite* (voir 134 et 142).

151   c. — Avec la préposition **by** devant une **date limite** (l'action devant se situer avant cette date).
> **I should like you to finish this work by tomorrow.** *J'aimerais que vous finissiez ce travail d'ici demain (pour demain).*
> **By 6 o'clock he had washed and dressed and was ready to start.** *Dès 6 heures il était lavé, habillé et prêt à partir.*

2. — HOW OFTEN... ? *(Notion de fréquence).*

152   a. — **How often do you go to the pictures? I go to the pictures once or twice a month.** *Tous les combien allez-vous au cinéma? Je vais au cinéma une ou deux fois par mois.*
> **Once, twice, three times** = *Une fois, deux fois, trois fois.*
> **How many times... ?** = *Combien de fois... ?*

153   b. — **He would write to us every month.** *Il nous écrivait tous les mois* (**would write** : forme fréquentative, voir 162).

Le complément de fréquence peut comporter un nombre; c'est *le seul cas où l'on trouve un pluriel après every.*
> **I go to the theatre every six weeks.** *Je vais au théâtre toutes les six semaines* (mais : **every week**, *chaque semaine, toutes les semaines*).

On dit parfois « **every third (fourth...) day** » au lieu de « **every three (four...) days** ».
> **Every other day** = *tous les deux jours, un jour sur deux.*

3. — HOW LONG... ? (Notion de durée).

154   a. — Aux questions commençant par *how long* correspondent des réponses comportant l'expression d'une durée introduite par *for,* cela à tous les temps. *For* est parfois sous-entendu.

> How long did you stay in Cambridge last year ? — I stayed there for a week. *Combien de temps êtes-vous resté à Cambridge l'année dernière ? — J'y suis resté une semaine.*
> How long do you watch television every day ? — I daresay a couple of hours. *Pendant combien de temps regardez-vous la télévision chaque jour ? — Environ deux heures, j'imagine.*
> How long are you going to wait for him ? — I'm going to wait (for) another ten minutes. *Pendant combien de temps allez-vous l'attendre ? — Je vais attendre encore dix minutes.*

155   b. — On peut aussi répondre indirectement, si l'action se fait en ce moment, en disant *quand elle a commencé* (avec *since,* le verbe étant au « present perfect ») ou *quand elle se terminera* (avec *until,* le verbe étant au futur).

> They have been living in England since 1945, since the end of the war. *Ils vivent en Angleterre depuis 1945, depuis la fin de la guerre.*
> I'm going to wait for him until half past 3. *Je vais l'attendre jusqu'à 3 heures et demie.*

c. — On peut aussi indiquer la durée d'une action en se servant de l'expression *it takes me* (*him, us,* etc.), à tous les temps.

> It takes me ten minutes to drive to my office. *Je mets (ou : Il me faut) dix minutes pour me rendre en voiture à mon bureau.*
> How long did it take you to build this garage ? *Combien de temps avez-vous mis pour construire ce garage ?*

4. — TRADUCTIONS DE « DEPUIS » ET « IL Y A » introduisant un *complément de temps.*

156   Il faut avant tout choisir correctement le temps du verbe (voir leçon 10) : éviter de traduire mot à mot (par exemple : « since = depuis ») et bien se rendre compte que le français exprime parfois une idée de durée de différentes façons (*nous habitons ici depuis trois ans* = *il y a trois ans que nous habitons ici*). Inversement une même préposition peut avoir plusieurs sens (*depuis une demi-heure* : **durée** de l'action; *depuis le 2 mai* : **date du début** de l'action).

Il convient donc, jusqu'à ce que cette question délicate soit maîtrisée, d'analyser pour chaque phrase *ce qu'expriment le temps du verbe* (l'action est-elle terminée ?) *et le complément de temps* (date ? durée ? temps écoulé depuis que l'action a été faite ?).

Certaines actions sont situées par rapport au présent (« il y a 10 minutes que je l'attends »), d'autres par rapport à un moment donné du passé (« il y avait 10 minutes que je l'attendais lorsque le téléphone a sonné »).

157   a. — *Actions situées par rapport au présent.*

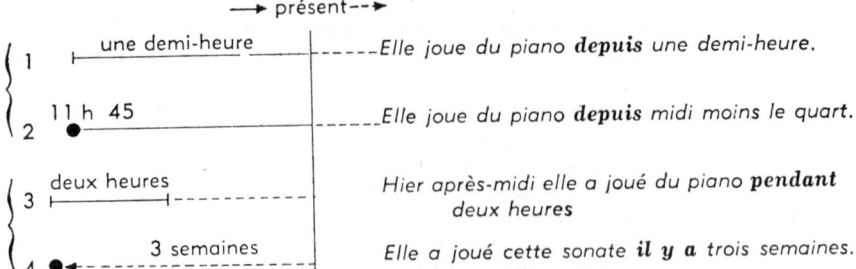

Dans les deux premiers cas *l'action n'est pas terminée* (le français emploie le présent). On emploiera le **present perfect progressif** (voir 138).

For en exprimera la durée (une demi-heure, cas n° 1), et **since** le moment où elle a commencé (midi moins le quart, cas n° 2).

Dans les deux derniers cas *l'action est terminée* (le français emploie le passé composé ou le passé simple). On emploiera le **preterite** (voir 134).

On en exprimera la durée avec la préposition *for* (pendant deux heures, cas n° 3).

Si l'on considère non sa durée mais le temps écoulé depuis que l'action a été faite on se sert de *ago* (graphiquement, la flèche tournée vers la gauche représente un retour en arrière par la pensée pour retrouver le moment du passé où l'action a été faite).

Nous pouvons maintenant traduire.

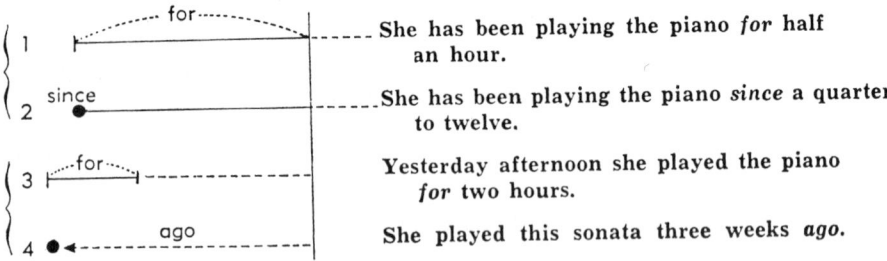

Comparer les phrases :
  Ils jouent au tennis. **They are playing tennis.**
  Ils jouent au tennis depuis une demi-heure. **They have been playing tennis for half an hour.**

158   *Interrogations* correspondant aux 4 cas étudiés ci-dessus :

How long have you known him ? — I've known him for a long time. *Depuis combien de temps le connaissez-vous ? — Je le connais depuis longtemps* (*to know* n'a pas de forme progressive, 111) (cas n° 1).

Since when has Southern Ireland been a republic ? *Depuis quand l'Irlande du Sud est-elle une république ?* (cas n° 2).

How long did you study German at school ? *Pendant combien de temps avez-vous étudié l'allemand au collège ?* (cas n° 3).

How long ago did you leave school ? — Five years ago. *Combien de temps cela fait-il que tu as quitté l'école ?* (cas n° 4).

159   REMARQUES

(1) *Les phrases négatives* suivent les mêmes règles.

Il n'a pas plu depuis trois semaines (l'action de « ne pas pleuvoir » dure encore, c'est donc une phrase de type n° 1). **It hasn't been raining for three weeks** (ou : **It hasn't rained...**, l'emploi de la forme progressive étant moins fréquent avec une négation).

(2) Dans les phrases de type n° 1 *for* est parfois sous-entendu ou remplacé par *for the past, for the last* (plus rarement par *these past, these last*).

I've been watching you for the past (= last) ten minutes. *Voilà dix minutes que je vous observe.*

(3) Les phrases de type n° 4 peuvent se rendre par la tournure « *it is ... since* ».

He bought his house four years ago = it is four years since he bought his house. *Il y a quatre ans qu'il a acheté sa maison.*

(4) « *depuis que* » (conjonction) = *since*. Le temps du verbe de la subordonnée indique si l'action est terminée ou non.

I haven't seen him since I arrived. *Je ne l'ai pas vu depuis que je suis arrivé* (**to arrive** : action terminée).

I haven't seen him since I've been here. *Je ne l'ai pas vu depuis que je suis ici* (**to be here** : action non terminée).

(5) « *Il y a douze ans que le roi est mort* » peut se traduire :

The king died twelve years ago (l'événement exprimé par le verbe est situé dans le passé et il s'est écoulé douze ans depuis; cas n° 4).

The king has been dead for twelve years (ce qu'exprime *to be dead* s'applique au présent comme au passé; c'est un état, qui dure encore; cas n° 1).

b. — *Actions situées par rapport à un moment donné du passé.*

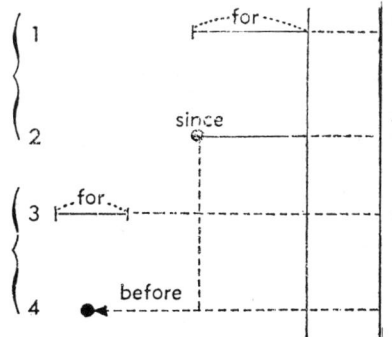

When the war broke out he had been living in London for five years. *Quand la guerre a éclaté il habitait Londres depuis cinq ans.*

He had been living in London since 1934. *Il habitait Londres depuis 1934.*

But he had already stayed there for a month... *Mais il y avait déjà séjourné (pendant) un mois...*

...a few years before. *...quelques années auparavant.*

Dans les deux premiers cas, l'action *durait encore en 1939 :* le verbe est au past perfect progressif (en français : l'imparfait).

Dans les cas n°s 3 et 4 il s'agit d'une action *antérieure à 1939 et terminée à cette date :* le verbe est au past perfect (en français : le plus-que-parfait).

On peut dire : **It was two years since he had married her** (= he had married her two years before). *Il y avait deux ans qu'il l'avait épousée.*

How long had he been learning English? — He had been learning English for two years. *Depuis combien de temps apprenait-il l'anglais ? — Il apprenait l'anglais depuis deux ans.*

12. — USED TO
FORME FRÉQUENTATIVE

161   1. — **USED TO.**

Cet auxiliaire n'existe qu'au passé. Il sert à marquer (a) le caractère révolu d'une action; (b) la répétition d'une action dans le passé.

a. — *Passé révolu.* Il marque avec insistance une **opposition nette entre le passé et le présent** : ce qu'exprime le verbe n'appartient qu'au passé.
> I used to trust him. I no longer do. *Autrefois je lui faisais confiance. Plus maintenant.*
> He used to be a conservative, didn't he ? (plus courant que : **usedn't he ?**). *Il était autrefois conservateur, n'est-ce pas ?*
> There used to be a theatre in our little town. *Il y avait autrefois un théâtre dans notre petite ville.*

162   b. — *Répétition fréquente dans le passé.* Il est sous-entendu que l'action n'appartient qu'au passé, comme dans les exemples ci-dessus.
> He used to smoke a cigar after lunch. *Il fumait (habituellement) un cigare après le déjeûner.*
> We used to spend our holidays in Italy. *Nous passions (habituellement) nos vacances en Italie.*

Il n'est pas toujours nécessaire d'employer un adverbe (« généralement », « d'habitude », etc.) dans la traduction, notre imparfait ayant nettement une valeur fréquentative.

163   c. — Ne pas confondre l'expression *I used to* (qui est toujours un passé) avec *I am used to*, qui se conjugue à tous les temps et introduit un nom ou un gérondif.
> I am not used to this wet climate. — You'll get used to it. *Je ne suis pas habitué à ce climat humide. — Vous vous y habituerez.*
> I am not used to drinking so much tea. *Je ne suis pas habitué à boire autant de thé (l'accent n'est pas mis sur la répétition de l'action mais sur le fait que l'on est, ou n'est pas, accoutumé à cette chose).*

Le participe passé de *to use* (utiliser, se servir de) peut être suivi d'un infinitif :
> A wheelbarrow is *used* to carry (= used for carrying) gardening-tools. *Une brouette sert à transporter des outils de jardinage.*

164   2. — **LA FORME FREQUENTATIVE AU PASSE.**

On exprime de différentes façons la répétition fréquente d'une action dans le passé. Il n'y a donc pas à proprement parler **une** forme fréquentative comme il y a une forme progressive.

a. — On a vu (162) que *used to* exprime à la fois la répétition de l'action et son caractère révolu.
> We used to go to the pictures on Saturday evenings. *Nous allions au cinéma le samedi soir.* Cette phrase implique 1° que nous y allions fréquemment, 2° que nous n'y allons plus.

b. — *Would*, à toutes les personnes, peut exprimer la répétition fréquente d'une action dans le passé, sans insister sur le caractère révolu de ce passé.
> We would go for a swim in the morning. *Nous allions nous baigner le matin.*

A l'idée de fréquence would ajoute parfois une idée d'**obstination, de comportement typique.** *Would* est alors accentué (351).
> She would forget to switch off the lights. *Il fallait toujours qu'elle oubliât d'éteindre les lumières.*

165   c. — *Le preterite progressif* accompagné d'un adverbe comme ***always*** ou ***for ever*** peut prendre une valeur fréquentative. De même pour ***kept + participe présent***. Ces tournures expriment parfois une idée d'obstination.

> **He was always asking** (= he kept asking) **the same questions.** *Il posait toujours les mêmes questions.*

     d. — Un simple preterite peut être accompagné de ***often, usually, generally, every week, twice a year***, etc. Il n'y a donc pas de règles précises comme pour l'emploi de la forme progressive.

3. — LA FORME FREQUENTATIVE AU PRESENT.

166   a. — ***Will*** peut s'employer pour exprimer la répétition, l'habitude, le comportement typique, ou ce qui se produit inévitablement. Plusieurs ***proverbes*** sont construits ainsi.

> **When the cat is away the mice will play.** *Quand le chat n'est pas là les souris dansent.*
> **Boys will be boys.** *Il faut que jeunesse se passe.*
> **He will sit on this bench for hours, gaping.** *Il lui arrive de rester assis sur ce banc pendant des heures, bouche bée.*

Quand il s'y ajoute une idée d'***obstination, will*** est accentué (cf. would, 164).

> **He will come into my study without knocking.** *Il faut toujours qu'il entre dans mon bureau sans frapper.*

167   b. — L'emploi de ***will*** avec un sens fréquentatif reste ***exceptionnel***. La répétition dans le présent est couramment exprimée par l'emploi d'un ***présent simple*** (***présent d'habitude***), par opposition avec le présent progressif (108).

> **I get up at seven.** *Je me lève à 7 heures.*

Le présent de « we used to read the Times » est donc « **we read the Times** ». « **We use to...** » est une tournure impossible.

     c. — Comme au passé on peut aussi exprimer la répétition fréquente avec une *forme progressive* accompagnée de ***always, for ever***, etc., ou avec ***keep + participe présent***.

> **I'm always forgetting to lock the door.** *J'oublie régulièrement de fermer la porte à clef.*
> **He keeps changing his mind.** *Il passe son temps à changer d'avis.*

168   4. — **LES DIFFERENTS SENS DE WOULD.**

Would, preterite de ***will,*** peut être :

(1) auxiliaire du ***conditionnel*** : **He would help you if you asked him to.** *Il vous aiderait si vous le lui demandiez.*

(2) auxiliaire du « ***futur dans le passé*** » : **He knew it would be difficult.** *Il savait que ce serait difficile.*

(3) ***preterite à sens de passé*** exprimant la volonté, l'obstination, un comportement typique (voir aussi 177 et 351).

> **He wouldn't listen to me.** *Il ne voulait pas m'écouter.*

(4) auxiliaire de la ***forme fréquentative*** : **After lunch he would smoke a cigar.** *Après le déjeuner il fumait habituellement un cigare.*

4. — TRADUCTIONS DE NOTRE IMPARFAIT.

169   a. — Un **preterite simple** lorsqu'il exprime des faits passés, sans notion de durée :

   Milton was blind. *Milton était aveugle.*

   b. — L'*opposition avec le présent* peut être exprimée encore plus nettement à l'aide de **used to** (161).

   You used to be his friend. — Yes, I used to. *Vous étiez son ami. — Oui, je l'étais (mais je ne le suis plus).*

   c. — Après *si*, exprimant une **condition,** il se traduit par un **preterite.**

   If we knew where he lives, we would go and see him. *Si nous savions où il habite, nous irions le voir.*

   d. — *Action en progrès* : il se traduit par un **preterite progressif** :

   When I arrived they were having tea. *Quand je suis arrivé ils prenaient le thé.*

   e. — *Action habituelle* : il se traduit par la **forme fréquentative** :

   We used to go (ou : we would go) to the pictures on Saturday evenings. *Nous allions au cinéma le samedi soir.*

   f. — Il se traduit par un **past perfect** accompagné de **how long,** de **for** ou de *since* dans les cas étudiés au § 160.

   He had been working since 5 in the morning. *Il travaillait depuis 5 heures du matin.*

13. — FORME EMPHATIQUE

La forme emphatique (ou forme d'insistance) permet d'*insister sur la réalité* de ce qu'on affirme, souvent *par contraste* avec ce qui vient d'être dit, ce qu'on s'imaginait, ce qu'on pourrait croire d'après les apparences, etc.

1. — PHRASES NEGATIVES.

170   On **accentue l'auxiliaire** contracté avec ***n't***, ou bien on sépare l'auxiliaire de ***not*** pour accentuer ce dernier mot. Le mot qui porte un accent exceptionnel dans la phrase est imprimé **en *italiques***; dans un texte manuscrit, par exemple dans une lettre, il est *souligné*.

        I **wasn't** afraid. *Non, je n'ai pas eu peur.*

        We're [wiə] ***not*** going to apologize to him. *Nous n'allons certainement pas lui présenter nos excuses.*

Never s'emploie parfois dans ce sens (= not at all).

        We **never** expected him to visit us. *Nous ne nous attendions aucunement à sa visite (**never** perd alors son sens habituel).*

2. — PHRASES AFFIRMATIVES COMPORTANT UN AUXILIAIRE.

171   *On accentue l'auxiliaire.*

        He **is** a fool. *C'est vraiment un imbécile.*

        I must admit that he **has** improved. *Je dois reconnaître qu'il a effectivement fait des progrès.*

        You **must** read this book. *Il faut absolument que vous lisiez ce livre.*

Pour le futur et le conditionnel, voir 118 à 122, et 130.

3. — PHRASES AFFIRMATIVES SANS AUXILIAIRE.

172   On conjugue le verbe ordinaire au présent et au preterite avec ***do, does, did***, que l'on accentue fortement.

        I **do** like this cake. *J'aime beaucoup ce gateau.*

        She **does** look like a gipsy. *Elle ressemble véritablement à une bohémienne.*

        I **did** say so. *Je l'avais bien dit.*

        I **did** have a lot of work to do yesterday. *Croyez-moi, j'ai eu beaucoup de travail à faire hier (**have** est ici un verbe ordinaire; voir leçon 3).*

On conjuguera aisément la forme emphatique avec do, does, did si on la compare avec la forme négative.

        We went there. *Nous y sommes allés.*

        We didn't go there. *Nous n'y sommes pas allés.*

        We **did** go there. *Mais si, nous y sommes allés.*

Pour l'impératif, voir 199 à 201.

173   *Remarques.* (1) ***To do*** se conjugue comme les autres verbes.

        I **did** do it by myself. *Je vous assure que je l'ai fait tout seul.*

(2) L'accent d'intensité peut être mis sur ***n'importe quel mot de la phrase*** pour en modifier le sens (voir 68, 374, 467, 506).

        What are ***you*** going to do ? *Et vous, qu'allez-vous faire ?*

14. — LE SUBJONCTIF

Il ne reste en anglais que *des traces* du mode subjonctif. Mais les auxiliaires *may/might* et *should* servent à conjuguer des tournures à valeur de subjonctif.

1. — SUBJONCTIF PRESENT.

174 a. — *Le présent*, semblable à l'infinitif sans *to* à toutes les personnes (donc sans *s* à la 3ᵉ personne du singulier), ne s'emploie plus que dans des expressions traditionnelles (marquant *un souhait, une supposition,* etc.). Voir aussi 183.

God *save* the Queen ! Long *live* the Queen ! *Vive la Reine !*
Hallowed *be* Thy name. *Que ton nom soit sanctifié.*
If this *be* true.... *Si cela est vrai...*

b. — Il s'emploie dans une langue soignée parallèlement à une construction avec *should* (183, 184) pour exprimer un *ordre* ou une *suggestion* (après *to order, to insist, to suggest...*), ou une *nécessité* (après *it is necessary that...*). Cet emploi du subjonctif « présent », quel que soit le temps de la principale, est plus *américain* que britannique.

They suggested that she come with them. *Ils suggérèrent qu'elle vînt avec eux.*
It was necessary that he attend the meeting. *Il était nécessaire qu'il assistât à la réunion.*

2. — SUBJONCTIF PRETERITE.

175 *Le preterite du subjonctif* ne se distingue de celui de l'indicatif que pour le verbe *to be* : « *were* » *à toutes les personnes.* (Cependant en anglais familier on emploie de plus en plus *was* au singulier, comme à l'indicatif). Ce preterite n'exprimant pas un passé, mais servant à marquer diverses nuances du mode subjonctif, on l'appelle souvent **preterite modal**.

Il exprime *l'irréel*, c'est-à-dire ce que l'on suppose ou ce que l'on souhaite mais qui n'est pas réalisé dans le présent.

De la même façon, le *past perfect modal* (semblable au plus-que-parfait de l'indicatif) s'emploie pour l'irréel du passé (ce qui n'a pas été réalisé dans le passé).

176 (1) après *if, as if, as though* et des expressions de même sens (*suppose* = if).
Irréel du présent :

He behaves as if he *were* the boss. *Il se conduit comme s'il était le patron.* (Voir aussi 326).
If I *were* you... *Si j'étais vous* (= *à votre place...*).

Irréel du passé :

If he *had been* there, he would have told you what to do. *S'il avait été là, il t'aurait dit ce qu'il fallait faire.*

Après *if* l'idée de futur *(potentiel)* peut s'exprimer à l'aide du présent (comme en français), parfois avec la tournure *if I (he, you...) were to...* (actions peu probables).

If he comes... *S'il vient...*
If he were to come... *Si d'aventure il venait...*

177   (2) après le verbe **to wish,** pour exprimer **un regret.** Le deuxième sujet peut être différent du premier ou semblable au premier.

Irréel du présent :

    I wish he *were* here with us. *Je souhaiterais qu'il fût ici avec nous (ou Je regrette qu'il ne soit pas ici avec nous).*
    I wish I weren't so shy. *Je voudrais être moins timide.*

Irréel du passé

    I wish he *had brought* his camera. *Je regrette qu'il n'ait pas apporté son appareil photo.*
    I wish I hadn't bought this dictionary. *Je regrette d'avoir acheté ce dictionnaire.*

Les *souhaits encore réalisables (potentiel)* s'expriment de deux façons :
    I wish he *would* answer my letter at once. *J'aimerais qu'il réponde à ma lettre immédiatement* (idée de consentement). Voir 333.
    I wish he *could* understand my reasons for refusing. *Je voudrais qu'il comprenne pourquoi je refuse* (idée de possibilité).

Il est plus facile de choisir le temps du second verbe et de décider s'il faut ou non une négation si on compare les deux séries synonymes :

    If only you weren't so lazy !   **I wish you weren't so lazy.**
    If only he had come earlier !   **I wish he had come earlier.**
    If only he would help me !   **I wish he would help me.**

178   (3) après **I'd rather** (= je préférerais). Voir 340.

    I'd rather people didn't know about it. *Je préférerais que les gens n'en sachent rien* (irréel du présent ou potentiel).
    I'd rather he came tomorrow (potentiel exprimé par un preterite). *Je préférerais qu'il vienne demain.*
    I'd rather he hadn't come. *J'aurais préféré qu'il ne vienne pas* (irréel du passé).

(4) On emploie un preterite modal après **it is time.**
    It's (high) time we left. *Il est (grand) temps que nous partions.*
    It's about time I bought myself an umbrella. *Il serait temps que je m'achète un parapluie.*

(5) Les preterites **could** et **might** quand ils expriment une possibilité (38) ou une éventualité (43) dans le présent ou dans l'avenir sont des preterites modaux.
    It might rain tonight. *Il se pourrait qu'il pleuve ce soir.*
On a aussi un preterite modal dans l'expression **« as it were »** (pour ainsi dire).

3. — MAY/MIGHT AUXILIAIRE DU SUBJONCTIF.

179   *May* au présent, *might* au preterite, s'emploient :

    a. — Après **so that, in order that, that** (= pour que, afin que). Voir 346.

Dans la langue familière on remplace souvent **may** et **might** par **can** et **could** quand à l'idée de but s'ajoute une idée de possibilité. (Voir aussi 185).
    He left the letter on the desk so that she might (ou could) read it. *Il laissa la lettre sur le bureau pour qu'elle la lût.*

180   b. — Après **les composés de ever** (idée d'*éventualité,* de *doute*).
    Whatever you may think, he isn't a coward. *Quoi que vous en pensiez, ce n'est pas un lâche.*
    Wherever you may go, you'll have to work and fight. *Où que vous alliez, il vous faudra travailler et lutter.*

However dejected you may be, you mustn't give up the fight. *Si déprimé que vous soyez, vous ne devez pas abandonner la lutte.*
« Dejected as (= though) you may be... » est plus littéraire.

Comparer : However rich he *may be...* *Si riche qu'il soit... (j'ignore à quel point).*
However rich he *is...* *Malgré sa richesse... (je sais qu'il est très riche).*

On peut aussi commencer les phrases ci-dessus par « **no matter what you (may) think** », « **no matter where you (may) go** », « **no matter how rich he is** » (ou : **he may be**).

4. — SHOULD AUXILIAIRE DU SUBJONCTIF.

181   a. — *Une hypothèse peu vraisemblable*, après *if* ou *suppose* (91 et 353).
If anyone should (= Should anyone) call, please let me know. *Si par hasard quelqu'un appelle (au téléphone), veuillez me prévenir.*

182   b. — *Une idée de crainte*, après *in case (that), for fear (that), lest* (langue littéraire).
I'll take my umbrella in case it should rain. *Je vais prendre mon parapluie pour le cas où il pleuvrait.*
He ran away lest he should be seen. *Il s'enfuit de peur d'être vu.*
Après *in case* on emploie aussi l'indicatif (**in case it rains**).

183   c. — *Une suggestion, une convention, une intention, un ordre*, après **to propose, to suggest, to insist, to order**, etc. et l'expression **I'm anxious that...**
En Amérique on emploie souvent un subjonctif présent sans auxiliaire (174).
We had insisted that he should come (Am. : **that he come**). *Nous avions insisté pour qu'il vînt.*
I suggest we (should) leave. *Je propose que nous partions.*

184   d. — **Should** s'emploie couramment après un certain nombre d'expressions exprimant *la nécessité* (it is necessary, it is important), *le regret* (it is a pity), *l'invraisemblance, la surprise* (it is extraordinary, it is unlikely, it is incredible..., I'm surprised that...), *le refus d'accepter ou de comprendre* (I don't see why..., there's no reason why...), *ce qui est normal ou anormal* (it is natural, it is right, it is wrong...), *ce qui est souhaitable* (it is advisable...). Voir 187 (a).
It's incredible that he should be so narrow-minded. *Il est incroyable qu'il soit si étroit d'esprit.*
I don't see why I should trust him. *Je ne vois pas pourquoi je lui ferais confiance* (= **Why should I trust him?**).
It's natural that she should feel proud. *Il est naturel qu'elle éprouve de la fierté.*

185   e. — On emploie *should* après *so that* quand il y a une idée de **contrainte**
I muzzled the dog so that he shouldn't bite the visitors. *J'ai mis une muselière au chien pour qu'il ne morde pas les visiteurs* (voir 179).

5. — DIFFERENTS SENS DE SHOULD.

186   a. — Simple *auxiliaire du conditionnel* à la 1re personne, inaccentué (128, 129).
We should be very glad to see him again. *Nous serions très heureux de le revoir.*

b. — ***Auxiliaire de modalité*** à sens plein, accentué (48), exprimant un conseil (à toutes les personnes).

You should learn Spanish. *Vous devriez apprendre l'espagnol.*

c. — ***Auxiliaire à valeur de subjonctif*** (voir plus haut).

d. — Il peut exprimer la **probabilité** (350).

We should be home by 10 (= we shall probably be...). *Nous devrions être de retour pour 10 heures.*

6. — TRADUCTIONS DU SUBJONCTIF FRANÇAIS.

187   A part les cas étudiés dans cette leçon, le subjonctif français se traduit de diverses façons :

a. — Par une ***proposition infinitive*** (structure 1 b, voir leçon 21), en particulier après les verbes exprimant un **ordre**, une **préférence**, une **attente**.

I should like you to tell me the truth. *J'aimerais que vous me disiez la vérité.*

Les expressions commençant par ***it is*** et exprimant **la nécessité, l'invraisemblance, etc.**, se construisent plus couramment avec une proposition infinitive qu'avec ***should*** (184).

It is necessary that you should read all these books (en anglais parlé : **It's necessary for you to read all these books**). *Il est nécessaire que vous lisiez tous ces livres.*

b. — Par un ***gérondif*** (voir leçons 18 et 20), après certains verbes ou expressions exprimant des **réactions psychiques.**

He resents being called Bobby. *Cela l'irrite qu'on l'appelle Bobby.*

c. — Par un ***impératif de la 3ᵉ personne*** (qui n'existe pas en français).

Let him complain to the boss if he likes! *Qu'il se plaigne auprès du patron s'il le veut !*

d. — Par un ***indicatif*** dans un grand nombre de cas, en particulier après les conjonctions ***though*** (quoique), ***until*** (jusqu'à ce que), ***provided*** (pourvu que), ***unless*** (à moins que), ***before*** (avant que), et après les verbes exprimant un **doute.**

He came though he *was* unwell. *Il est venu bien qu'il fût souffrant.*
I don't think he *is* cross. *Je ne pense pas qu'il soit fâché.*

e. — Les expressions impersonnelles ***il faut que*** et ***il se peut que*** suivies du subjonctif se traduisent par les défectifs ***must*** et ***may*** précédés du sujet réel.

You must read this book. *Il faut que tu lises ce livre.*
The train may be late. *Il se peut que le train ait du retard.*

15. — CONCORDANCE DES TEMPS ET STYLE INDIRECT

1. — CONCORDANCE DES TEMPS.

188 a. — Dans les phrases dont la subordonnée (commençant par *if,* ou *suppose*) exprime une *condition,* la concordance des temps se fait comme en français.

> **If he comes tomorrow we shall play tennis** (potentiel). *S'il vient demain nous jouerons au tennis.*
> **If he were here now we should play tennis** (irréel du présent). *S'il était ici maintenant nous jouerions au tennis* (voir 175-176).
> **If he had come yesterday we should have played tennis** (irréel du passé). *S'il était venu hier nous aurions joué au tennis.*

189 b. — L'expression française « *c'est... que* » reste généralement au présent quel que soit le temps de la 2ᵉ proposition. L'anglais respecte la concordance des temps.

> **It *was* thanks to him that I wasn't drowned.** *C'est grâce à lui que je ne me suis pas noyé.*

2. — STYLE INDIRECT.

190 a. — Si *la principale est au présent,* la subordonnée rapporte les paroles (ou les pensées) sans en changer le temps.

> **He says in his letter that he is going to sell his car** (He says : « I'm going to... »). *Il dit dans sa lettre qu'il va vendre sa voiture.*

191 b. — Si *la principale est au preterite*,
les paroles prononcées au **futur** sont rapportées au **conditionnel**;
les paroles prononcées au **présent** sont rapportées au **preterite** ;
les paroles prononcées au **preterite** ou au **present perfect** sont rapportées au **plus-que-parfait** (past perfect).

> **He told me he would stay here until Tuesday** (He said : « I'll stay... »). *Il m'a dit qu'il resterait ici jusqu'à mardi.*
> **He told me he was tired** (He said : « I'm tired »). *Il m'a dit qu'il était fatigué.*
> **He told me he had lost our address** (He said : « I've lost... »). *Il m'a dit qu'il avait perdu notre adresse.*

Pour les emplois de *must* et de *need* au style indirect, voir 45 et 54.

192 c. — Quand *les paroles prononcées sont des questions,* on les rapporte dans des interrogatives indirectes (structure 7, leçon 23).

> **He asked me where John was** (He asked : « Where is John ? »). *Il m'a demandé où était John.*
> **She asked us whether** (familièrement : **She asked us if**) **we were cold** (She asked : « Are you cold ? »). *Elle nous a demandé si nous avions froid.*

193 d. — *L'anglais mélange souvent très librement les deux styles* (direct et indirect), *pour donner plus de vivacité à un récit.*

I asked him where he was going to spend the Summer. He said, well, he didn't know yet, but would I lend him my guide-books to Italy. (Style direct : He said : « Well, I don't know yet, but will you lend me your guide-books to Italy ? »). *Je lui ai demandé où il allait passer l'été. Il m'a dit que, ma foi, il ne savait pas encore, mais il m'a demandé de lui prêter mes guides de l'Italie.*

16. — L'IMPÉRATIF

1. — FORME AFFIRMATIVE.

194   a. — *A la 2ᵉ personne*, l'impératif est semblable à l'infinitif sans **to**.
Give me a drink. *Donnez-moi à boire.*
Have another cup of tea. *Prenez une autre tasse de thé.*
Be a man. *Sois un homme.*

195   b. — Après *yes, of course, please*, l'impératif est parfois **elliptique (do)**.
May I smoke ? — Yes, do. *Puis-je fumer ? — Oui, bien sûr.*

196   c. — *Aux autres personnes*, il se forme avec l'auxiliaire **let** (let + complément + infinitif sans to).
Let's (= let us) **go for a walk.** *Allons nous promener.*
Let me see, what shall I do now ? *Voyons, que vais-je faire maintenant ?*
Let them wait a few minutes. *Qu'ils attendent quelques instants.*
Let the children go to bed at once. *Que les enfants aillent se coucher immédiatement.*

2. — FORME NEGATIVE.

197   a. — *A la 2ᵉ personne* on fait précéder l'impératif de **don't**, même avec **be**.
Don't wait for me. *Ne m'attendez pas.*
Don't be a fool. *Ne sois pas idiot.*
Do not lean outside. *Ne pas se pencher au-dehors* (style officiel).

     b. — **Don't**, comme **do**, peut s'employer seul (impératif **elliptique**).
Shall I shut the door ? — Don't, I've left the key inside. *Je ferme la porte ? — Oh non (n'en faites rien), j'ai laissé la clef à l'intérieur.*

198   c. — *Aux autres personnes* on peut faire précéder l'impératif de **don't** (style familier) ou construire la forme négative sans **do** (langue soignée).
Don't let's stay here (ou : **Let's not stay here**). *Ne restons pas ici.*
Let us not waste our time in vain pursuits. *Ne gaspillons pas notre temps en activités futiles (**not** se place **après un pronom**).*
Let not our natural laziness prevent us from doing our duty. *Que notre paresse naturelle ne nous empêche pas de faire notre devoir (**not** se place **avant un nom**).*

3. — FORME EMPHATIQUE.

199   a. — En anglais familier, à la 2ᵉ personne, construite normalement sans pronom, on emploie parfois **you** (accentué) pour insister sur un ordre.
You stay where you are (sans virgule) *Vous, ne bougez pas de là.*
You dare ! *Ose un peu, pour voir !*

200   b. — A toutes les personnes, mais surtout à la deuxième, on peut faire précéder l'impératif de **do** pour insister, persuader (même avec **to be**).
Do try and understand. *Essayez donc de comprendre.*
Do be a good boy. *Sois gentil, je t'en prie.*
Do have some more tea. *Reprenez donc du thé.*

201   c. — A la *forme négative* on peut renforcer une interdiction **en accentuant not.**
Do NOT smoke. *Défense absolue de fumer.*

17. — LA VOIX PASSIVE

1. — GENERALITES.

202 La voix passive se construit, comme en français, avec le *participe passé* du verbe précédé de l'auxiliaire *to be* que l'on conjugue. Elle existe à tous les temps.

Le passif s'emploie pour les *actions subies par le sujet*. Il peut être suivi d'un *complément d'agent* introduit par *by*.

> **David was punished by Mr Murdstone.** *David a été puni par M. Murdstone.*

(Voix active : **Mr Murdstone punished David.** Cette phrase étant au preterite, l'auxiliaire de la voix passive est *was*).

Il n'est pas indispensable d'employer un complément d'agent. En fait la plupart des phrases passives ne sont pas suivies d'un complément d'agent. Si l'anglais veut préciser qui fait l'action, il emploie de préférence la voix active.

203 Exemples :

a. — **This bridge was built in the 13th century.** *Ce pont a été construit au 13ᵉ siècle.*
You'll be surprised when you hear the news. *Vous serez surpris quand vous apprendrez la nouvelle.*

b. — **He hasn't been caught yet.** *On ne l'a pas encore attrapé.*
You are wanted on the phone. *On vous demande au téléphone.*

c. — **Melon can be eaten at the beginning or at the end of the meal.** *Le melon peut se manger au début ou à la fin du repas.*
This is not done in England. *Cela ne se fait pas en Angleterre.*

Comme le montrent les exemples ci-dessus, le passif anglais peut se traduire en français (a) par un *passif*, (b) par une *phrase active dont le sujet est « on »*, (c) par un *verbe pronominal*.

204 Expressions passives correspondant à des expressions françaises actives :

Few people were left (= there were few people left) in the town. *Il restait peu de gens dans la ville.*
Cf. **I have only 5 shillings left.** *Il ne me reste que 5 shillings.*
Shakespeare was born in 1564. *Shakespeare naquit en 1564.*
Where were you born ? *Où êtes-vous né ?* (*to be born*, verbe passif = naître).
It's easier said than done. *C'est plus facile à dire qu'à faire.*
A town to be seen in spring. *Une ville à voir au printemps.*
What is to be done ? *Que faut-il faire ?* (voir 126).

205 *Remarques.* (1) Bien distinguer l'*adjectif* du *participe passé* dans les phrases :
Les portes ne sont pas encore ouvertes (adjectif). **The gates aren't *open* yet.**
Les portes sont ouvertes (participe passé) chaque matin à 8 heures. **The gates are *opened* at 8 every morning.**

206   (2) Certains verbes passifs peuvent être accompagnés d'un complément de manière introduit par *with*.

> **The ground was covered with dead leaves.** *Le sol était recouvert de feuilles mortes.*
> **The room was filled with smoke.** *La pièce était emplie de fumée.*

2. — CAS PARTICULIERS.

207   a. — *Verbes suivis d'une postposition ou d'un complément indirect* : au passif le participe passé est suivi de la postposition ou de la préposition.

> **The doctor had to be sent for.** *Il fallut envoyer chercher le docteur.*
> **He was laughed at and played tricks on by the village children.** *Les enfants du village se moquaient de lui et lui jouaient des tours.*

208   b. — *Verbes suivis de deux compléments directs*, le premier d'*attribution* et le second d'*objet. (to give, to offer, to send, to tell, to teach, to show...,* voir 291) : chacun de ces deux compléments peut servir de sujet à une phrase passive.

> **They gave him a chair** { **A chair was given to him** (ou : **given him**).
> **He was given a chair**.

La deuxième phrase passive est plus courante que la première.

> **Her children were taught German and English.** *On enseigna à ses enfants l'allemand et l'anglais.*
> **I was told a funny story.** *On m'a raconté une histoire drôle.*
> **She's been offered a good job.** *On lui a offert un bon emploi.*

209   c. — Un grand nombre de verbes construits avec la structure 1 b (étudiés à la leçon 21) peuvent s'employer au passif contrairement au français (voir 260).

> **She was advised to wait.** *On lui a conseillé d'attendre.*
> **He was asked to show his passport.** *On lui demanda de montrer son passeport.*

210   d. — Une phrase passive peut se mettre à la *forme progressive*.

> **The house is being pulled down.** *On est en train de démolir la maison.*
> **My car was being repaired.** *On était en train de réparer ma voiture.*

211   e. — Pour exprimer le *passage d'un état à un autre* on emploie souvent **to get** au lieu de l'auxiliaire **to be**. **To get** peut aussi impliquer une idée d'effort.

Comparer : **He was very excited.** *Il était surexcité* ≠ **He got excited.** *Il s'est emporté.*

De même : **to get drunk** *(s'enivrer)*, **to get killed** *(se tuer, accidentellement)*, **to get married** *(se marier)*, **to get broken** *(se casser)*, **to get used to** *(s'habituer à)*, etc.

> **He behaves as if he were trying to get arrested.** *Il se conduit comme s'il cherchait à se faire arrêter.*

3. — TRADUCTIONS DE ON.

212

a. — *Le passif* (traduction la plus courante). (Voir 203, 208 à 210 et 260).

b. — *One*, quand il s'agit de vérités pouvant s'appliquer à tout le monde (487).
One can always find time for reading. *On peut toujours trouver le temps de lire.*
One never knows. *On ne sait jamais.*

c. — Les pronoms personnels *we, you, they* (selon le sens de la phrase).
You never can tell. *On ne sait jamais.*
They drink a lot of tea in England. *On boit beaucoup de thé en Angleterre* (Ce n'est pas un Anglais qui parle, sinon la phrase serait : **We drink...**).

d. — *Somebody, someone* (quand « on » = « une personne »).
Listen, someone's knocking at the door. *Ecoutez, on frappe.*

e. — *People* (quand « on » = « les gens »).
People were very fond of him. *On l'aimait beaucoup.*

f. — Parfois, familièrement, *a man* (= one).
A man must relax after work. *On doit se détendre après le travail.*

g. — *There is* + *nom à sens verbal.*
There was a knock (a ring) at the door. *On frappa (on sonna) à la porte.*

18. — LES FORMES VERBALES EN ING

Ne pas confondre :

213   le *participe présent*, qui est un verbe (traduit souvent par un temps personnel).
> **There's someone waiting for you.** *Il y a quelqu'un qui vous attend.*

... et le *gérondif*, ou **nom verbal** (traduit souvent par un nom ou un infinitif).
> **I'm fond of swimming.** *J'aime la natation.*
> **Waiting is very unpleasant.** *Il est très désagréable d'attendre.*

1. — LE PARTICIPE PRESENT.

214   a. — *ses emplois principaux.*

(1) Son rôle principal est de conjuguer la *forme progressive* (leçon 8).

(2) Il a la même valeur (action en progrès) après un *verbe de position*, après les expressions **to be busy, to spend one's time**, et à la SV 4 b (269-270).
> **He stood looking over my shoulder.** *Il regardait par-dessus mon épaule.*
> **He was busy tidying his books on the shelves.** *Il était occupé à ranger ses livres sur les rayons.*
> **I spent two hours reading.** *J'ai passé deux heures à lire.*

(3) Il s'emploie souvent comme adjectif (c'est alors un **adjectif verbal**).

Il peut être épithète (**This is an amusing story**) ou attribut (**This story is amusing**). Il peut être composé (**A hard-working child**, *un enfant travailleur*).

215   b. — Traduction de l'expression française **en + participe présent**.

(1) *Actions simultanées : simple participe présent.*
> **She rushed out, shouting « help ! » at the top of her voice.** *Elle sortit précipitamment, en criant « au secours ! » de toute sa voix.*

Si l'on insiste sur la durée de l'action on peut employer **while**.
> **I wrote a long letter while waiting for you** (= **While I was waiting for you**). *J'ai écrit une longue lettre tout en vous attendant.*

On peut aussi employer **as** introduisant un temps personnel.
> **« So long »**, **he said as he got on the bus.** *« A bientôt », dit-il en montant dans l'autobus.*

(2) *Action immédiatement antérieure* à celle exprimée dans la principale : **on + gérondif**.
> **On hearing the sad news she fainted.** *En apprenant la triste nouvelle elle s'est évanouie.*

(3) Idée de *moyen*, de *cause* : **by + gérondif**.
> **You'll get him to obey only by punishing him.** *Vous ne le ferez obéir qu'en le punissant.*

(4) Idée de *surprise*, de *frayeur* : **at + gérondif**.
> **We were surprised at hearing that he was Irish.** *Nous avons été surpris en apprenant (= d'apprendre) qu'il était irlandais.*

(5) **In** s'emploie assez rarement devant un participe présent pour traduire « en + participe présent », dans des cas où **while** et **as** sont plus courants.

In crossing the river they were drowned (= While crossing..., as they were crossing...). *En traversant le fleuve ils se noyèrent.*

(6) Indiquant la **façon de réaliser une action** : SV. E et F (leçon 25).

He limped across the street. *Il traversa la rue en boitant.*

2. — LE GERONDIF.

a. — **Le gérondif** (« gerund ») est un **nom verbal,** mot hybride qui possède à la fois les caractéristiques d'un nom et celles d'un verbe.

Reading. *Le fait de lire, l'action de lire, la lecture.*

(1) **En tant que verbe,** le gérondif peut se conjuguer à la voix passive, être accompagné d'une négation, de divers adverbes, d'un sujet, de compléments.

Driving very fast on a wet road may be dangerous. *Conduire très vite sur une route mouillée peut être dangereux.*
I remember John coming to the theatre with us that evening. *Je me rappelle que John nous a accompagnés au théâtre ce soir-là.*
Not being alone was a great help to her. *Le fait de ne pas être seule l'a beaucoup aidée.*
He likes being looked after. *Il aime qu'on s'occupe de lui.*

(2) **En tant que nom,** il peut avoir un **sens général.**

Hunting, *la chasse à courre;* travelling, *les voyages;* teaching, *l'enseignement;* gossiping, *les commérages;* skidding, *le dérapage.*

... **ou particulier.** Il peut alors se mettre au pluriel, être accompagné d'un article, d'un nombre, d'un adjectif qualificatif ou démonstratif, de l'indéfini négatif **no.**

A first-rate recording of the Magic Flute. *Un enregistrement excellent de la Flûte enchantée.*
There were twenty hangings in the town during the Civil War. *Il y a eu vingt pendaisons dans la ville pendant la Guerre Civile.*
What's all this shouting about ? *Pourquoi tous ces grands cris ?*
Nylon shirts need no ironing. *Les chemises en nylon n'ont pas besoin de repassage.*

Il peut être **composé,** le premier élément restant invariable comme pour les autres noms composés (**Stamp-collecting,** *la philatélie;* **fox-hunting,** *la chasse au renard*).

Le gérondif peut être accompagné d'un **adjectif possessif** ou d'un **nom au cas possessif.**

I like his singing. *J'aime sa façon de chanter.*
Ken's driving is a little erratic. *Ken conduit d'une façon un peu excentrique.*

Si le sens est **« le fait de... »** (et non **« la façon de... »** comme dans les exemples précédents) on omet très souvent la marque du cas possessif.

I hope you don't mind Ken ('s) coming with us. *J'espère que cela ne vous ennuie pas que Ken vienne avec nous.*

De la même façon l'**adjectif possessif** est souvent remplacé par un **pronom complément** (style de la conversation familière).

I hope you don't mind me (plus familier que my) coming with you. *J'espère que cela ne vous ennuie pas que je vienne avec vous.*

(3) Exemples de **gérondifs à doubles fonctions (à la fois verbes et noms).**

He doesn't approve of our playing (fam. : of us playing) football on Sundays. *Il n'approuve pas que nous jouions au football le dimanche.*

John's being able to speak Russian was a surprise to everyone. *Que John sache parler le russe, voilà qui a surpris tout le monde.*

His apologizing so politely made us forgive him at once. *Le fait qu'il se soit excusé si poliment nous amena à lui pardonner immédiatement.*

b. — *Emplois du gérondif.*

220 (1) Comme sujet on peut souvent employer indifféremment **le gérondif** ou *l'infinitif complet*. Le gérondif est plus courant pour exprimer des généralités.

Working during the holidays is very unpleasant. *Travailler pendant les vacances est très désagréable* (vérité générale, voir 232).

He loves the countryside, but to come with us (ou : **coming with us**) **would interrupt his work.** *Il adore la campagne, mais venir avec nous interromprait son travail.*

221 (2) Le gérondif s'emploie, *à l'exclusion de l'infinitif,* comme complément de certains verbes, étudiés à la leçon 20 (Structure 3).

We enjoyed seeing them. *Cela nous a fait plaisir de les voir.*
Avoid mentioning it. *Evitez d'en parlez.*

222 (3) Il s'emploie, à l'exclusion de l'infinitif, après toutes les **prépositions**, sauf *except* et *but* (voir § 236).

She is fond of listening to detective plays on the radio. *Elle aime écouter les pièces policières à la radio.*

After thanking us he said « goodbye » and went out. *Après nous avoir remerciés il dit « au revoir » et sortit.* (Remarquer que le français emploie ici un infinitif passé; l'anglais préfère la forme simple **thanking** au gérondif passé **having thanked**).

He went out without my (fam. : **me**) **knowing (without his father knowing) about it.** *Il est sorti sans que je (sans que son père) le sache.*

They succeeded in reaching the top. *Ils réussirent à atteindre le sommet.*

223 *For* suivi d'un gérondif s'emploie pour indiquer **une cause, un motif.**

We shall never forgive him for informing against us. *Nous ne lui pardonnerons jamais de nous avoir dénoncés* (en français, infinitif passé).

Thank you very much for having us to tea. *Merci beaucoup de nous avoir invités à prendre le thé.*

224 *Reste le cas de « to » :* devant un verbe c'est beaucoup plus souvent une particule marquant l'infinitif qu'une vraie préposition. Mais dans les cas où *to* est une **préposition** il faut *le gérondif et non l'infinitif,* notamment après les expressions :

We are looking forward to making his acquaintance. *Nous nous réjouissons d'avance de faire sa connaissance.*

He is not used to getting up so early. *Il n'est pas habitué à se lever si tôt.* Voir § 163.

You don't object to my smoking, do you ? *Cela ne vous fait rien que je fume, n'est-ce pas ?*

De même après **to be given to** (être enclin à), **to take to** (s'adonner à), **to fall to** (se mettre à), **to be reduced to** (être réduit à), etc.

225 (4) Il s'emploie après les expressions **there is no, it's no use** et **to be worth.**

There is no knowing what he thinks about it. *Il n'y a pas moyen de savoir ce qu'il en pense.*

It's no use trying to persuade her. *Il est inutile d'essayer de la persuader.*

The advice he gives is worth listening to. *Les conseils qu'il donne valent la peine d'être écoutés* (ici le gérondif a un sens passif, § 464).

19. — L'INFINITIF

226 L'infinitif peut se mettre à la forme négative (**To be or not to be,** *être ou ne pas être;* **he promised not to forget,** *il a promis de ne pas oublier*), à la voix passive (**to be rescued,** *être secouru;* **to be taken ill,** *tomber malade;* **to be born,** *naître*), au passé (**to have failed,** *avoir échoué;* **to have come,** *être venu*), à la forme progressive (**to be sitting,** *être assis;* **to be sleeping,** *être en train de dormir*).

La particule *to*, inaccentuée, se prononce [tu] devant une voyelle (**to arrive**), [tə] devant une consonne (**to come**).

1. — EMPLOIS DE L'INFINITIF COMPLET.

227 a. — Il s'emploie *après de nombreux verbes* dans les structures
1 a (**I want to read this book.** *Je veux lire ce livre*). Leçon 20
1 b (**I want you to read this book.** *Je veux que vous lisiez ce livre*). Leçon 21
7 a (**I don't know what to read.** *Je ne sais pas quoi lire*) ⎫
7 b (**He asked me what to read.** *Il m'a demandé ce qu'il fallait lire*). ⎬ Leçon 23

b. — Il s'emploie *après de nombreux noms* et adjectifs (voir leçon 36).

228 c. — Il exprime *le but,* soit seul, soit dans les expressions **in order to** et **so as to** (négations : *in order not to, so as not to*). Voir 345.
    We are getting up early tomorrow to go fishing. *Nous nous levons de bonne heure demain pour aller à la pêche.*
    I'll hurry up so as not to keep you waiting. *Je vais me dépêcher pour ne pas vous faire attendre (= afin de ne pas...).*

L'infinitif exprimant le but peut être précédé de « *as if* ».
    He put his hand in his pocket as if to take out his handkerchief. *Il mit sa main dans sa poche comme pour sortir son mouchoir.*

229 d. — Il peut exprimer *la destination d'un objet.*
    Give me a chair to sit on (= *on which to sit*). *Donnez-moi une chaise pour m'asseoir.* (Remarquer l'emploi de la préposition).

230 e. — Il s'emploie après des adjectifs ou adverbes accompagnés de *too* ou de *enough*. (Voir aussi § 231).
    You are too young (≠ **old enough**) **to understand.** *Tu es trop jeune (≠ assez grand) pour comprendre.*

... ainsi que dans l'expression *to be so* + *adjectif* + *as to.* (Voir § 455).
    Will you be so kind as to help me carry my luggage ? *Auriez-vous la bonté de m'aider à porter mes bagages ?*

231 f. — La préposition *for* peut introduire des *propositions infinitives* ne dépendant pas de verbes (celles qui dépendent de verbes seront étudiées à la leçon 21 : Structure 1 b). Ces propositions s'emploient pour exprimer le *but* lorsque la phrase a deux sujets différents (« *afin que* », et non « *afin de* », cf. § 228), pour introduire le complément d'un adjectif accompagné de *too* ou de *enough* (« *trop ... pour que* », « *assez ... pour que* », cf. § 230) et pour introduire le complément d'un adjectif précédé de *it is*.

I've brought this book for you to read over the week-end. *J'ai apporté ce livre pour que vous le lisiez pendant le week-end* (Remarquer l'absence de complément d'objet après read). Voir 179.

The policeman blew his whistle for the cars to stop. *L'agent donna un coup de sifflet pour faire arrêter les voitures* (On peut rendre la même idée avec un subjonctif : « **so that the cars should stop** », mais l'emploi de la proposition infinitive est plus courant. Voir 185.

This flat is too small for us to live in comfortably. *Cet appartement est trop petit pour que nous y vivions à l'aise.*

It's natural for you to feel proud. *Il est normal que vous soyez fier.*

232   g. — L'infinitif peut être *sujet d'une phrase*.

To wait would be a waste of time. *Attendre serait une perte de temps.*

Pour exprimer des généralités le gérondif s'emploie comme sujet plus couramment que l'infinitif; c'est le contraire dans les phrases commençant par *it is*.

Having tea out on the lawn is quite a treat = **It's quite a treat to have tea out on the lawn.** *C'est un plaisir rare de prendre le thé sur la pelouse* (voir § 220).

233   h. — Pour éviter une répétition l'infinitif est parfois réduit à sa particule *to* (appelée alors « *to anaphorique* »), qui peut être précédée de *not*.

Don't eat it if you don't want to. *Ne le mange pas si tu n'en veux pas.*
I did it because you asked me to. *Je l'ai fait parce que vous me l'avez demandé.*

On trouve de même les expressions elliptiques : **I'm going to, you'll have to, he decided not to, I preferred not to, I expected him to, I ought to, I used to...**

2 — EMPLOIS DE L'INFINITIF SANS « TO ».

234   a. — Il s'emploie *après certains verbes* (en nombre limité) dans les structures 2 a (**You must be tired.** *Vous devez être fatigué*) et 2 b (**You made me miss my train.** *Vous m'avez fait rater mon train*).

Voir leçons 4 (*auxiliaires de modalité, dare, need, I'd rather,* etc.) et 22 (structures 2 a et 2 b).

235   b. — Il s'emploie *sans sujet* dans les questions commençant par *why*.

Why not come with us ? *Pourquoi ne pas venir avec nous ?*

236   c. — Il s'emploie après *except* et *but* (dans le sens de « *sauf* »), seules prépositions qui ne soient pas suivies du gérondif (voir 222).

He did nothing except (= but) **disturb everyone.** *Il n'a rien fait d'autre que de déranger tout le monde.*
I've done nothing but worry. *J'ai passé tout le temps à m'inquiéter.*

237   d. — Il s'emploie après *rather than* (mais quand *than* introduit le complément d'un comparatif il faut le même temps pour les deux éléments de comparaison).

I would resign rather than sign this treaty. *Je démissionnerais plutôt que de signer ce traité.*
Driving one's own car is more pleasant than travelling in a crowded train. *Il est plus agréable de conduire sa voiture que de voyager dans un train bondé.*

LES STRUCTURES DU VERBE, LEUR CLASSIFICATION

238   Certains verbes se construisent parfois comme leurs équivalents français (**I want to buy a car; I want your opinion**) mais admettent aussi des constructions très différentes des nôtres (**I want you to come with me; I want this work done for tomorrow; your hair wants cutting**), alors que d'autres constructions, possibles en français, ne le sont pas en anglais (on ne peut pas traduire mot à mot : « Je veux que vous me donniez votre opinion »).

Pour un verbe donné les possibilités de constructions (ou *Structures*; en anglais : « *patterns* ») sont en nombre limité. Ainsi certains verbes n'admettent qu'une structure (**to resemble** ne peut être suivi que d'un complément direct d'objet; **can** ne peut être suivi que d'un infinitif sans **to**), alors que d'autres (par exemple : **to like, to remember, to tell**) peuvent se construire de diverses façons selon l'idée à exprimer. Certains verbes ne sont jamais suivis d'un infinitif (**to avoid**), d'autres d'un complément direct (**to wait**), d'autres encore d'une subordonnée (**to want**).

Une étude méthodique des structures du verbe s'impose si l'on veut mettre un peu d'ordre dans un domaine aussi complexe. Cette étude est d'ailleurs facilitée par le fait que les verbes de sens voisins sont souvent construits avec la même structure; par exemple, la plupart des verbes exprimant des réactions psychiques sont suivis du gérondif, alors que ceux qui expriment une volonté d'agir ou une préparation à l'action sont dans l'ensemble suivis de l'infinitif.

239   (1) Dans la classification des structures utilisée ici on a distingué les cas où le verbe est suivi d'un autre verbe (seul ou dans une proposition) de ceux où il est suivi d'autres éléments (noms, pronoms, adjectifs,...) ou bien employé seul. (Voir les exemples du tableau figurant sur le marque-page).

Un chiffre (de 1 à 7) désigne une structure dans laquelle le verbe est *suivi d'un autre verbe.*

Ce dernier peut être, selon le cas :
   à l'*infinitif complet* (Structure 1).
   à l'*infinitif sans to* (Structure 2).
   au *gérondif* (Structure 3).
   au *participe présent* (Structure 4).
   au *participe passé* (Structure 5).
   à un *temps personnel*, dans une proposition *subordonnée* introduite par **that** (Structure 6).
   à un temps personnel ou à l'infinitif dans une *proposition interrogative indirecte* (Structure 7).

Une lettre (de A à F) désigne une structure dans laquelle le verbe est *suivi d'un autre élément de phrase que d'un verbe.*

On a les diverses combinaisons suivantes :
   Verbe + objet direct (Structure A).
   Verbe + préposition + complément (Structure B).
   Verbe + complément d'attribution + complément d'objet (Structure C).
   Verbe + complément + préposition + complément (Structure D).
   Verbe + attribut (Structure E).
   Verbe indiquant le moyen ou la manière + terme (préposition + complément; ou postposition) exprimant un mouvement ou un aboutissement (Structure F).

La structure 0 (zéro) est celle dans laquelle le verbe n'est suivi d'aucun verbe, d'aucun complément, d'aucun attribut.

240   (2) Dans la plupart de ces structures (toutes les structures désignées par un chiffre ainsi que E et F) il faut distinguer les cas où les éléments qui suivent le verbe sont **placés directement après lui** (ex : **She wants to buy a car. He said that he was tired. He looked guilty**) de ceux où ils en sont *séparés par un objet* (ex : **She wants *me* to buy a car. He told *us* that he was tired. They declared *him* guilty**). Les lettres minuscules ***a*** et ***b*** désignent respectivement ces deux séries de constructions :

> She wants to buy a car : 1 a
> She wants *me* to buy a car : 1 b
>
> He said that he was tired : 6 a
> He told *us* that he was tired : 6 b
>
> He looked guilty : E a
> They declared *him* guilty : E b

Il a fallu avoir recours à un schéma un peu différent (***a, b*** et ***c***) pour désigner les différentes constructions du ***gérondif*** employé après un verbe (Structure 3). Le gérondif est en effet un mot un peu particulier, à nature double, à la fois nom et verbe (voir leçon 18). On a préféré le considérer comme un verbe afin de l'opposer à l'infinitif, le choix entre ces deux modes étant l'une des principales difficultés dans l'étude du régime des verbes anglais. On ne peut d'ailleurs pas classer le gérondif comme un nom quand il est précédé d'un sujet (ex. : **Do you mind my brother coming with us ?**), construction très fréquente. Mais c'est parce qu'il est aussi un nom qu'à la structure 3 b il peut être précédé d'un adjectif possessif. De même à la structure 3 c il est construit comme un nom (comparer : **He apologized to us for being late**, et : **He apologized to us for the delay**).

241   ***Remarques :*** (1) Un certain nombre de verbes sont suivis d'une ***préposition*** avec certaines structures.
> **We shall wait** (zéro).
> **We shall wait *for* him** (B).
> **We shall wait *for* him to ring us up** (I b).

(2) La même classification a été utilisée pour les ***structures du nom et de l'adjectif*** (Leçon 36)

20. — LES STRUCTURES
1 a (verbe + infinitif complet)
et 3 (verbe + gérondif)

242 Il faut apprendre avec soin comment construire tout verbe suivi directement d'un autre verbe. Suivant le cas, le second verbe peut être à l'*infinitif sans to* (I can see it), à l'*infinitif complet* (I want to go), ou au *gérondif* (I enjoyed reading it). Les emplois de l'infinitif sans *to* sont nettement délimités (SV 2 a, leçon 22). Mais il est parfois délicat de choisir entre l'infinitif complet (cas le plus fréquent) et le gérondif. Certains verbes sont suivis de l'infinitif ou du gérondif **indifféremment (to begin, to start)**, d'autres *suivant le sens* de la phrase **(I must remember to post the letter; I remember posting the letter)**; d'autres enfin sont *toujours* suivis du gérondif **(to enjoy, to avoid)** ou bien de l'infinitif (c'est le plus grand nombre).

1. — **STRUCTURE 1 a** (*verbe + infinitif complet*).

243   a. — Se construisent ainsi la plupart des verbes exprimant que l'*on se tourne vers une action* (volonté d'agir, préparation à l'action, effort...), notamment : *to want, to wish, to hope, to expect, to ask, to agree, to offer, to promise, to swear, to threaten, to try, to attempt, to prepare, to plan, to decide, to choose, to intend* (ce dernier verbe se construit aussi avec SV 3 a).

   Do you want to come with us ? *Voulez-vous venir avec nous ?*
   He attempted to escape. *Il tenta de s'évader.*

   N.B. — **To consider** et **to contemplate** se construisent avec SV3a : **We are considering** (= **contemplating**) **buying a house.** *Nous envisageons d'acheter une maison.*

   Le succès de l'action s'exprime à l'aide de **to manage** (SV 1 a) ou de **to succeed** (**in** + gérondif, voir 222) : **How did you manage to do it in time ?** *Comment êtes-vous parvenus à (ou : Comment avez-vous pu) le faire à temps ?*

244   b. — Se construisent de même certains verbes exprimant, au contraire, **le refus d'agir, l'échec, l'hésitation**, ou une simple **apparence d'action** (voir § 248) : **to refuse, to hesitate, to fail, to seem, to appear, to pretend.**

   They failed to reach the top. *Ils ne réussirent pas à atteindre le sommet.*
   He failed to answer my letter. *Il a omis de répondre à ma lettre.*
   They pretend to be very busy. *Ils font semblant d'être très occupés.*

245   c. — Quelques autres verbes se construisant avec la structure 1 a :

   I *happened* to be in London at the time. *Je me trouvais à Londres à cette époque-là* (voir 353).
   I can't *afford* to waste my money. *Je ne puis me permettre de gaspiller mon argent.*
   You *deserved* to win. *Vous méritiez de gagner.*
   You should *learn* to swim. *Vous devriez apprendre à nager* (idée de réflexes à acquérir. Mais : **You must learn how to use the washing-machine**, SV 7 a, voir § 283).

246   N.B. — Les verbes **to allow, to permit** et **to enable** ne se construisent jamais avec la structure 1 a : *Cela permet de conclure que...* **This enables us (me, one...) to conclude that...** (SV 1 b, § 259).

   De même pour le verbe **to lead** : *Cela conduit à agir en égoïste.* **That leads one (us, people...) to behave selfishly.**

2. — STRUCTURE 3 (*verbe + gérondif*).

247   Revoir ce qui a été dit (leçon 18, §§ 216 à 219) sur la souplesse de construction du gérondif, qui peut être précédé d'un **possessif** ou d'un **sujet**. Lorsque leur sens le permet les verbes ci-dessous peuvent se construire avec la structure 3 a (gérondif seul) ou la structure 3 b (gérondif précédé d'un possessif ou d'un sujet). Employer la structure 3 a si le sujet du premier verbe s'applique aussi au second (**I avoided mentioning it,** et non « my mentioning it »), et la structure 3 b si le sujet du premier verbe ne s'applique pas au second (**I enjoyed Mary telling us the story; I enjoyed their staying with us**). Pour la structure 3 c, voir 296 et 305.

248   a. — Se construisent avec un gérondif la plupart des verbes exprimant le *recul devant l'action*, son *ajournement*, son *empêchement* (cf. §§ 243 et 244), notamment : *to avoid, to give up, to postpone, to prevent, I can't help.*

   Avoid making so much noise. *Evitez de faire tant de bruit.*
   We can't postpone (= put off) writing to her any longer. *Nous ne pouvons nous permettre de tarder plus longtemps à lui écrire.*
   I couldn't help (= resist) telling him what I thought of him. *Je n'ai pas pu m'empêcher de lui dire ce que je pensais de lui.*

249   b. — La plupart des verbes exprimant une *réaction psychique en présence d'une action (plaisir, répugnance...)* : *to enjoy, to resent, to mind* (formes interrogative et négative), *to object to*.

   I enjoyed seeing them again (SV 3 a). *J'ai eu plaisir à les revoir.*
   I enjoyed their staying with us (SV 3 b). *Cela m'a fait plaisir qu'ils restent chez nous.*

   N.B. Ce verbe peut aussi être suivi d'un nom (**We enjoyed our holidays**, SV A, § 286) ou d'un pronom réfléchi (**We enjoyed ourselves** = we had a nice time).

   Would you mind opening the window? (SV 3 a). *Cela vous dérangerait-il d'ouvrir la fenêtre ?*
   Do you mind my smoking? (SV 3 b) = **Do you mind if I smoke?** *Cela vous dérange-t-il que je fume ?*
   Do you mind John coming (his coming) with us? *Cela vous ennuie-t-il que John (qu'il) vienne avec nous ?* (SV 3 b).
   He resents being called Bobby. *Cela l'irrite qu'on l'appelle Bobby.*

   Les verbes *to like, to hate*, etc., font partie de cette catégorie pour certains de leurs emplois (255).

250   c. — Les verbes exprimant *les excuses, l'aveu* :

   Please forgive my asking you this question. *Excusez-moi de vous poser cette question.*
   He admitted stealing (ou : **having stolen**) **the money** (aussi : **He admitted to stealing...**). *Il avoua avoir volé l'argent.*

251   d. — Les verbes exprimant *le début, la continuation* ou *la fin d'une action* : *to stop, to finish, to go on, to keep (on), to burst out, to continue, to start, to begin* (ces trois derniers sont parfois suivis de l'infinitif).

   He kept reading the whole afternoon. *Il n'a pas cessé de lire de tout l'après-midi.*
   They burst out laughing when he came in. *Ils ont éclaté de rire quand il est entré.*
   It started raining = it started to rain. *Il se mit à pleuvoir.*

Mais comparer : **I stopped reading my paper** *(je me suis arrêté de lire mon journal)* et **I stopped to read my paper** *(Je me suis arrêté pour lire mon journal).*

252   e. — **to want** et **to need** peuvent être suivis d'un gérondif à <u>sens</u> *passif.*
> **Your hair wants cutting.** *Vous avez besoin de vous faire couper les cheveux.*
> **His French needs brushing up.** *Son français a besoin d'être rafraîchi.*

3. — STRUCTURE 1 a ou STRUCTURE 3 *selon le sens.*

253   a. — Les verbes **to remember** et **to forget** se construisent avec un *infinitif* exprimant une **action qui reste à accomplir,** ou avec un **gérondif** exprimant un *souvenir évoqué.*
> **I must remember to post the letter** (= I mustn't forget to...). *Il ne faut pas que j'oublie de mettre la lettre à la poste.*
> **I remember posting it last night.** *Je me rappelle l'avoir mise à la poste hier soir.*

254   b. — **to think** se construit avec l'infinitif dans le sens de **to expect.**
> **I never thought to see you here.** *Je ne m'attendais pas à vous trouver ici.*

Dans le même sens on emploie plus couramment la structure 6 a (**I never thought I'd see you here**), ou on se sert de **to expect** (**I never expected to see you here**).

On emploie **to think of** + *gérondif* dans le sens de **to consider the idea of** et dans celui de **not to forget.**
> **We are thinking of going to Scotland next Summer.** *Nous pensons aller en Ecosse l'été prochain (nous envisageons d'aller...).*
> **Did you think of bringing your camera ?** *Avez-vous pensé à apporter votre appareil photo ?*

Dans le sens de **to believe** il est suivi de la structure 6 a, jamais de l'infinitif.
> **He thinks he is right.** *Il croit avoir raison.*

255   c. — Les verbes **to like, to love, to dislike, to hate, to loathe** et l'expression **I can't bear,** exprimant des réactions en présence d'**actions précises,** sont suivis de l'*infinitif.*
> **Would you like to go for a walk now ?** *Aimeriez-vous aller vous promener maintenant ?*

Exprimant des **réactions habituelles,** des goûts constants, ils sont généralement suivis du **gérondif.**
> **I like taking a walk before breakfast.** *J'aime faire une promenade avant le petit déjeûner.*

256   d. — **to prefer** suit les mêmes règles, mais quand le second élément de comparaison est exprimé il faut veiller à bien le construire.
> **I prefer driving my own car to travelling by train** (goût constant, SV 3). *Je préfère être au volant de ma voiture plutôt que de voyager par le train.* (Noter que le second gérondif est introduit par **to,** comme dans : « **I prefer coffee to tea** », et non par **than**).
> **If you prefer to stay here (rather than come with us), just tell us** (action précise, SV 1 a). *Si vous préférez rester ici (plutôt que de venir avec nous), vous n'avez qu'à nous le dire* (Infinitif sans **to** après **rather than,** 237).

Voir aussi 261, 339 et 340 (autres façons d'exprimer la préférence).

21. — LA STRUCTURE 1 b
(verbe + objet + infinitif complet)

257 Cette structure (*la proposition infinitive*) est d'un emploi très courant, au passif comme à l'actif pour un grand nombre de verbes.

A l'actif, le mot qui sépare les deux verbes est sujet du second, mais il a la forme d'un **complément** (They want us to come. Le sujet de *to come* est *us*, et non « we »).

Au passif ce mot se trouve placé en tête de phrase et il a la forme d'un sujet. Il est alors sujet des deux verbes (They told me to wait → I was told to wait).

1. — INVITATION A L'ACTION.

258 Verbes exprimant une *invitation à faire une action* (ou à ne pas la faire, si l'infinitif est négatif). La construction est voisine du français à l'actif (cf. 260).

They've invited us to go and see them. *Ils nous ont invités à aller les voir.*
The villagers warned him not to go there by himself. *Les gens du village lui déconseillèrent d'y aller seul.*
He told (asked) the children not to be so noisy. *Il dit (demanda) aux enfants de faire moins de bruit.*
He dared (= challenged) me to dive from the pier. *Il m'a mis au défi de plonger du haut de la jetée.*

Se construisent de même : **to tempt, to encourage, to persuade, to advise, to lead, to beg, to require, to request, to press, to urge, to entreat, to implore, to instruct.**

259 On emploie également cette construction avec des verbes exprimant que l'**on favorise l'action,** qu'on la rend possible.

Her husband taught her to drive. *Son mari lui apprit à conduire.*

N.B. Quand il s'agit d'une façon de s'y prendre plutôt que de réflexes à acquérir, SV 7 b **(I must teach him how to use the tape-recorder).**

His parents didn't allow him to spend his holidays in France. *Ses parents ne lui ont pas permis de passer ses vacances en France.*

Se construisent de même : **to enable, to permit** (246), **to remind, to help** (268).

260 *Remarques :*

(1) Tous ces verbes peuvent se mettre au **passif.**
They were advised to wait. *On leur conseilla d'attendre.*
I was taught to drive when I was in the army. *On m'a appris à conduire quand j'ai fait mon service militaire.*
The children were told not to be so noisy. *On dit aux enfants de faire moins de bruit.* (**told = asked, ordered.** Voir § 309).

(2) Bien placer la **négation.** Comparer :
He *didn't* ask me to come. *Il ne m'a pas demandé de venir.*
He asked me *not to* come. *Il m'a demandé de ne pas venir.*

(3) La proposition infinitive est parfois **elliptique** (« to » anaphorique, § 233).
He wanted to smoke his pipe, but she asked him not to. *Il voulait fumer sa pipe, mais elle lui a demandé de ne pas le faire.*

2. — ORDRE, PRÉFÉRENCE.

261 La proposition infinitive DOIT s'employer, à l'exclusion de toute proposition subordonnée, après les verbes exprimant *un ordre, une interdiction, un désir, une intention, une préférence* que le sujet impose (ou aimerait imposer) à un objet.

They want us to go with them. *Ils veulent que nous allions avec eux* (jamais : « They want that we... »).
Comparer avec : **Do you want to come ?** (un seul sujet : SV 1 a) *Voulez-vous venir ?*
What would you *like* us to do ? *Que voudriez-vous que nous fassions ?*
We should *prefer* him to stay. *Nous préférerions qu'il reste.*

Se construisent de même : **to love, to hate, to wish** (336), **to order, to intend, to forbid.** Ces trois derniers se construisent aussi au **passif**.

We were forbidden to say a word. *On nous a interdit de dire un seul mot.*

3. — ATTENTE, CONFIANCE.

262 — **Do they expect me to read all these books ?** *S'attendent-ils à ce que je lise tous ces livres ?* (au passif : **Am I expected to read... ?**)

N.B. Quand **to expect** est employé dans son sens affaibli, très courant, synonyme de **to suppose, to think**, il se construit avec la structure 6 a : **I expect you're right.** *Vous avez sans doute raison.*

— **We are *waiting* for him to ring us up.** *Nous attendons qu'il nous téléphone* (jamais : « we are waiting that... »).

N.B. Se construit aussi avec **until** : **This book is too difficult for you, wait until you are old enough to understand it.** *Ce livre est trop difficile pour toi, attends d'être assez grand pour le comprendre.*

— **We can *depend*** (= rely, count) **on him to help us.** *Nous pouvons compter sur son aide.*

He may be *trusted* to do the work well. (phrase au passif). *On peut être assuré qu'il fera bien ce travail.*

4. — OPINION, DÉCLARATION.

263 La proposition infinitive s'emploie **parallèlement à une subordonnée** (SV 6 a), qui est plus courante dans la langue parlée, après les verbes exprimant une **opinion, une déclaration.** L'infinitif ne peut guère être que **to be** (qui est souvent sous-entendu, surtout à la voix active). Ces verbes se construisent fréquemment au passif.

He was *believed* to be a little mad. *On le croyait un peu fou.*
Mais à l'actif « **They believed he was a little mad** » (SV 6 a) est plus courant que « **They believed him (to be) a little mad** ».
Avec un infinitif passé :
The victim is believed to have been poisoned. *On pense que la victime a été empoisonnée.*
Avec un *pronom réfléchi* :
He believes himself to be a victim of circumstances. *Il se croit victime des circonstances.*

Se construisent de même : **to consider, to declare, to know, to suppose**; également, mais seulement au **passif, to say** et **to think.**

He was said (thought) to be a miser. *On le disait (croyait) avare* (voir 309).

Sens spécial de **to suppose** au passif :
You are not supposed to know that. *Vous n'êtes pas censé savoir cela.*

22. — LES STRUCTURES
2 a (verbe + infinitif sans to)
2 b (verbe + objet + infinitif sans to)
4 b (verbe + objet + participe présent)
et **5 b** (verbe + objet + participe passé)

1. — LA STRUCTURE 2 a (*verbe + infinitif sans to*).

264 a. — Les emplois les plus importants de cette structure ont déjà été examinés à propos des **auxiliaires de modalité (can, may, must, shall, will)** et des expressions qui leur ressemblent (*would rather, had better*) puisqu'une de leurs caractéristiques principales est d'être suivis d'un infinitif sans **to** (leçon 4). C'est aussi à la SV 2 a que se construit l'auxiliaire **do** (formes interrogative, négative et emphatique, leçons 2 et 13).

265 b. — Les autres cas où l'on rencontre la structure 2 a sont exceptionnels; il s'agit surtout d'*expression idiomatiques* : **to let go** (lâcher), **to let fall** (laisser échapper), **to make do with** (se contenter de), **to hear say** (entendre dire), etc.
        Let's make believe we are wrecked on a desert island. *Si on faisait semblant d'être des naufragés sur une île déserte...*
To help est souvent suivi d'un infinitif sans **to**, surtout aux Etats-Unis.
        Go and help wash up. *Allez aider à faire la vaisselle.*

2. — LA STRUCTURE 2 b (*verbe + objet + infinitif sans to*).

266 a. — Elle s'emploie après les **verbes de perception involontaire (to see, to hear, to feel)** quand on n'insiste pas sur la durée de l'action (voir 269).
        I saw him run away. *Je l'ai vu s'enfuir* (voir 322).
        We heard him bang the door. *Nous l'entendîmes claquer la porte.*
Au passif il faut *l'infinitif complet:* **He was seen to run away.**

267 b. — Elle s'emploie après **to make** et **to have** (sens causatif). Voir 276.
        You'll make me miss my train. *Vous allez me faire manquer mon train.*
Au passif il faut *l'infinitif complet* après **made.**
        He was made to hand the cheque over. *On l'obligea à remettre le chèque.*

268 c. — **To let**, avec la structure 2 b, exprime la **permission** (voir § 318).
        They let him do what he likes. *Ils le laissent faire ce qu'il veut.*
       d. — **To help** se construit souvent ainsi, surtout aux Etats-Unis (voir 265).
        I helped him finish (= **to finish**) **the job.** *Je l'ai aidé à terminer le travail.*

3. — LA STRUCTURE 4 b (*verbe + objet + participe présent*).

Ne pas oublier que le participe présent garde toujours le sens qu'il a dans la *forme progressive* (idée de durée, action que l'on est en train de faire).

269   a. — Elle s'emploie après *les verbes de perception involontaire (to see, to hear, to feel)* pour mettre l'accent sur la durée de l'action.

         We could hear them quarrelling for hours. *Nous les entendions se quereller pendant des heures.*

Comparer : **I saw him run away** (j'ai été témoin de cette action) et : **I saw him running away** (il était en train de fuir quand je l'ai vu; l'action était déjà commencée).

270   b. — *To keep* et *to catch* se construisent assez souvent ainsi.

         They kept me waiting for an hour. *Ils m'ont fait attendre une heure.*
         Don't let me catch you doing that again. *Que je ne t'y reprenne pas.*

         Cf. **The news started (= set) me thinking.** *La nouvelle m'a fait réfléchir.*

271   N.B. La *structure 4 a (verbe + participe présent,* sans complément entre les deux verbes) a déjà été étudiée sous le nom de *forme progressive* (leçon 8).

To be est parfois remplacé par *to stand, to sit,* etc. (214).

4. — LA STRUCTURE 5 b (*verbe + objet + participe passé*).

Ne pas oublier que le participe passé garde toujours le sens d'un **passif**.

272   a. — Cette structure s'emploie surtout avec *to have* et *to get* (sens causatif).

         I must get (= have) my car repaired. *Je dois faire réparer ma voiture* (voir 277).

Avec *to have* l'*ordre des mots* est particulièrement important. Comparer :

         They had a house built (SV 5 b). *Ils firent bâtir une maison.*
         They had built a house (plus-que-parfait). *Ils avaient bâti une maison.*

273   b. — Autres emplois de la structure 5 b (remarquer les sens passifs).

         He couldn't make himself understood. *Il n'arrivait pas à se faire comprendre* (*to make* ne peut se construire ainsi qu'avec les participes passés **heard, obeyed, respected, understood**).

         I saw the Queen crowned. *J'ai vu couronner la Reine* (voir 323).

274   N.B. La *structure 5 a (verbe + participe passé,* sans complément entre les deux verbes) ne s'emploie qu'avec les auxiliaires *to have,* pour la formation des temps composés du passé (les « perfects »; leç. 10) et *to be* (et parfois *to get*) pour le passif (leçon 17).

5. — TRADUCTIONS DE « FAIRE + INFINITIF » (STRUCTURES CAUSATIVES).

275   Il s'agit de structures de phrases dans lesquelles **le *sujet est à l'origine de l'action,*** en prend l'initiative, **mais *ne l'accomplit pas lui-même.*** Il la fait faire (ou parfois subir) par le complément d'objet.

         Comparons les phrases françaises :
            a — *Il fait beaucoup travailler ses élèves.*
            b. — *Nous allons faire bâtir une maison.*

Les sujets « *il* » et « *nous* » n'accomplissent pas les actions, ils les font accomplir, mais les infinitifs sont de natures différentes.

Dans le premier cas, le verbe *travailler*, qui a un sujet exprimé dans la phrase (« ses élèves »), a un sens actif : les élèves travaillent.

Dans le deuxième cas le verbe *bâtir* a un sens passif : la maison sera bâtie; la phrase pourrait se terminer par un complément d'agent (« par l'entrepreneur »).

En dehors des cas particuliers étudiés au § 278, les phrases dans lesquelles *faire* est suivi d'un infinitif se ramènent à l'un ou à l'autre de ces deux types.

276   a. — *Infinitif à sens actif :* « *to make + structure 2 b* ».

He makes his pupils work very hard (*makes* et *work* sont séparés).
You'll make me miss my train. *Vous allez me faire manquer mon train.*
She made us laugh. *Elle nous a fait rire.*

« *His pupils* », « *me* », « *us* » sont sujets des verbes qui les suivent.

Autres traductions possibles (mais moins courantes) :

« *To have + SV 2 b* » (surtout américain) :

We had him say what he knew. *Nous lui avons fait dire ce qu'il savait.*

« *To get + SV 1 b* » (idée de persuasion).

You should get your brother to help you. *Tu devrais te faire aider par ton frère.*

277   b. — *Infinitif à sens passif :* « *to have* (parfois aussi : *to get*) + *structure 5 b* ».
We are going to have a house built (*have* et *built* sont séparés).
I must have (= **get**) **my suit cleaned.** *Il faut que je fasse nettoyer mon complet.*

278   c. — Cas particuliers (à apprendre par cœur).
Faire venir le docteur. **To call for the doctor.**
Ne la faites pas attendre. **Don't keep her waiting** (270).
Faire bouillir de l'eau. **To boil some water.**
Faire cuire un œuf. **To cook an egg.**
Faire pousser des petits pois. **To grow peas.**
Faites-le entrer. **Show him in.** (SV F b).
Faites-nous savoir si vous êtes reçu. **Let us know if you've passed.**
Il n'arrivait pas à se faire respecter. **He couldn't make himself respected** (273).
Se faire écraser. **To get** (= **to be**) **run over.**
Se faire inviter. **To get invited** (ou : **to get oneself invited**).

23. — LES STRUCTURES 6 et 7

1. — LA STRUCTURE 6.

{ 6 a : *verbe + proposition subordonnée introduite par that.*
{ 6 b : *verbe + objet + proposition subordonnée introduite par that.*

279 La subordonnée est parfois au *subjonctif* (leçon 14).
La conjonction **that** est souvent sous-entendue.

6 a — **He said (He insisted) that he hadn't done it.** *Il dit (Il affirma avec insistance) qu'il ne l'avait pas fait.*

De même pour les verbes de connaissance (**to know, to understand**), d'opinion (**to think, to believe, to doubt**), de déclaration (**to say, to admit, to declare, to insist**), de supposition (**to expect, to suppose**), etc.

Avec les verbes **to think** et **to believe** la structure 6 a doit s'employer à l'exclusion de la structure 1 a (infinitif).

Je crois avoir raison. **I think I am right.**
Il croit tout savoir. **He believes he knows everything.**

280 6 b — **Remind him that the last bus leaves at 10.** *Rappelez-lui que le dernier autobus part à 10 heures* (311).
De même pour **to tell** (308), **to teach, to inform, to warn.**
Le complément est **indirect** après **to explain, to write, to prove.**

They explained to us that they had been delayed by an accident. *Ils nous ont expliqué qu'ils avaient été retardés par un accident.*

281 Après **to think, to believe, to suppose, to hope, to expect,** la subordonnée peut être sous-entendue grâce à l'emploi de SO (ou, si elle est négative, de NOT).

Is he going to succeed ? I think so. *Va-t-il réussir ? Je le crois.*
Will it rain ? I hope not. *Pleuvra-t-il ? J'espère que non.*

2. — LA STRUCTURE 7.

{ 7 a : *verbe + interrogative indirecte.* }
{ 7 b : *verbe + objet + interrogative indirecte.* } sans inversion (voir 87).

282 La seconde proposition est introduite par un **terme interrogatif** (*what, which, who, where, when, why, how, whether...*).

a. — **I wonder where John is.** *Je me demande où est John* (7 a).
We are discussing whether we ought to invite him. *Nous discutons pour savoir si nous devons l'inviter* (7 a).
Ask him where the station is. *Demandez-lui où se trouve la gare* (7 b).

283 b. — Le verbe de la seconde proposition peut être à l'*infinitif.*
He doesn't know whether to go on or give it up. *Il ne sait s'il doit continuer ou abandonner.*

Se construisent souvent ainsi **to know, to teach** et **to learn** (suivis de **how to**).
He taught me (I learnt) how to use the tape-recorder. *Il m'a appris (j'ai appris) à me servir du magnétophone* (voir 245 et 259).

284 c. — Le premier verbe peut être accompagné d'une **préposition.**
Don't worry about what's going to happen. *Ne t'inquiète pas de ce qui va se passer.*

24. — LES STRUCTURES ZÉRO, A, B, C, D

1. — **LA STRUCTURE ZÉRO** (*verbe seul*).

285   Exemples : **to sleep,** dormir; **to snow,** neiger (verbes intransitifs).

Certains verbes de cette structure ont un **sens réfléchi** (exprimant des actions de la vie quotidienne : **to wash, to dress**) *ou réciproque* (**to fight, to meet**).

> **He shaved and dressed in ten minutes.** *Il se rasa et s'habilla en dix minutes* (pour l'emploi du pronom réfléchi avec ces verbes, voir § 481).
> **Why did they quarrel ?** *Pourquoi se sont-ils querellés ?*

N.B. — **Look ! Listen ! Wait !** (et non : « look at », « listen to », « wait for »). *Regardez ! Écoutez ! Attendez !* (la préposition ne s'emploie que s'il y a un complément).

2. — **LES STRUCTURES A et B.**
A : verbe + complément direct.
B : verbe + préposition + complément indirect.

Principaux verbes de structures A et B construits différemment dans les deux langues :

286   a. — *Structures A en anglais, B en français.*
He obeys his father. *Il obéit à son père.*

De même : **to answer,** répondre à; **to attend,** assister à; **to approach,** approcher de; **to enter,** entrer dans; **to resist,** résister à; **to trust,** se fier à; **to enjoy,** jouir de; **to expect,** s'attendre à; **to remember,** se souvenir de; **to suit,** convenir à; **to mind,** faire attention à; **to need,** avoir besoin de; **to use,** se servir de; etc.

Le sujet de certains verbes se traduit en français sous forme d'un complément.

> **We miss our friends.** *Nos amis nous manquent* (et non : « nous manquons à nos amis », qui se dit : « Our friends miss us »).
> **We like them.** *Ils nous sont sympathiques.*

287   b. — *Structure B en anglais, A en français.*
Wait for them. *Attendez-les.*

De même : **to look (peep, stare, gaze,** etc.**) at,** regarder; **to listen to,** écouter; **to look after,** surveiller; **to look for,** chercher; **to pay for,** payer (un achat); **to ask for,** demander (un objet); **to account for,** expliquer; **to comment on,** commenter; etc.

288   c. — Structure B dans les deux langues, mais avec des **prépositions différentes.**
What are you thinking of ? *A quoi pensez-vous ?*

De même : **to believe in,** croire à; **to laugh at,** rire de; **to depend on,** dépendre de; **to live on,** se nourrir de; **to profit by** (= **to benefit from**), profiter de; etc.

289   *Remarques* (1) Quand le sens le permet, les phrases de structures A et B peuvent se mettre au *passif.*

> **Your advice has been remembered.** *On s'est souvenu de votre conseil.*
> **You are needed.** *On a besoin de vous.*
> **They were laughed at.** *On se moqua d'eux.*

290   (2) La préposition (structure B) peut introduire un **complément de circonstance** (cause, manière, etc.). Attention à la préposition dans :

> **She wept for joy.** *Elle pleura de joie.*
> **He shivered with cold.** *Il tremblait de froid.*

3. — LA STRUCTURE C. (*verbe + complément d'attribution + complément d'objet*).

291 a. — Verbes que l'on peut aussi construire à la structure D avec *to* (**He gave John a book = He gave a book to John**). La voix passive peut se former de deux façons différentes (**John was given a book. A book was given to John.** Voir 208).
Se construisent de même : *to offer, to lend, to tell, to show, to teach, to send.*

292 b. — Verbes que l'on peut aussi construire à la structure D avec *for* (**He bought her an ice-cream = He bought an ice-cream for her**). Un seul passif (**An ice-cream was bought for her**).
Se construisent de même : *to leave, to make.*

I'll make you a cup of tea. *Je vais vous faire une tasse de thé.*

4. — LA STRUCTURE D (*verbe + complément direct + préposition + complément indirect*).

293 a. — Verbes que l'on construit également à la structure C (voir 291 et 292).
La structure C est plus courante si le complément d'attribution est court.
Give me a sweet (SV C) **and give one to Fred** (SV D). *Donne-moi un bonbon et donnes-en un à Fred.*
Quand les deux compléments sont des pronoms on peut dire :
Give it to me. *Donnez-le moi.*
Give me it (plus familier, courant).

294 b. — Autres verbes construits avec un *complément indirect de personne*:
He explained his behaviour to me. *Il m'a expliqué sa conduite.*
Describe your impressions to us. *Décrivez-nous vos impressions.*
He borrowed £ 10 from his brother. *Il emprunta £ 10 à son frère.*

295 c. — Verbes suivis d'un *complément direct de personne* et d'un *complément indirect de chose*:
They presented him with a book. *Ils lui offrirent un livre.*
Au passif : **he was presented with a book** (*on lui offrit...*).
The U.S.A. supplied them with weapons. *Les Etats-Unis leur fournirent des armes.*
They robbed her of all her savings (= they stole all her savings).
Ils lui volèrent toutes ses économies.
This reminds me of what I have to tell you. *Cela me rappelle ce que je dois vous dire.*
They asked us for help. *Ils nous ont demandé du secours.*

296 d. — Verbes dont le complément d'objet est un nom (D) ou un gérondif (3 c).
Please excuse me (= **forgive me**) **for being late** (**...for the delay**).
Veuillez m'excuser d'être en retard (...de ce retard).
De même (expression d'un *motif*) :
to thank somebody for, *remercier qq. de*
to accuse somebody of, *accuser qq. de*
to charge somebody with, *inculper qq. de*
to blame somebody for, to reproach somebody for (ou : **with**), *reprocher quelque chose à quelqu'un.*
to congratulate somebody on, *féliciter qq. de*

Structure 3 c seulement :
I prevented him from making a mistake. *Je l'ai empêché de commettre une erreur.*

25. — LES STRUCTURES E et F

1. — **LA STRUCTURE E.**

{ *Ea : verbe + attribut.*
{ *Eb : verbe + objet + attribut.*

297 L'attribut peut être un **adjectif** (He looks silly. *Il a l'air idiot*) ou un **nom** (He looks a fool. *Il a l'air d'un imbécile*).

a. — Se construisent avec la **structure Ea** : *to be, to remain, to keep, to look, to sound, to feel* (324), *to seem, to appear, to prove* (ces trois derniers sont souvent suivis de *to be*).

His story sounds a bit queer. *Son histoire paraît un peu bizarre*
He proved selfish (= He proved to be a selfish man). *Il se montra égoïste.*

298 b. — Se construisent également avec la structure Ea les verbes exprimant **une évolution** (verbes **inchoatifs**) : *to become, to grow, to get* (voir aussi 211).

L'attribut des deux derniers verbes ne peut être qu'un adjectif.

To grow old, *vieillir;* **to get ready**, *se préparer;* **to get angry**, *se fâcher.*

Quelques verbes prennent un sens inchoatif dans certaines expressions :

And so the dream came true. *Et ainsi le rêve se réalisa.*
To go mad, *devenir fou;* **to turn pale**, *pâlir.*

299 c. — Les verbes d'**opinion** et de **déclaration** (*to believe, to consider, to declare, to suppose*) peuvent se construire avec la structure Eb. Voir aussi à leur sujet § 263.

We consider him (to be) an intelligent man. *Nous le considérons comme un homme intelligent* (au passif : **He is considered an intelligent man**).

2. — **LA STRUCTURE F.**

Fa : verbe indiquant le moyen ou la manière + terme (postposition, ou préposition suivie d'un complément) exprimant un mouvement ou un aboutissement.

Fb : même chose, mais avec un complément d'objet après le verbe.

300 a. — **La structure Fa** s'emploie surtout avec des verbes indiquant une *façon de se déplacer*. Les phrases anglaise et française sont bâties différemment :

He swam across the river. *Il traversa la rivière à la nage.*
He flew round the world. *Il fit le tour du monde en avion.*
He limped up the hill. *Il monta la côte en boitant.*

b. — **La structure Fb** s'emploie surtout avec des verbes exprimant **le moyen**, la postposition (ou préposition) exprimant le résultat :

He frightened the dog away. *Il chassa le chien en lui faisant peur* (302).

3. — EMPLOIS IDIOMATIQUES DES STRUCTURES E ET F.

301   a. — Les structures E et F permettent d'exprimer dans une **langue imagée** le *rapport entre un moyen et un résultat.*

(1) **Structure E.**
The door flew open. *La porte s'ouvrit en coup de vent.*
He pushed the door open. *Il poussa la porte (il l'ouvrit en la poussant).*
I had to shake him awake. *J'ai dû le secouer pour le réveiller.*

Le complément peut être un **pronom réfléchi.**
Milton read himself blind. *Milton devint aveugle à force de lire.*

De même : **to shout oneself hoarse** *(s'enrouer à force de crier)*, **to eat oneself sick** *(se rendre malade à force de manger)*, **to sleep oneself sober** *(cuver son vin)*...

302   (2) **Structure F.**
They kicked the dog out. *Ils chassèrent le chien à coups de pieds.*
They starved to death. *Ils moururent de faim.*
Their voices died into silence. *Leurs voix moururent petit à petit, puis ce fut le silence.*
She kissed the child's tears away and sang him to sleep. *Elle arrêta les larmes de l'enfant en l'embrassant et chanta une chanson pour l'endormir.*
I threatened him into obedience. *Je l'ai fait obéir en le menaçant.*
They laughed him out of his plans. *Ils lui ont fait abandonner ses projets en se moquant de lui* (« to laugh **at** » perd sa préposition).

Avec un pronom réfléchi : **He drank himself to death.** *L'alcool l'a tué.*

Au passif : **The bull-fighter was gored to death.** *Le torero fut tué d'un coup de corne.*

He was booed from the stage. *Il quitta la scène, chassé par les huées.*

303   Le complément peut être l'expression « *one's way* ».
I groped my way towards the door. *J'avançai à tâtons vers la porte.*
De même : **to shoulder (elbow, kick, thread...) one's way through the crowd.** *Se frayer un chemin à travers la foule à coups d'épaules (de coudes, de pieds, en se faufilant...).*

304   b. — Le verbe exprime parfois les **circonstances** (bruit...) **accompagnant le** *déplacement.*
The door banged shut. *La porte claqua* (SV E).
The stage-coach rattled past. *La diligence passa avec fracas* (SV F).

305   c. — Les prépositions *into* et *out of* peuvent être suivies de **gérondifs** (SV 3 c).
We talked him out of selling his car. *Nous avons réussi à le dissuader de vendre sa voiture.*
They threatened him into signing the cheque. *Ils l'ont forcé, sous la menace, à signer le chèque.*

306   d. — Les structures E et F s'emploient dans des expressions toutes faites (souvent des *exagérations familières*).
The lecture bored us stiff. *La conférence nous a mortellement ennuyés.*
She cried her eyes out. *Elle pleura à chaudes larmes.*
He yawned his head off. *Il baillait à se décrocher la mâchoire.*
This factory works round the clock. *Cette usine travaille vingt-quatre heures sur vingt-quatre.*

26. — CONSTRUCTIONS SPÉCIALES A CERTAINS VERBES

1. — TO SAY et TO TELL.

307   a. — *To say* est suivi de la SV A dans le sens de réciter (to say one's lesson). Il sert surtout à rapporter des paroles entre guillemets.
   « Why don't you come with us ? », he said (plutôt que « said he », 89).
   To say s'emploie aussi avec la SV D et la SV 6 a.
   He said good morning to us.
   He said (that) he was tired. *Il a dit qu'il était fatigué.*

308   b. — *To tell* n'est suivi de la SV A que dans des expressions toutes faites (**To tell a story. — To tell the truth. — To tell lies**).
   Dans les autres cas il est toujours *suivi d'un complément de personne :*
   SV C : **He told me a lie.** *Il m'a menti.*
   SV D : **Tell us about your plans.** *Parlez-nous de vos projets.*
   SV 6 b : **He told us (that) he was tired.** *Il nous a dit qu'il était fatigué.*
   SV 1 b : **They told me to wait.** *Ils m'ont dit d'attendre.*
   SV 7 b : **Tell us where your brother is.** *Dis-nous où est ton frère.*

309   c. — *Au passif,* comparer :
   He is said to be a liar (*said = reputed*). *On dit qu'il est menteur.*
   I was told a story. *On m'a raconté une histoire.*
   I was told that you were in England (*told = informed*). *On m'a dit que vous étiez en Angleterre.*
   I was told to wait (*told = asked, ordered*). *On m'a dit d'attendre.*

2. — TO REMEMBER et TO REMIND.

310   a. — *To remember.* La construction la plus courante est la SV A.
   Do you remember their phone number ? *Vous souvenez-vous de leur numéro de téléphone ?*
   Pour l'*évocation d'un fait passé* on peut employer aussi les SV 3 et 6 a.
   I remember locking the door. *Je me rappelle avoir fermé la porte à clef.*
   I remember Mr Jones locking (= that Mr Jones locked) **the door.** *Je me rappelle que Mr Jones a fermé la porte à clef.*
   Pour une *action qu'il ne faut pas oublier de faire,* employer la SV 1 a.
   We must remember to lock the door. *Nous ne devons pas oublier de fermer la porte à clef.*

311   b. — *To remind* est toujours suivi d'un *complément de personne* (cf. 308).
   This reminds me of the holidays. *Cela me rappelle les vacances.*
   She reminded me that the Smiths were coming to dinner. *Elle me rappela que les Smith venaient dîner.*
   Remind me to invite them. *Faites-moi penser à les inviter.*

   Comparer :   **I** *remember* **my promise** et : **He** *reminded me of* **my promise.**
   I must *remember to* **do it** et : **You must** *remind me to* **do it.**
   I *remembered that* **he was deaf** et : **She** *reminded me that* **he was deaf.**

3. — TO COME et TO GO.

312   a. — Ne pas oublier l'opposition entre ces deux verbes : ***to come*** exprime un *rapprochement* (ou une apparition), ***to go*** un *éloignement* (ou une disparition).

The sun hasn't come out all day. *Le soleil ne s'est pas montré de la journée.*
When we got there he was gone. *Quand nous sommes arrivés il avait disparu* (pour l'emploi de l'auxiliaire ***to be***, voir § 19).
Come upstairs. *Montez* (la personne qui dit cela est en haut).
Go upstairs. *Montez* (la personne qui dit cela est au rez-de-chaussée).

313   b. — Tournures spéciales au verbe ***to go*** : **To go hunting** (ancienne forme : *a-hunting*), **shooting, fishing, swimming, shopping...** *Aller à la chasse à courre, à la chasse, à la pêche, aller se baigner, aller faire des achats* (expressions en nombre limité, principalement pour les activités en plein air). **To go for a walk, a drive, a picnic...** *Aller se promener (à pied, en voiture), aller faire un pique-nique.*

314   c. — Le verbe qui suit ***to go*** et ***to come*** est souvent introduit par ***and***, surtout aux temps formés avec l'infinitif (présent simple, futur, impératif...). Les deux verbes sont *au même temps*.

Come and see us tonight. *Venez nous voir ce soir.*
We'll go and spend a week in Ireland. *Nous irons passer une semaine en Irlande.*
He comes and plays chess with me on Saturday evenings. *Il vient jouer aux échecs avec moi le samedi soir.*

Mais, au preterite : **We went to see** (plutôt que : **We went and saw**) **them yesterday.** *Nous sommes allés les voir hier.*

315   *Remarque :* Cet emploi de ***and*** se rencontre aussi avec ***to try***.
I'll try and help you. *Je vais essayer de vous aider.*
De même (expression toute faite) :
Wait and see. *Attendez les événements.*

    d. — Voir 139 (« ***have been*** » servant de present perfect au verbe ***to go***).

4. — TO LEAVE et TO LET, traduisant « *laisser* ».

316   a. — *Laisser à tel endroit, dans tel état :* **to leave** (SV D et E b).
I've left the book on your desk. *J'ai laissé le livre sur votre bureau.*
Please leave the door open. *Veuillez laisser la porte ouverte.*

317   b. — *Laisser quelque chose à quelqu'un :* **to leave** (SV C et D).
Have you left me anything to drink ? *M'avez-vous laissé quelque chose à boire ?*
He's left nothing for us. *Il ne nous a rien laissé* (voir aussi § 204).

318   c. — *Laisser la permission de, permettre :* **to let** (SV 2 b).
They didn't let him come with us. *Ils ne l'ont pas laissé venir avec nous.*
Let me give you this advice. *Permettez-moi de vous donner ce conseil.*

C'est par une extension de cette tournure que s'est formé l'*impératif* (195).

5. — LES VERBES DE PERCEPTION INVOLONTAIRE.

319   Ne pas confondre les verbes de perception *involontaire :* **to see, to hear,** et ceux qui expriment des actes volontaires (des *efforts* pour voir, pour entendre) : **to look (at),**

to listen (to). Quant aux verbes ***to feel, to smell*** et ***to taste,*** ils peuvent exprimer l'une ou l'autre de ces deux notions (**I can smell gas,** perception involontaire ; **I smelt the rose,** action volontaire).

Les verbes de perception involontaire ont plusieurs caractéristiques communes :

320   a. — Ils sont souvent conjugués avec ***can*** (plus couramment qu'avec ***do***).
I can't see anything, it's too dark. *Je ne vois rien, il fait trop noir.*
I can feel a nail in my shoe. *Je sens un clou dans ma chaussure.*

321   b. — Ils n'ont **pas de forme progressive** (voir 110).
Comparer : **Can you see the plane ?** et : **Yes, I'm looking at it.**
Dans la phrase suivante, il ne s'agit pas de perception involontaire :
How are you feeling today ? *Comment vous sentez-vous aujourd'hui ?* (forme physique et non perception sensorielle).

322   c. — Ils se construisent avec les **SV 2 b et 4 b** (voir §§ 266 et 269).
He rushed out and then I saw him run away towards to station. *Il est sorti en courant et alors je l'ai vu s'enfuir vers la gare.*
Au *passif* : **He was seen to run away.** *On l'a vu s'enfuir* (infinitif complet).
When I reached the corner of the street I saw him running away towards the station. *Quand je suis arrivé au coin de la rue je l'ai vu s'enfuir* (= qui s'enfuyait) *vers la gare* (action déjà commencée).

323   d. — ***To see*** et ***to hear*** s'emploient aussi avec la SV 5 b, quand les actions perçues sont passives.
She saw her son killed. *Elle a vu tuer son fils.*
I heard my name called. *J'entendis appeler mon nom.*

6. — LES VERBES D'IMPRESSIONS.

324   Ce sont : ***to look, to sound, to feel, to smell, to taste*** (cf. la liste du § 319).

a. — *Suivis d'un attribut* (SV E a).
He looks pleased. *Il a l'air content* (voir aussi 297).
This cake tastes funny. *Ce gâteau a un drôle de goût.*

325   b. — *Avec la préposition* « ***like*** » (SV B) pour exprimer une **ressemblance.**
He looks like Churchill. *Il ressemble à Churchill.*
It sounds like a Negro spiritual. *On dirait un negro-spiritual.*
It feels like silk. *Au toucher on dirait de la soie.*

326   c. — *Suivis de* « ***as if*** » (ou : « ***as though*** »).
It looks as if it were (fam : **is**) **going to rain.** *On dirait qu'il va pleuvoir.*
You sound as if you're going to enjoy yourself. *A vous entendre, on a l'impression que vous allez bien vous amuser.*

327   *Remarque :* ***To feel*** s'emploie aussi dans ces trois constructions avec un sujet personnel pour exprimer des **impressions physiques ou psychiques, des sentiments.**
I feel disappointed. *Je suis déçu.*
I feel like a wise old man. *J'ai l'impression d'être vieux et sage.*
He felt as if he were drunk. *Il avait l'impression d'être ivre.*

To feel like + *gérondif* = avoir envie de.
Do you feel like (having) a cup of tea ? *Avez-vous envie d'une tasse de thé ?* (ici ***having*** est souvent sous-entendu).

27. — NÉCESSITÉ, ORDRES, CONSEILS.

1. — NECESSITE, OBLIGATION.

328   a. — *Must* et ses équivalents. (Voir §§ 33 et 49).

En fait, **to have to** est plus impersonnel que **must**.

You have to be back by ten. *Il faut que vous soyez de retour pour dix heures* (c'est le règlement). **You must be back by ten** (j'insiste pour que vous ne l'oubliiez pas, ou : c'est moi qui vous le demande).

A la forme négative, distinguer entre **You must not** (interdiction) et **You need not** = **You don't have to** (absence de nécessité).

You needn't wait (= **You don't have to wait**) est le contraire de **You must wait, you have to wait.**

You mustn't tell him est le contraire de **You may tell him (if you like).**

To be obliged to et **to be compelled to** (moins employés que **to have to**) insistent plus nettement sur une idée de contrainte.

He was compelled to sell his house in order to pay his debts. *Il dut (fut contraint de) vendre sa maison pour payer ses dettes.*

329   b. — Autres façons d'exprimer la nécessité.

— **To be to** (surtout à la forme interrogative. Voir § 126).

What am I to do if I fail ? *Que dois-je faire si j'échoue ?*
What's to be done if he can't pay ? *Que faut-il faire s'il ne peut pas payer ?*

— **To be necessary, to be imperative.**

It's imperative for you all to attend the meeting. *Il est nécessaire que vous assistiez tous à la réunion* (Dans le style officiel on peut dire aussi : **It is imperative that you should all attend the meeting**). Voir 174.

2. — ORDRES ET INTERDICTIONS, DEMANDES.

330   a. — Verbes construits avec la structure I b : **to order, to command, to forbid, to want, to expect, to request, to ask, to invite.**

I ordered him to leave the house. *Je lui ai ordonné de quitter la maison.*
I forbid you to say that. *Je vous interdis de dire cela.*
They requested us to be silent. *Ils nous ont priés de ne pas faire de bruit.*

331   b. — Verbes construits avec la SV 6 a, *au subjonctif* (**should** est parfois sous-entendu, surtout aux Etats-Unis) : **to order, to command, to request,** (ces trois verbes s'emploient plus couramment avec la SV 1 b dans la langue parlée), **to insist** (qui se construit aussi avec **on** + *gérondif*).

He ordered that the man should be hanged (= **He ordered the man to be hanged**). *Il ordonna que l'homme soit pendu.*
He insisted that I should write (ou : **that I write**) **every week.** *Il a insisté pour que j'écrive chaque semaine* (= **He insisted on my writing every week**).

332   c. — Un **ordre sévère** peut s'exprimer sur un ton très sec, avec **to be to** (126).
You're to (= you must) obey your mother at once. *Tu dois obéir à ta mère immédiatement.*
You're not to tell anybody. *Et n'en parle à personne.*

On peut aussi employer un **impératif emphatique**, avec **you** (voir § 199).
You stay where you are. *Vous, ne bougez pas de là.*

Les *commandements divins* sont exprimés avec **shall**. (voir § 121).
Thou shalt love thy neighbour as thyself. *Tu aimeras ton prochain comme toi-même* (remarquer la 2ᵉ pers. du singulier, § 2).
Thou shalt not kill. *Tu ne tueras point.*

Les *interdictions légales* sont souvent au **gérondif**.
No smoking. *Défense de fumer.*
No bill-sticking (= Stick no bills). *Défense d'afficher.*

333   d. — **Prières, demandes polies.**
Would you mind switching off the light? *Voudriez-vous (= Cela vous dérangerait-il d') éteindre la lumière?* (voir 249).
Will you be so kind as to (plus simplement : **Will you**) **lend me your glasses?** *Auriez-vous l'amabilité de (Voudriez-vous) me prêter vos jumelles?* (voir 455).

« *I wish you would* » s'emploie tantôt pour un ordre (quand il y a de la mauvaise volonté de la part de l'interlocuteur), tantôt pour une demande polie (le ton et le contexte renseignent sur le sens de l'expression). Voir 177.
I wish you would stop making all that noise. *Je voudrais bien que tu cesses de faire tout ce bruit* (ton de l'exaspération).
I wish you would speak to him about it. *Voudriez-vous lui en parler?* (ton insistant mais poli).

3. — CONSEILS.

334   a. — *Should (= ought to), had better.*
You ought to apologize to them. *Vous devriez vous excuser auprès d'eux.*
You shouldn't smoke so much. *Tu ne devrais pas tant fumer.*
You'd better wait until it stops raining. *Vous devriez (vous feriez mieux d') attendre que la pluie s'arrête* (31 et 55).

On emploie parfois **should**, inaccentué (auxiliaire du conditionnel), à la première personne, en sous-entendant « *if I were you* ».
I shouldn't worry. *A votre place je ne m'inquièterais pas.*

335   b. — *To suggest*, avec la SV 6 a au subjonctif (**should** est parfois sous-entendu).
I suggest you (should) try once more. *Je vous conseille d'essayer encore une fois.*

c. — *To advise* se construit avec la **SV 1 b**, ou avec **against** + **gérondif** quand il s'agit d'un conseil négatif.
I advise you to start early. *Je vous conseille de partir de bonne heure.*
He advised us against buying (= not to buy) that house. *Il nous a déconseillé d'acheter cette maison.*

28. — SOUHAITS, PRÉFÉRENCES, REGRETS.

1. — SOUHAITS.

336 a. — ***To wish*** peut se construire avec les SV B (avec *for*), C, 1 a, 1 b et 6 a.
  He has everything a child can wish for (SV B). *Il a tout ce qu'un enfant peut désirer.*
  I wish you success (SV C). *Je vous souhaite le succès* (= **I hope you'll succeed.** *Je vous souhaite de réussir*).
  Do you wish to be woken up tomorrow morning? (SV 1 a) *Désirez-vous être réveillé demain matin ?*
  Do you wish me to stay ? (SV 1 b). *Désirez-vous que je reste ?*
  I wish it would stop raining. *Je voudrais bien que la pluie s'arrête.*

Avec la structure 6 a, quand le second sujet est une personne on emploie ***would*** si la réalisation du souhait dépend de la volonté de cette personne, sinon on emploie ***could*** (voir § 177).

Ainsi on dira **I wish he would come tomorrow** (*Je voudrais bien qu'il vienne demain*) si l'on n'est pas sûr qu'il le veuille, et **I wish he could come tomorrow** si l'on n'est pas sûr qu'il en ait la possibilité.

337 b. — ***Le subjonctif***, avec ou sans ***may***.
  God save the Queen! *(Que) Dieu protège la Reine !*
  May you be happy! *Puissiez-vous être heureux !*

Dans la langue parlée d'aujourd'hui on emploie généralement un simple ***impératif***.
  Enjoy yourselves! *Amusez-vous bien !*

338 c. — ***To like***, au conditionnel (SV A, 1 a, 1 b).
  What would you like ? *Que désirez-vous ?*
  I should like to have a car. *J'aimerais avoir une voiture* (dans une langue moins soignée : « **I would like** ». (voir § 129).
  I should like him (= **I'd like him**) **to lend me his car.** *Je voudrais bien qu'il me prête sa voiture.*

2. — PRÉFÉRENCES.

339 a. — ***To prefer*** se construit avec les SV A, 3, 1 a et 1 b.
  I prefer tea to coffee (*to*, et non « *than* »). *Je préfère le thé au café.*
  I prefer waiting for people to being waited for. *Je préfère attendre les gens plutôt que de les faire attendre* (préférence permanente : SV 3).
  Would you prefer to stay here (rather than come with us ?). *Préféreriez-vous rester ici (plutôt que de venir avec nous ?)* (préférence s'appliquant à un cas précis : SV 1 a).
  We should prefer him to stay with us. *Nous préférerions qu'il reste avec nous.*

Synonyme courant du premier exemple : **I like tea better than coffee.**

340   b. — ***I'd rather,*** avec les SV 2 a et 6 a. En anglais moderne **'d** est compris comme une contraction de ***would*** plus souvent que de ***had.*** Cette expression étant conjuguée comme un ***auxiliaire de modalité,*** elle doit être suivie d'un verbe, jamais d'un complément d'objet (voir 55).

> **I'd rather do it by myself.** *Je préfère* (ou : *Je préférerais*) *le faire tout seul* (S'il y a un complément, il est introduit par ***than,*** par exemple : **than ask for his help**).
> **Which one would you rather have ?** *Lequel préférez-vous ?*

I'd rather peut aussi être suivi d'un ***preterite modal*** (qui n'exprime pas un passé), quand la phrase a deux sujets (voir 175 et 178).

> **We'd rather he stayed with us.** *Nous préférerions qu'il reste avec nous.*
> **I'd rather he didn't interfere with my private life.** *Je préférerais qu'il ne se mêle pas de ma vie privée.*

3. — REGRETS.

341   On les exprime avec ***I'm sorry*** (SV 6 a, 1 a, ou SV B avec ***for***), ***I regret*** (SV 6 a ou 3), ***I wish*** (SV 6 a avec preterite ou plus-que-parfait modal), ***I'd like*** (SV 1 a ou 1 b). Les deux dernières expressions ne sont équivalentes des premières que si l'on ajoute (ou supprime) une négation; comparer avec les emplois de ***to wish*** et de ***to like*** pour l'expression des souhaits, §§ 336 et 338.

> a. — ***Regrets concernant le présent,*** qui n'est pas ce que l'on souhaiterait.
>
>> **I'm sorry** (= **I regret**) **that he isn't here.** *Je regrette qu'il ne soit pas ici* (= **I wish he were here** = **I'd like him to be here**).
>> **She is sorry that she is so short-sighted.** *Elle regrette d'être si myope* (= **She regrets that she is...** = **She wishes she weren't so short-sighted**).
>> **I'm sorry for being so late** (= **I'm sorry that I'm so late** = **I'm sorry to be so late**). *Excusez-moi d'arriver si tard.*
>
> b. — ***Regrets concernant le passé,*** qui n'a pas été ce qu'on aurait souhaité.
>
>> **I'm sorry** (= **I regret**) **that you didn't warn me.** *Je regrette que vous ne m'ayez pas prévenu* (= **I'd like you to have warned me** = **I wish you had warned me** = **I'd rather you had warned me**).
>> **We wish we hadn't sold it.** *Nous regrettons de l'avoir vendu* (= **We are sorry that we sold it** = **We should like not to have sold it** = **We regret selling it** = **We'd rather we hadn't sold it**).
>> **I'm sorry for what I did.** *Je regrette ce que j'ai fait.*
>
> c. — ***Regrets exprimés dans le passé.***
>
>> **She was sorry she hadn't told the police at once.** *Elle regrettait de ne pas en avoir informé la police immédiatement* (= **She regretted not having told the police at once** = **She wished she had told the police at once**).

29. — CAUSE, BUT, CONSÉQUENCE.

1. — CAUSE.

342   a. — Les conjonctions **because** (parce que), **since** (puisque, vu que), **as** (comme).

I didn't write to them because I had lost their address. *Je ne leur ai pas écrit parce que j'avais perdu leur adresse.*

Since he hasn't come, we can assume that he isn't interested. *Puisqu'il n'est pas venu, nous pouvons supposer que cela ne l'intéresse pas.*

As we were late we decided not to wait for them. *Comme nous étions en retard nous avons décidé de ne pas les attendre.*

Dans un style soigné (rarement dans la langue parlée) un *participe présent* peut remplacer une proposition commençant par **as** : *Being late, we decided...*

b. — **For** (car) s'emploie surtout dans la langue écrite, précédé d'une virgule.

He is glad that the holidays are over, for he is very fond of school-life. *Il est content que les vacances soient terminées, car il aime beaucoup l'école.*

343   c. — Si la cause est exprimée sous forme d'un nom (qui peut être un gérondif précédé de son sujet ou d'un possessif), il est introduit par **because of, owing to, on account of**.

She didn't marry again because of her children. *Elle ne s'est pas remariée à cause de ses enfants.*

Owing to the fog, the planes couldn't take off. *A cause du brouillard, les avions n'ont pas pu décoller.*

On account of his being an Irishman they won't give him a visa. *A cause de sa nationalité irlandaise on ne veut pas lui donner de visa.*

344   d. — Après certaines expressions *for* suivi d'un gérondif ou d'un nom exprime la *cause*, le *motif*.

I'm sorry for being so late. *Excusez-moi d'arriver si tard.*
Thank you for helping me. *Je vous remercie de m'avoir aidé.*
He was punished for stealing apples. *Il a été puni pour avoir volé des pommes* (Le gérondif est traduit par un infinitif passé).

2. — BUT.

345   a. — *To* exprimant le but s'oppose à *for* exprimant la cause.

He sneaked into the garden to steal apples. *Il pénétra furtivement dans le jardin pour voler des pommes* (comparer avec l'exemple précédent).

Une question qui appelle une réponse à l'infinitif peut être construite avec « What ... for ? » (aussi avec **why**).

What did you go to England for ? (= **Why did you go to England ?**) — **To learn English.** *Pourquoi êtes-vous allé en Angleterre ? — Pour apprendre l'anglais.*

Pour insister plus nettement sur l'idée de **but,** on peut employer **in order to** ou *so as to* (= *de façon à, afin de*).

> We shall start early, so as to get there before it is too hot. *Nous partirons de bonne heure, de façon à arriver avant qu'il ne fasse trop chaud.*
> I tiptoed to my room in order not to wake them up. *J'allai dans ma chambre sur la pointe des pieds afin de ne pas les réveiller.*

346   b. — Les **propositions infinitives** introduites par *for* expriment le but *(pour que, afin que)*.

> I've left his letter on my desk for you to read. *J'ai laissé sa lettre sur mon bureau pour que vous la lisiez.*

c. — **So that** et **in order that** *(afin que)* sont suivis de **may/might** (remplacés couramment par **can/could**) ou de **should** (ce dernier auxiliaire est préférable quand il y a une idée de contrainte (voir 179 et 185).

> I've left his letter on my desk so that you may (ou : can) read it (plus littéraire que « for you to read »).
> They locked him in, so that he shouldn't escape. *Ils l'enfermèrent à clef, pour qu'il ne s'échappe pas.*

That + subjonctif avec may ne s'emploie que dans la langue littéraire.

> He died that his son might live in a free country. *Il mourut pour que son fils vécût dans un pays libre.*

3. — CONSEQUENCE.

347   a. — **So that** (ou simplement **so**) employé **sans auxiliaire de subjonctif (may** ou **should)** exprime une conséquence *(si bien que)*.

> It poured with rain the whole afternoon, so that the procession had to be cancelled. *Il a plu à verse tout l'après-midi, si bien qu'il a fallu supprimer le défilé.*

Comparer : He failed to wake me up so that I should be late (intention de nuire), et :
He failed to wake me up, so (that) I was late (oubli accidentel).

348   b. — Si la cause est exprimée à l'aide d'un **adjectif** ou d'un **adverbe,** on peut introduire la conséquence en employant les constructions suivantes :

> It was so expensive that hardly anybody could afford to buy it. *C'était si cher que presque personne ne pouvait se permettre de l'acheter.*
> He was so stupid as to inform everybody of what he had found. *Il a été idiot au point de faire savoir à tout le monde ce qu'il avait trouvé.*
> He was stupid enough to... *Il a été assez stupide pour...*
> It's too difficult for him to understand. *C'est trop difficile pour qu'il comprenne.*
> He speaks slowly enough for them to understand. *Il parle assez lentement pour qu'ils comprennent.*

c. — Si la cause est exprimée à l'aide d'un **nom,** on le fait précéder de **such** (pour l'emploi de l'article indéfini, voir § 397).

> He had such a queer behaviour that everyone thought he was a spy. *Il avait un comportement si bizarre que tout le monde le croyait espion.*

30. — INCERTITUDE, PROBABILITÉ, HASARD.

1. — INCERTITUDE, PROBABILITE.

Il s'agit de **diverses nuances de modalité** (voir 36), c'est-à-dire du point de vue personnel de la personne qui prononce la phrase. Les tournures que l'on va étudier lui permettent de préciser si l'action dont elle parle lui paraît incertaine, vraisemblable, inévitable, etc. Elles se construisent tantôt avec des **auxiliaires de modalité**, tantôt avec des périphrases dont le verbe est to be *(to be likely to, to be sure to, to be bound to)*. On distinguera quatre degrés.

349   a. — INCERTITUDE.

May, qui est accentué (voir 43).
>   **The news may, or may not, be true.** *Il se peut que la nouvelle soit vraie, et il se peut qu'elle soit fausse.*
>   **They may come tomorrow.** *Il se peut qu'ils viennent demain (Peut-être viendront-ils...).*
>   **They may have come while we were out.** *Il se peut qu'ils soient venus pendant que nous étions sortis* (l'incertitude s'applique ici à un fait passé (voir 51).

Might, dans le même sens, en particulier pour des faits encore plus incertains.
>   **It might rain this afternoon.** *Il se pourrait qu'il pleuve cet après-midi.*

Avec un infinitif passé *might* exprime surtout un risque qui a été couru (§ 353).

350   b. — VRAISEMBLANCE, PROBABILITE.

To be likely to :
>   **He is likely to find the book a bit boring.** *Il est probable qu'il trouvera le livre un peu ennuyeux.*
>   **It's likely to last for a long time.** *Cela va probablement durer longtemps.*
>   **She is likely to be waiting for us.** *Elle nous attend probablement.*

Should et *ought to* (186) :
>   **What's on at the Pavilion ? — A new film with Laurence Olivier. — That should (= ought to) be very good.** *Que joue-t-on au Pavilion ? —Un nouveau film avec Laurence Olivier. — Cela devrait être très bien.*

I daresay (= I expect) :
>   **I daresay you're right.** *Vous avez sans doute raison.*
>   **I expect they'll come tomorrow.** *Ils arriveront vraisemblablement demain.*

351   c. — QUASI-CERTITUDE.

Must (voir 47).
>   **Look at the frost, it must be very cold outside.** *Regardez le givre, il doit faire très froid dehors.*
>   **How proud you must feel !** *Comme vous devez vous sentir fier !*
>   **You must have been afraid.** *Vous avez dû avoir peur* (la quasi-certitude s'applique ici à un fait passé (voir 51).

Must ne s'emploie pas (contrairement à *may*, § 349) avec une idée de futur. Employer « *to be sure to* ».

Le contraire de « **that must be true** » est « **that can't be true** ».

To be sure to (voir 453) :

> **He is both lazy and stupid, he is sure to fail.** *Il est à la fois paresseux et idiot, il va échouer à coup sûr* (cf. *Il est sûr d'échouer.* **He expects to fail**).
> **It's sure to be fine tomorrow.** *Il fera certainement beau demain.*

Will, would (action attendue parce que typique ou habituelle) :

> **Someone's knocking at the door, that will be the postman.** *On frappe, cela doit être le facteur.*
> **He said he couldn't afford it. — He would!** *Il a dit que c'était trop cher pour lui. — C'est bien de lui !* (c'était à prévoir !).

352   d. — ACTION INEVITABLE.

To be bound to :

> **You are bound to admit that I was right, it's so obvious.** *Vous êtes bien forcé de reconnaître que j'avais raison, c'est tellement évident.*
> **It's bound to be a failure.** *Ce sera inévitablement un échec.*
> **That was bound to happen.** *Cela devait arriver.*

I can't help :

> **Well, it's one of those things that we can't help.** *Ma foi, c'est une de ces choses que l'on ne peut empêcher.*
> **It can't be helped.** *On n'y peut rien.*

N.B. Voir « ***I can't help*** + *gérondif* », 248.

2. — HASARD.

353   ***To happen, to chance*** :

> **If you chance (= happen) to meet him, ask him to come and see us.** *Si par hasard vous le rencontrez, demandez-lui de venir nous voir.*
> **I happen to know him.** *Il se trouve que je le connais.*
> **There happened to be a doctor on the train.** *Le hasard voulut qu'il y eût un docteur dans le train.*

Should dans une subordonnée exprimant une *hypothèse* peu vraisemblable (voir 181) :

> **If they should hear about it, they'll be very angry.** *Si par hasard ils l'apprennent, ils seront très mécontents.*
> **Should there be any difficulty, just let us know at once.** *Si par hasard il y a la moindre difficulté, vous n'avez qu'à nous prévenir immédiatement* (avec inversion en tête de phrase, style très soigné, voir 91).

Might (exprimant souvent un *risque*) :

> **Be careful, you might slip and fall into the river.** *Fais attention, tu pourrais glisser et tomber dans la rivière.*

Avec un infinitif passé **might** exprime souvent un *danger auquel on a échappé* par chance :

> **He might have been killed, that was a narrow shave.** *Il aurait pu se tuer, il l'a échappé belle.*

Nearly :

> **I nearly dropped the vase.** *J'ai failli laisser tomber le vase.*

Deuxième partie

LES AUTRES ÉLÉMENTS DE LA PHRASE

A. — Le nom, l'article et l'adjectif qualificatif : leçons 31 à 36.

B. — Pronoms et adjectifs : leçons 37 à 42

C. — Adverbes, prépositions et conjonctions : leçons 43 à 45.

31. — LE NOM

I. — LE GENRE

354   a. — Au *masculin* et au *féminin,* qui s'emploient pour les personnes, s'oppose le *neutre,* qui est le genre des objets et des notions abstraites.

Un certain nombre de noms sont de **genre indéterminé,** pouvant désigner un homme ou une femme : **a teacher, a nurse, a cousin, a friend, a cook, a novelist,** etc.

A male nurse, un infirmier; *a woman novelist,* une romancière.

Person est un masculin lorsqu'il s'applique à n'importe qui.

Any person who wants to visit the mosque must take *his* shoes off.
Toute personne désirant visiter la mosquée doit se déchausser.

355   b. — *Les noms d'animaux* sont **neutres** quand on les considère plus comme des choses que comme des personnes (absence de liens affectifs), alors qu'ils sont **masculins ou féminins** quand on en fait des amis ou qu'on les observe avec intérêt.

Leave this spider alone, *it* won't hurt you. *Laisse cette araignée tranquille, elle ne te fera pas de mal.*

Look at this frog, isn't *he* funny? *Regarde cette grenouille, n'est-ce pas qu'elle est drôle ?*

Dog est généralement masculin, *cat* féminin (le masculin, moins employé, est *tom-cat*), mais ces deux noms peuvent aussi être du neutre, quand il s'agit d'animaux que l'on ne connaît pas. Cela dépend de l'attitude d'esprit du narrateur.

Bruce is a clever dog, *he* understands everything you say. *Bruce est un chien intelligent, il comprend tout ce qu'on dit.*

A wretched dog kept me awake, *it* barked the whole night. *Un maudit chien m'a empêché de dormir, il a aboyé toute la nuit.*

Baby et même parfois *child* peuvent être du neutre.

The baby was playing with *its* teddy-bear. *Le bébé jouait avec son ours.*

356   c. — *Formation du féminin.*

(1) avec un *suffixe* : lion → **lioness**; god → **goddess**; usher (huissier) → **ush*erette*** (ouvreuse); barman → **barmaid**; policeman → **police*woman***.

N.B. **widower** (veuf) est le masculin de **widow.**

(2) **noms composés** : boy- (girl-) friend; he- (she-) goat; male- (female-) secretary; bull- (cow-) elephant; man- (maid-) servant.

(3) *mots différents* : horse/mare; dog/bitch (mot que les gens qui ont le souci de la bienséance évitent d'employer, car il s'emploie aussi comme insulte grossière, désignant une femme); drake/duck; fox/vixen, etc.

357   d. — *Personnifications.* Ne pas en abuser.

(1) Véhicules, au féminin : **ship, boat** (et parfois **car, plane,** quand il y a un lien affectif, ou ironiquement).

(2) Pays et villes, au féminin : **England and her** (ou : **its**) **colonies, London and her parks.**

(3) idées abstraites suggérant la vie, la douceur : féminin (**Nature, Peace, Mercy, Fortune,** surtout en poésie).

(4) idées abstraites suggérant la force, la laideur, la majesté : masculin (**War, Death, mountain, river**..., surtout en poésie).

2. — LE NOMBRE.

358   a. — *Formation du pluriel.*

(1) L'*s* du pluriel *se prononce toujours,* l'article étant invariable.
Les règles d'orthographe et de prononciation concernant la 3ᵉ personne du singulier des verbes s'appliquent aussi au pluriel des noms. Voir R.F. 12 et R.F. 1.
On ajoute *-es* aux noms terminés par *-sh* (brush → brushes) ou *-ch* (church → churches), mais simplement un *s* à ceux qui sont terminés par *-th* (**months, cloths, deaths, births,** etc.). La terminaison de **mouths** se prononce [ðz].

359   (2) *Pluriels irréguliers :* Voir R.F. 12. Remarques et compléments :
— Noms terminés par un *o* dont le pluriel est régulier : **photos, pianos,** et des termes techniques ou d'origine étrangère comme **crescendos, commandos, manifestos, ghettos, dynamos...**
— **Penny** a deux pluriels : **pence,** quand il exprime une valeur (**Most London papers cost twenty pence.** *La plupart des journaux de Londres coûtent vingt pence)* et **pennies** pour désigner des pièces de un penny (**two old pennies**).
— **Brother → brethren,** au sens religieux (« **My dear brethren** »); dans les autres cas : **brothers** (brothers and sisters).
— f → ves. Ajouter *loaf* (miche) et *sheaf* (gerbe).
— *Pluriels latins et grecs :* datum → data ['deitə] (les données d'un problème); phenomen*on* → phenomen*a*; crisis [-sis] → crises [-si:z].
— **House** [-s] → **houses** [-ziz] est irrégulier phonétiquement.

360   (3) *Pluriel semblable au singulier.* Sont invariables :
Sheep *(mouton),* **deer** *(cerf, chevreuil, etc.),* **swine** *(cochon),* **trout** *(truite),* **salmon** *(saumon).* Voir **fish** (368).
Craft *(l'embarcation),* **aircraft** et **spacecraft** sont également invariables.
Twenty German aircraft (= planes). *Vingt appareils allemands.*
Foot, unité de longueur, s'emploie aussi comme pluriel (= feet).
He is six foot (= feet) tall. *Il mesure 1 mètre 80.*

361   (4) Pluriel des *lettres de l'alphabet :* on ajoute *'s* (parfois sans apostrophe).
The M.P.'s (ou : the MPs). *Les députés (à la Chambre des Communes).*

(5) Pluriel des *noms propres :* comme pour les noms communs.
The Robinsons and the Joneses ['dʒounziz]. *Les Robinson et les Jones.*

362   b. — Noms singuliers *terminés par un s.*

(1) Noms terminés par *ics* : **physics, mathematics** (fam. : **maths**), **phonetics, gymnastics, politics** (parfois considérés comme pluriels).
Mathematics is difficult. *Les mathématiques sont difficiles.*

(2) **Barracks** *(caserne),* **crossroads** *(carrefour)* et ***works*** *(usine)* s'emploient aussi comme pluriels.
Billiards *(le billard),* **draughts** *(les dames),* **chess** *(les échecs).*
A gas-works. *Une usine à gaz.*
A dangerous crossroads. *Un carrefour dangereux.*

115

(3) Noms de pays : **Wales** *(le Pays de Galles)* est singulier. **The United States** (ou : **the U.S.A.**) l'est aussi quand on considère l'état fédéral et non les différents états.

The United States *is* as large as Europe. *Les Etats-Unis sont aussi grands que l'Europe.*

363   (4) ***News*** est toujours singulier (nom indénombrable, 367).

The news *is* good. *Les nouvelles sont bonnes.*
Here is the news. *Voici nos informations.*
An interesting item (= piece) of news. *Une nouvelle intéressante.*

Means s'emploie au singulier et au pluriel.

A good means to get rich. *Un bon moyen pour faire fortune.*

364   c. — Noms pluriels n'ayant ***pas de singulier***.

(1) Noms désignant des objets (outils, vêtements) formés de ***deux parties symétriques***. Leur singulier se forme à l'aide de l'expression « ***a pair of*** » (avec un nombre : « two pairs of » ou « two pair of », etc.) :

Trousers, shorts, pyjamas, trunks *(caleçon de bain).*

My shorts are torn, you must buy me *a new pair*. *Mon short est déchiré, il faut que tu m'en achètes **un autre**.*

Scissors, clippers *(tondeuse),* **tongs** *(pince, par exemple :* **sugar-tongs**)*,* **compasses** *(compas;* **a compass** *= une boussole),* **scales** *(balance).*

(2) Quelques noms pluriels de ***sens collectif*** n'ont pas de singulier : **contents** *(contenu),* **goods** *(marchandises),* **savings** *(économies),* **clothes** *(vêtements).*

Clothes [klouðz] ne peut s'employer ni au singulier ni avec un nombre (dire : **an article of clothing, a garment**). Ne pas confondre clothes avec **cloths** [klɔθs], pluriel de **a (table-) cloth,** *une nappe* (358).

365   (3) ***People***, signifiant « les gens », est un pluriel.

People *are* very nice to us. *Les gens sont très gentils avec nous.*
There are four people waiting outside. *Il y a quatre personnes qui attendent dehors* (ici, **people** est le pluriel de **person**).

Le pluriel **peoples** (*les peuples;* singulier : ***a people***) s'emploie peu.

Folk *(les gens)* est un pluriel, comme **people. Folks** est familier (amér.).

Some folk never stop complaining. *Il y a des gens qui se plaignent sans arrêt.*

Cattle, pluriel collectif, forme son singulier à l'aide de l'expression invariable « ***head of*** », qu'il faut employer après un nombre **(Twenty head of cattle).**

The cattle are grazing. *Le bétail est en train de paître.*

Au collectif **poultry** *(la volaille)* correspond le singulier **a fowl.**

366   d. — ***L'accord en nombre*** est plus strict qu'en français.

They came in with their *hats* on their *heads* and their *pipes* in their *mouths*. *Ils entrèrent, le chapeau sur la tête et la pipe à la bouche.*
He broke his parents' *hearts*. *Il a désespéré ses parents.*
They blew their *noses* every five minutes. *Ils se mouchaient toutes les cinq minutes.*

On emploie le pluriel dans des expressions comme : **To change trains,** *changer de train;* **To make friends with,** *se lier d'amitié avec.*

3. — NOMS ABSTRAITS, NOMS COLLECTIFS.

367   a. — Un certain nombre d'*idées abstraites* que nous exprimons avec des pluriels sont en anglais au *singulier*. On ne peut donc pas les dénombrer. On dit que ces noms sont « indénombrables ». Ils ne peuvent ni se mettre au pluriel ni être accompagnés d'un article indéfini. Le singulier français se traduit par une expression du type « *a piece of...* ».

    The advice he gives is worth listening to. *Les conseils qu'il donne valent la peine d'être écoutés.*

    He gave me a good piece of advice. *Il m'a donné un bon conseil.*

De même pour : **information** (*des renseignements*) → **a piece of information.**

Sont aussi du singulier : **progress** (*les progrès*), **business** (*les affaires*), **knowledge** (*les connaissances, le savoir*), **travelling** (*les voyages*. Un voyage = **a journey, a trip**), **news** (363).

368   b. — Plusieurs *noms concrets collectifs* sont indénombrables, donc *singuliers* :

    Luggage (*les bagages*) → **a piece of luggage** (ou : **a bag, a case...**).
    Furniture (*les meubles*) → **a piece of furniture.**
    Rubbish (*les ordures*) → **a bit of rubbish.**
    There is too much furniture in this room. *Il y a trop de meubles dans cette pièce.*

369   c. — Trois cas particuliers :

Hair (*les cheveux*) est un singulier collectif.
    Don't cut it too short. *Ne les coupez pas trop courts.*

Mais « **a hair** » (*un cheveu, un poil*) peut s'employer au pluriel.
    To split hairs. *Couper les cheveux en quatre.*

Fruit s'emploie généralement comme singulier collectif.
    Do you eat much fruit? *Mangez-vous beaucoup de fruits?*

Mais :
    Bananas, pine-apples and other tropical fruits. *Les bananes, les ananas et les autres fruits tropicaux (de différentes espèces).*

Fish s'emploie comme singulier (ou pluriel invariable) de sens collectif.
    There are lots of fish in the lake. *Il y a beaucoup de poissons dans le lac.*

Mais : **I caught three fish** (ou : **fishes**). *J'ai attrapé trois poissons.*

370   d. — Noms singuliers à *sens collectif* pouvant être suivis d'un *verbe au singulier ou au pluriel* (par exemple : **family, crowd, party, army, police, Parliament...**).

Le singulier s'emploie quand on considère le groupe comme formant un tout, une unité; le pluriel quand on considère les différents membres du groupe.

    Britain has an efficient police. *La Grande-Bretagne a une police compétente.*
    The police are after him. *La police est à ses trousses.*
    My family is from Yorkshire. *Ma famille est originaire du Yorkshire.*
    My family are fond of tea. *Dans ma famille on aime le thé.*
    The crowd shouted at the top of their voices. *La foule cria à tue-tête.*

4. — LES NOMS COMPOSES.

371   a. — Le premier élément, qui précise le sens du second, est considéré comme un adjectif. *Le mot le plus important est* donc *le deuxième* (voir R. F. 19).

        A goal-keeper. *Un gardien de but* (cf. **a goal,** *un but*).
        A hand-shake. *Une poignée de main* (**shake** est ici **un nom**).
        A tea-cup (*tasse à thé*) ≠ **a cup of tea** (*tasse de thé*).

L'usage concernant l'emploi du **trait d'union** est en pleine évolution. Les Américains ne l'emploient presque plus, et les Anglais de moins en moins (**a goalkeeper, a handshake, a teacup**).

372   b. — *Le premier élément, traité comme un adjectif*, ne prend pas la marque du pluriel.

        A cherry-tart. *Une tarte aux cerises* (pl. **cherry**-tarts).

Font exception les noms qui n'ont pas de singulier.

        A clothes-hanger. *Un cintre.* — **A goods-train.** *Un train de marchandises.*
        A savings-bank. *Une caisse d'épargne.*

Dans **a** *newspaper* (*un journal*) l's appartient au nom singulier **news** (*les nouvelles*, 363).

373   c. — *Cas particuliers.*

     (1) Si le second élément est une postposition, c'est le premier qui prend la marque du pluriel quand il a une terminaison de nom (par exemple **-er**).

        A passer-by, *un passant.* Pluriel : **passers-by.**

Mais : **the grown-ups,** *les adultes* (**grown,** participe passé invariable).

     (2) Si le nom composé est formé de plus de deux éléments, c'est le nom le plus important qui prend la marque du pluriel.

        A mother-in-law, *une belle-mère.* Pluriel : **mothers-in-law.**

Quand aucun des éléments formant le nom composé n'est un nom, c'est le dernier qui prend la marque du pluriel.

        A merry-go-round, *un manège de chevaux de bois.* Pl. : **merry-go-rounds.**

Pour ces noms composés longs on n'omet pas le trait d'union.

     (3) Quand le premier élément est **man, gentleman** ou **woman,** les deux mots prennent la marque du pluriel.

        A manservant, *un domestique.* Pl. : **menservants.**
        A woman driver, *une automobiliste.* Pl. : **women drivers.**
        A gentleman farmer, pl. : **gentlemen farmers.**

32. — L'ARTICLE DÉFINI

1. — PRONONCIATION.

374 — [ði] devant tout mot commençant **phonétiquement** par une **voyelle**.
the eyes [ði'aiz]; **the ears** [ði'iəz]; **the air** [ði'ɛə]
the R.A.F. [ði'a:'rei'ef]; **the M.P.'s** [ði'em'pi:z]; **Henry VIII** [ði'eitθ].

L'**h** initial des mots **hour, honest, honour** et **heir** ne se prononce pas.
The heir [ði'ɛə] **to the throne.** L'héritier du trône.

— [ðə] devant tout mot commençant **phonétiquement** par une **consonne**.
the sky; the window; the hair; the house.

On prononce [ðə] devant les consonnes [j] et [w], quelle que soit l'orthographe :
the year, the ewe [ðə'ju:] *(la brebis)*, **the university, the European nations, the use of the U.N.O., the U.S.A.**
On the one [ðə'wʌn] **hand... on the** [ði] **other hand...** D'une part... d'autre part...

— [ði:] quand il est **accentué** (il est alors généralement en italiques).
The Bible is *the* book for him. La Bible est pour lui le livre par excellence.

2. — REGLE D'EMPLOI N° 1: LES NOMS CONCRETS BIEN DETERMINES.

375   Voir R.F. 5.

Ne jamais oublier que l'article défini est **un ancien démonstratif**. Il s'emploie donc comme une forme affaiblie de **this** ou de **that** devant les **noms concrets bien déterminés, de sens précis**. On le traduit d'ailleurs parfois en français par un démonstratif (§ 379). Il découle de ce principe que, contrairement à l'article défini français, on n'emploie pas **the** devant tous les noms communs.

a. — *On ne l'emploie pas dans le cas général :*

(1) devant les **noms abstraits** : love, hope, courage, justice, civilisation, patience, drunkenness, humour, etc. (Voir aussi 383).
He is afraid of death. Il a peur de la mort.

(2) devant les noms désignant des **activités humaines**, des **sciences**, etc. : football, business, war, travelling, history, medicine, music, cooking, etc.
He is fond of sport. Il aime le sport.

(3) devant les noms de **corps chimiques**, de **matériaux**, de **tissus**, d'**aliments** : water, petrol, glass, wood, chalk, silk, wool, bread, fish, etc.
How much is petrol in England ? Combien coûte l'essence en Angleterre ?

(4) devant les noms de **couleurs**.
Red and yellow are bright colours. Le rouge et le jaune sont des couleurs gaies.

(5) devant les noms de **langues**: French, German, Latin, etc. (voir 428).
He has taught himself Russian. *Il a appris le russe tout seul.*

(6) devant les **noms pluriels à sens général** et les **noms collectifs**.
He collects stamps and coins. *Il collectionne les timbres et les pièces de monnaie.*
Furniture is expensive. *Les meubles sont chers.*

Mais tous ces noms peuvent être « **déterminés** » de diverses façons. Ils prennent alors l'article défini (voir §§ suivants, 376 à 380).

376   b. — *On l'emploie :*

(1) si le nom est *suivi d'une proposition* qui en précise le sens.
The coffee they gave us was excellent. *Le café qu'ils nous ont donné était excellent.*
The patience he showed amazed everybody. *La patience dont il a fait preuve a surpris tout le monde.*

377   (2) si le nom est *suivi d'un complément* introduit par *of* ou une autre préposition qui en précise ou en limite le sens.
The death of a hero. *La mort d'un héros.*
The silence in the room was impressive. *Le silence qui régnait dans la salle était impressionnant.*

378   (3) si le nom est précédé d'un adjectif qui en précise le sens au point d'en faire un *véritable nom propre*, ou s'il y a une opposition.
The Black Death. *La Peste Noire.*
The Trojan War. *La guerre de Troie.*
The New World. *Le Nouveau Monde (l'Amérique).*

Mais, sans article (cas général quand le nom est accompagné d'une épithète) :
French bread, white coffee *(le café au lait).*
Greek civilisation, German history (Cf. **The history of Germany**).

379   (4) si le nom est *déterminé par le contexte*. L'article *the* est alors souvent traduit par *un démonstratif* français.
We were getting fed up with the war. *Nous commencions à en avoir assez de cette guerre.*
The man looked mad. *L'homme avait l'air d'un fou* (voir 381).
The child looks tired. *Cet enfant a l'air fatigué.*

380   (5) si le nom désigne une personne ou une chose *unique en son genre*, de par sa nature (donc bien déterminée).
Les éléments, les planètes, les phénomènes atmosphériques : the wind, the sea, the sky, the rain, the snow, the moon, the sun, the earth.
Mais (sens partitif) : **(some) snow,** *de la neige;* **(some) earth,** *de la terre.*
Les titres, avec le *nom sous-entendu :* the Queen, the President, the Duke.
L'article s'emploie aussi quand le titre est suivi de *of* (377) : **the Queen of England, the President of the U.S.A., the Duke of Edinburgh** (voir aussi 384).

3. — REGLE D'EMPLOI N° 2 : LES NOMS DE CATEGORIES.

381   a. — On emploie l'article *the* devant les noms singuliers désignant des *catégories, des espèces.*

— *Plantes :* the oak, the beech (le chêne, le hêtre).

— ***Animaux*** : **the rabbit,** *le lapin* (par exemple, titre d'une leçon de zoologie).

— ***Personnes*** : **The 18th century squire was fond of hunting.** *Le châtelain de village du 18ᵉ siècle aimait la chasse à courre.*

Exceptions : ***man*** et ***woman*** pour exprimer des généralisations.

Woman is reputed to be more intuitive than man. *La femme passe pour avoir plus d'intuition que l'homme* (mais voir 379).

Au pluriel les noms désignant des catégories ne sont pas accompagnés de l'article.

Dogs are faithful friends. *Les chiens sont des amis fidèles.*

382   b. — On l'emploie devant les noms désignant des ***institutions*** : **the Police, the Church, the Press, the Cabinet** (mais : **Parliament, Congress**).

c. — On l'emploie devant les noms désignant des ***inventions*** : **the telephone, the radio, the cinema, the aeroplane, the atomic bomb.**

Exception : **television.**

I heard it on the radio. *Je l'ai entendu à la radio.*
I saw it on television (fam. : **on T.V.**). *Je l'ai vu à la télévision.*

d. — On l'emploie devant les noms pluriels ou adjectifs substantivés invariables désignant *l'ensemble des habitants d'un pays* (voir 423 à 428).

The English (adj. subst.) **and the Americans** (nom pluriel).

e. — On l'emploie devant les ***adjectifs substantivés à sens collectif*** (**The blind, the poor and the rich, the dead and the wounded**) (voir 417).

f. — On l'emploie devant des ***adjectifs substantivés à sens abstrait*** (421).

4. — CAS PARTICULIERS.

Les règles énoncées ci-dessus ne sont pas toujours appliquées logiquement.

Dans cette question plus que dans toute autre l'usage se superpose aux règles. Ce qui suit ne pouvant pas toujours être justifié par des règles, on fera bien d'apprendre par cœur les exemples donnés.

383   a. — ***Les mots abstraits.*** Dans le cas général (375), pas d'article.

Mais à côté de **reason, intelligence, conscience**, on dit : **the mind, the soul, the heart** (comme : **the body**).

A côté de **Nature, Heaven, Hell**, on dit : **the world, the jungle.**

A côté de **justice**, on dit **the law** *(la loi)* et **the police.**

Comparer : **Truth and falsehood.** *La vérité et le mensonge.*

I want to know the truth. *Je veux savoir la vérité* (à ce sujet).

384   b. — ***Noms propres.***

(1) ***Noms de personnes.*** Pas d'article devant un titre suivi du nom de la personne : **Queen Elizabeth, President Kennedy, Admiral Nelson, Doctor Jones.**

On a vu (380) qu'il faut l'article si le nom n'est pas exprimé (**the Queen and the Duke; the Queen of England**).

The King (= **King George VI**) **was fond of family life.** *Le roi (= le roi George VI) aimait la vie de famille.*

Noter : **Christ,** *le Christ.*

Les *noms de personnes accompagnés d'un adjectif* de sens familier (**good, old, poor, nice, little...**) ne prennent pas l'article.

Good old George! *Ce bon vieux George!*

Les autres adjectifs sont précédés de l'article :

The notorious Mr Hyde. *Le tristement célèbre Mr Hyde.*

385   (2) *Noms géographiques.*

Les noms de pays **singuliers** ne prennent **pas d'article** : **France, (Great) Britain, Canada, India, Wales, Flanders** (ces deux derniers sont des singuliers), etc.

Exceptions : the Transvaal, the Tyrol, the Sahara, the Ukraine, the Crimea, the Saar, the Ruhr, the Congo (mais ces trois derniers sont des noms de rivières).

Les noms de pays **pluriels** prennent tous *l'article* : **the Netherlands, the West Indies, the British Isles**, etc.

On dit : **The United Kingdom, the United States** (de même pour les abréviations : **the U.S.A., the U.S.S.R.**).

Les noms de *cours d'eau* prennent l'article.

The Thames [temz] (ou : **the river Thames**). *La Tamise.*
The Hudson (ou : **the Hudson River**). Remarquer la place différente du mot *river* en Angleterre et aux Etats-Unis.

Les noms des *sommets* de montagnes n'ont pas d'article (**Snowdon, Kilimandjaro, Mount Everest**). Les noms pluriels de *chaînes* de montagnes prennent l'article (**The Alps, the Highlands, the Himalayas**).

Les noms des *mers* prennent tous l'article (**the Atlantic, the Channel, the North Sea, the Mediterranean**, etc.) mais non les autres termes géographiques, à moins qu'ils ne comportent la préposition *of* (**Lake Leman, Easter Island, Galway Bay**, etc.; mais **the Lake of Geneva, the Isle of Wight, the Bay of Biscay**, etc.).

Les noms de *rues* ne prennent pas l'article (**Oxford Street, Park Lane, 34th Street, Fifth Avenue**). Exceptions : **the High Street**, *la Grand'Rue* (mais, en Amérique : **Main Street**, sans article), et, à Londres, **The Mall, The Strand**.

386   c. — *Saisons, jours de la semaine*, etc. En général, pas d'article (mais ils prennent l'article s'ils sont déterminés par un complément ou par le contexte).

I don't like winter. *Je n'aime pas l'hiver.*
The summer I spent in Ireland was very wet. *L'été que j'ai passé en Irlande a été très humide.*

Précédés de *last* et de *next* les jours de la semaine (et les mots : **week, month, year, term**, etc.) s'emploient avec ou sans article, mais dans des sens différents.

He came to see us last year. *Il est venu nous voir l'année dernière.*
The last year of the war. *La dernière année de la guerre.*

387   d. — *Repas.* Pas d'article, sauf s'ils sont déterminés par un complément.

Breakfast is ready. *Le petit déjeuner est prêt* (le nom est pourtant déterminé par le contexte).

e. — *Maladies* : en général pas d'article (**cancer, tuberculosis**). Exception : **the plague** *(la peste)*, parfois **the flu** *(la grippe)*.

388   f. — *Emplois commandés par la grammaire.* L'article défini s'emploie devant *les superlatifs* (mais voir 435) et *les nombres ordinaux* (577).

On ne l'emploie pas après un cas possessif ni après **whose** (cas possessif de **who**); on ne l'emploie pas non plus avec **most** signifiant « la plupart de », sauf dans l'expression « **most of** ».

Comparer :

Most people were pleased. *La plupart des gens ont été contents.*

et :

Most of the people who came were pleased. *La plupart des gens qui sont venus ont été contents* (561).

389   g. — Avec le verbe *to play*. Comparer :

         To play cricket, to play chess (*sports* et *jeux de société :* pas d'article).
         To play the piano, to play the cello (*instruments de musique :* l'article).
         To play the fool, *faire l'idiot.*

390   h. — On omet l'article avec les noms ***school, college, church, bed*** quand il ne s'agit pas du lieu mais de ce qu'on y fait (classes, culte, sommeil).

         School begins at 9. *Les classes commencent à 9 heures.*
         It's time to go to bed. *Il est l'heure d'aller se coucher.*

Mais (noms concrets déterminés) : **The church stands in the middle of the village, not very far from the school.**

On dit de même **to go to hospital, to go to market, to go to town, to be in town** (mais : **to be in *the* country**), **to be in jail, to be at home**.

Dans l'expression **to go home** (*rentrer chez soi*), il n'y a ni article ni préposition **to**, car **home** est alors une postposition (comparer avec **to go out, to go away...**).

33. — L'ARTICLE INDÉFINI ET L'ARTICLE PARTITIF

I. — **L'ARTICLE INDEFINI.**

391   a. — *Forme* (comparer avec la prononciation de *the*, 374).
— **a** [ə] devant une consonne.
     a cat, a hat (*h* prononcé), a horrible crime; a year, a university, a European country, a U.N.O. conference; a wing, a one-eyed man.
— **an** [ən] devant une voyelle.
     an eye, an ear, an umbrella;
     an R.A.F. ['ɑ:'rei'ef] pilot, an M.P. ['em'pi:] (= a Member of Parliament), an F sharp (*un fa dièse*).
     Devant les quelques mots dont l'*h* initial ne se prononce pas : **an honest man, an honourable man, an heir** (*héritier*), **an hour**.

Quand la première syllabe d'un mot commençant par un *h* n'est pas accentuée, l'*h* est à peine prononcé, d'où :

     an historic occasion
     an historical novel   } tous accentués sur la 2ᵉ syllabe.
     an heroic behaviour
     an hotel (ou : *a* hotel)

Mais : **a hostel** (*un foyer d'étudiants*), ce mot étant accentué sur la 1ʳᵉ syllabe.

392   A la *forme négative* on peut remplacer *not a* par *no*.
     We haven't a car = We've no car.
     No noise could be heard. *On n'entendait pas de bruit.*
« *No* » peut avoir le sens de « *not at all a* ».
     He is no fool. *Il est loin d'être sot.*

393   L'article indéfini *n'existe pas au pluriel*. Le pluriel de **a cat** est **cats**.
     We've always had cats and dogs in our house. *Nous avons toujours eu des chats et des chiens à la maison.*

Avec une idée de nombre, de quantité, le pluriel est généralement précédé de *some* (= *des, un certain nombre de*).
     I heard some cats mewing last night. *J'ai entendu des chats miauler cette nuit.* Voir § 402.

394   b. — *Emplois principaux.*

(1) Distinguer l'article *a* de l'adjectif numéral *one* (voir aussi 569).
     I have a sister who lives in Scotland. *J'ai une sœur qui vit en Ecosse.*
     I have one sister and two brothers. *J'ai une sœur et deux frères.*

395   (2) L'article indéfini s'emploie devant un nom singulier **attribut** ou placé en *apposition*.
     His father, a post-office clerk, is a member of the Labour Party. *Son père, employé à la poste, est membre du parti travailliste.*
     Mais : **They elected him chairman.** *Ils l'ont élu président* (sans article, car il n'y en a qu'un).

396   (3) Il s'emploie *après une préposition* pour accompagner un nom concret.

    She's gone out without an umbrella. *Elle est sortie sans parapluie* (***without*** *se construit comme* ***with***).

    He is more famous as a novelist than as a poet. *Il est plus célèbre comme romancier (en tant que...) que comme poète.*

Cette règle n'est pas absolue avec la préposition *of*.

    What kind of man (familièrement : **what kind of a man**) **is the new boss ?** *Quel genre d'homme est le nouveau patron ?*

Remarquer l'emploi des deux articles dans des expressions comme :

    The trunk of a tree (= a tree-trunk). *Un tronc d'arbre.*
    The wing of a chicken. *Une aile de poulet.*
    We heard the report of a gun. *Nous entendîmes un coup de fusil.*

Noter la tournure :

    That fool of a clerk. *Cet imbécile d'employé.*

397   (4) Il s'emploie après *such* et *what* pour introduire un nom concret (ou un nom abstrait concrétisé par le contexte).

    I've never heard such a funny story. *Je n'ai jamais entendu une histoire aussi drôle.*
    What a pretty garden Mrs Jones has ! *Quel joli jardin a Mrs Jones !*
    What a relief when we heard that the war was over ! *Quel soulagement quand nous avons appris que la guerre était finie !*

Mais : **What genius you have !** *Quel génie vous avez !* (nom abstrait non concrétisé).

398   (5) Il se place entre l'adjectif et le nom quand l'adjectif est précédé de *as, too, so*. Ces tournures un peu gauches sont souvent remplacées par des expressions synonymes.

    We have as large a house as you have (= **Our house is as large as yours**). *Nous avons une maison aussi grande que la vôtre.*
    This is too small a house (= **This house is too small**) **for such a large family.** *C'est une maison trop petite pour une famille aussi nombreuse.*
    He is not so clever a boy (= **such a clever boy**) **as his brother.** *Ce n'est pas un garçon aussi intelligent que son frère.*

De même l'article indéfini se place entre *half* et le nom.

    Half an hour. *Une demi-heure.*

399   (6) Il s'emploie devant une *unité (sens distributif).*

    Cherries are 30 pence a pound. *Les cerises coûtent 30 pence la livre.*
    At 80 miles an hour you can't enjoy the landscape. *A 130 à l'heure on ne peut pas profiter du paysage.* (On dit aussi **80 miles *per* hour**, ou : **80 m.p.h.**).
    We go to London twice a month. *Nous allons à Londres deux fois par mois.*

400   (7) Ne pas confondre *a little* (un peu de) et *little* (peu de, trop peu de); *a few* (quelques) et *few* (un trop petit nombre de). Voir 547-549.

    A few friends (quelques amis) ≠ **few friends** (peu d'amis).

401   (8) Il s'emploie dans diverses *expressions idiomatiques.*

    He had a very pale face. *Il avait le visage très pâle.*
    She has a weak heart. *Elle a le cœur fragile.*
    He has a guilty conscience. *Il n'a pas la conscience tranquille.*
    I have a headache (a sore throat). *J'ai mal à la tête (à la gorge).*
    To make a noise. *Faire du bruit.*

2. — L'ARTICLE PARTITIF.

402   a. — L'adjectif indéfini *some* [səm] *(quelque)* s'emploie couramment dans le sens de notre article partitif *(du, de la, des)*. Il est inaccentué. Il s'emploie :

(1) Devant des noms *singuliers indénombrables* (une certaine quantité de, un peu de).

     Have some tea. *Prenez du thé* (mais, sans article partitif : **To have tea** = *prendre le thé*, quand il s'agit du repas et non de la boisson).
     Let me give you some advice. *Permets-moi de te donner des conseils.*
     There was some luggage in the hall. *Il y avait des bagages dans le vestibule.*

(2) Devant des noms *pluriels* (il sert alors de pluriel à l'article indéfini, dans le sens de « quelques, un certain nombre de »).

     There are some letters for you. *Il y a des lettres pour vous.*

Il a alors le même sens que *several, a few*, expressions accentuées qui insistent plus sur l'idée de nombre.

Some peut être accompagné de *more*.

     Have some more tea. *Reprenez du thé.*

403   b. — *Some* est remplacé par *any* ['eni] dans les phrases **interrogatives** et dans les propositions exprimant un **doute** ou une **supposition**.

     Are there any cinemas in the town ? *Y a-t-il des cinémas dans la ville ?*
     If you have any objections, just tell us. *Si vous avez des objections, vous n'avez qu'à nous le dire.*

Toutefois on emploie *some* dans les questions si l'on veut montrer qu'on attend (ou qu'on espère) une réponse affirmative, par exemple quand on offre quelque chose (dans ce cas, *any* exprimerait une indifférence fort peu polie).

     Would you like some tea ? *Voulez-vous du thé ?*
     Would you like any tea ? *Vous ne voulez pas prendre de thé ?*

404   *Any* s'emploie aussi à la place de *some* dans une phrase comportant une **négation** (ou une **idée négative**).

     There was hardly any sunshine yesterday. *Il n'y a presque pas eu de soleil hier* (voir § 12).
     I've never eaten any frogs. *Je n'ai jamais mangé de grenouilles.*
     I came back to England without any money. *Je rentrai en Angleterre sans argent.*

405   *Not any* peut être remplacé par *no*; le verbe est alors à la forme affirmative, puisqu'il ne doit y avoir qu'une négation. Le ton est plus catégorique.

     There isn't any tea = There's no tea. *Il n'y a pas de thé.*

Dans la langue parlée *not any* est plus courant que *no* quand le nom qui l'accompagne est complément (**We couldn't hear any noise**). Mais on emploie *no* si le nom est sujet (**No noise could be heard**).

406   c. — *Some* et *any* sont omis quand il n'y a aucune idée de quantité, de nombre.

     Would you rather have tea or coffee ? *Préférez-vous du thé ou du café ?* (idée de choix et non de quantité).

d. — Autres emplois de *some* et de *any* : voir 558, 562 et 603.

34. — L'ADJECTIF QUALIFICATIF

1. — GENERALITES.

Voir R.F. 6. Remarques :

407 a. — Ne pas confondre les deux participes employés comme adjectifs :
A tiring journey. *Un voyage fatigant* (sens actif).
The tired passengers. *Les voyageurs fatigués* (sens passif).

b. — Comparer : **a thick, heavy book,** *un livre épais et lourd* (adjectifs séparés par une ***virgule***).
et : **a red and yellow book,** *un livre rouge et jaune* (une partie est rouge, l'autre jaune, d'où ***and***).

408 c. — ***Epithètes placées après le nom.***

(1) Adjectifs **accompagnés d'un complément.**
A full glass. *Un verre plein.*
A glass full of water. *Un verre plein d'eau.*

(2) Adjectifs nombreux (style écrit soigné).
An old beggar, dirty, ragged, sad-looking, was standing outside the church. *Un vieux mendiant, sale, en haillons, à l'air triste, se tenait à la porte de l'église.*

(3) Expressions traditionnelles traduites du français : **an Inspector General; a court martial; the Poet Laureate** (poète officiel du souverain), etc.

409 d. — Ne sont jamais épithètes les adjectifs commençant par le préfixe ***a-*** (asleep, awake, alone, alive, afraid...).
{ **He is asleep.** *Il est endormi.*
{ **A sleeping child** (= a child asleep). *Un enfant endormi.*

Ne s'emploient également que comme attributs : **ill, glad, cross, drunk.**
He has been ill for a month. *Il est malade depuis un mois.*
He is a sick man. *C'est un malade.*

410 e. — L'adjectif peut accompagner ***something, anything, nothing.***
Something funny happened this morning. *Il est arrivé quelque chose de drôle ce matin* (pas de préposition avant l'adjectif).
Anything new ? *Rien de neuf ?*

2. — LES ADJECTIFS COMPOSES.

411 Voir ce qui a été dit sur les noms composés (371 et R.F. 19). Le second élément est le plus important; le premier en précise le sens ou lui sert de complément.

a. — ***le second élément est un adjectif.***
To be sea-sick (ou : seasick). *Avoir le mal de mer.*
To be self-confident. *Avoir confiance en soi.*

412   b. — *le second élément est un participe présent* (à sens **actif**).
        A **fast-running** horse (= a horse that runs fast). *Un cheval rapide.*
        A **painstaking** boy (= a boy who takes pains). *Un garçon travailleur.*

413   c. — *le second élément est un participe passé* (à sens **passif**).
        A **horse-drawn** carriage (it is drawn by a horse). *Une voiture à cheval.*
        A **home-made** cake (it is made at home). *Un gâteau fait à la maison.*

414   d. — **Le second élément est un nom terminé par le suffixe -ed** (faux participe passé). Ce suffixe se prononce comme celui des « preterites » (R.F. 8 et § 5) et on applique les mêmes règles pour le redoublement éventuel de la consonne finale. Le premier élément exprime principalement la forme, la couleur, une qualité abstraite; c'est parfois un nombre. Le 2ᵉ élément peut désigner :

        (1) *les parties du corps.*
            A **blue-eyed** [aid] man. *Un homme aux yeux bleus.*

        (2) *les vêtements.*
            Blue-uniformed soldiers. *Des soldats en uniformes bleus.*

        (3) *les parties d'un objet.*
            A **three-storeyed** (ou : **storied**) house. *Une maison à deux étages.*
            A **low-necked** dress. *Une robe décolletée.*

415   (4) *les qualités abstraites.*
        Bad-tempered *(de mauvaise humeur)*; **short-sighted** *(myope)*; **good-natured** *(de bon caractère)*; **quick-witted** *(à l'esprit vif)*; **cool-headed** *(à l'esprit calme, imperturbable)*; **cold-blooded** *(froid, insensible)*; **narrow-minded** *(étroit d'esprit)*; **low-spirited, downhearted** *(découragé, déprimé)*; **broken-hearted** *(désespéré)*; **old-fashioned** *(démodé, arriéré)*; **many-coloured** *(multicolore)*; **queer-shaped** *(de forme bizarre)*, etc.

        N.B. Les adjectifs composés terminés par **-ed** s'emploient surtout comme épithètes quand ils ont un sens concret. Ceux qui ont un sens abstrait peuvent s'employer comme attributs aussi bien que comme épithètes.
            The soldiers have blue uniforms (et non : « are blue-uniformed »).
            He is always bad-tempered on Monday mornings. *Il est toujours de mauvaise humeur le lundi matin.*

416   e. — Adjectifs composés de *formations diverses*.
        Il s'agit d'expressions toutes faites qui équivalent par leur sens à des adjectifs.
            Pre-war Britain. *La Grande-Bretagne d'avant-guerre.*
            The **well-off** (= **well-to-do**) classes. *Les classes aisées.*
            An **anti-aircraft** gun. *Un canon de la D.C.A.*
            Second-hand books. *Des livres d'occasion.*
            The **8.47** train. *Le train de 8 heures 47.*
            A **fifteen-year-old** boy. *Un garçon de quinze ans* (**Year** reste invariable, alors que l'on dit : **He is fifteen years old.** Mais dans ce dernier cas *years* ne fait pas partie d'un adjectif).
            A **ten-penny** stamp (**penny** et non **pence**). *Un timbre de dix pence.*
            A **twenty-four hour** strike (**hour** et non **hours**). *Une grève de 24 heures.*
            His **matter-of-fact** remarks. *Ses remarques terre à terre.*
            His **couldn't-care-less** attitude. *Son attitude j'm'en foutiste.*

3. — LES ADJECTIFS SUBSTANTIVES.

417 a. — L'adjectif (invariable) peut s'employer **précédé de l'article défini** avec le sens d'un **nom collectif**. Le verbe qui l'accompagne est au pluriel (comme si on sous-entendait un nom pluriel après l'adjectif, « *people* » par exemple).

> **The rich and the poor** (= Rich people and poor people). *Les riches et les pauvres*. Ne pas confondre **the rich** *(les riches)* et **the riches**, nom abstrait *(les richesses)*.
> **The unemployed.** *Les chômeurs.*
> **The Welsh** (= Welsh people) **are more demonstrative than the English** (= English people). *Les Gallois sont plus expansifs que les Anglais.*

418 Ces expressions désignent l'ensemble des riches (des chômeurs, des Gallois...). Elles ne peuvent s'appliquer à un groupe limité (un groupe de chômeurs, la plupart des Gallois). Dans ces cas, comme au singulier, l'adjectif doit être suivi d'un nom.

> **Some unemployed men were queuing at the agency.** *Des chômeurs faisaient la queue au bureau de placement.*
> **In the country of the blind the one-eyed man is king.** *Au pays des aveugles le borgne est roi.*

419 L'adjectif substantivé à sens collectif ne peut pas se mettre au cas possessif.
> *La solitude des sourds.* **The loneliness of the deaf.**

420 b. — Certains adjectifs (peu nombreux) s'emploient comme des noms, c'est-à-dire qu'ils peuvent prendre la marque du pluriel. Voici les principaux :

> **The Whites and the Blacks.** *Les blancs et les noirs.*
> **The privates.** *Les simples soldats.* **The drunks.** *Les ivrognes.*
> **The overforties,** etc. *Les quadragénaires,* etc.
> **The sixteen-year-olds.** *Les jeunes de 16 ans.*

Pour les noms et adjectifs de nationalité (**The Italians, the Japanese,** etc.) voir §§ 423 à 428.

421 c. — Quelques adjectifs s'emploient précédés de l'article défini comme **noms abstraits singuliers** (mais plus rarement qu'en français et surtout dans le langage philosophique).

> **The uncanny and the supernatural.** *Le mystérieux et le surnaturel.*
> **The unknown.** *L'inconnu.*

422 d. — Pour éviter de répéter un nom déjà exprimé on peut faire suivre un adjectif du pronom **one** (pluriel : **ones**).

> **A blue car and a black one.** *Une voiture bleue et une noire.*
> **Yellow flowers and white ones.** *Des fleurs jaunes et des blanches.*

One est généralement omis après un superlatif (**Your garden is the prettiest**) mais non après un comparatif (**This vase is too small, I want a bigger one**).

4. — NOMS ET ADJECTIFS DE NATIONALITES.

On peut les classer en 4 catégories :

423 a. — ENGLISH. Il n'existe que l'adjectif. Le nom se forme artificiellement à l'aide d'un suffixe. Le nom collectif suit la règle du § 417.

> **An English Christmas.** *Un Noël anglais.*
> **Two English girls.** *Deux petites Anglaises.*
> **An Englishman, an Englishwoman.** *Un Anglais, une Anglaise.*
> **The English are fond of tea.** *Les Anglais aiment le thé.*

Se construisent de même : **Welsh** *(gallois)*, **Irish** *(irlandais)*, **French, Dutch** *(hollandais)*, ainsi que **Scotch** et **Scots** (427).

424 b. — ITALIAN. Le nom et l'adjectif sont semblables. Le nom peut se mettre au pluriel.

> The Italian landscape. *Le paysage italien.*
> An Italian, two Italians. *Un Italien, deux Italiens.*
> An Italian woman and two Italian boys. *Une Italienne et deux jeunes Italiens.*
> The Italians are fond of art. *Les Italiens aiment les arts.*

Se construisent de même les adjectifs terminés par **-an** (American, Russian, Australian, Indian, Canadian, Belgian, Norwegian, German...) ainsi que **Greek**, **Czech** [tʃek]...

425 c. — SPANISH. Le nom et l'adjectif sont différents (*Spanish/a Spaniard*).

> The Spanish government. *Le gouvernement espagnol.*
> A Spaniard, a Spanish woman. *Un Espagnol, une Espagnole.*
> The Spaniards have their lunch at 2 p.m. *Les Espagnols déjeûnent à 2 heures de l'après-midi.*

Se construisent de même : **Swedish (a Swede), Danish (a Dane), Polish (a Pole), Turkish (a Turk), British (a Briton;** aux U.S.A. : **a Britisher).**

Spanish et **British** (exceptions) peuvent aussi s'employer comme adjectifs substantivés à sens collectif (**the Spanish** = the Spaniards; **the British,** *les Britanniques*).

426 d. — JAPANESE. Le nom et l'adjectif sont semblables. Le nom est invariable.

> A Japanese garden. *Un jardin japonais.*
> A Japanese, a Japanese girl. *Un Japonais, une jeune Japonaise.*
> The Japanese live on rice and fish. *Les Japonais se nourrissent de riz et de poisson.*

Se construisent de même les adjectifs terminés par -ese [ˈiːz] (**Chinese, Vietnamese, Lebanese, Maltese, Portuguese,** etc.), ainsi que **Swiss.** On dit parfois « **a Chinaman** » (= a Chinese), cas particulier.

427 e. — Cas particulier : *Ecossais.* Il a trois adjectifs auxquels correspondent trois noms :

Scotch   → **a Scotchman** .....⎫
Scots   → **a Scotsman** ......⎬ comme : English → an Englishman
Scottish → **a Scot** ....⎭ comme : Polish → a Pole

L'adjectif le plus employé en Angleterre est *Scotch*; en Ecosse on l'emploie uniquement pour les choses (*Scotch* whisky), mais on dit : **a Scottish** (= *Scots*) girl, a **Scotsman** (= a Scot), the **Scots**. Le nom « a Scotchman » est considéré comme insultant par les Ecossais.

428 REMARQUES.

(1) Ces adjectifs prennent toujours une ***majuscule.***

> He is fond of French wines. *Il aime les vins français.*

(2) L'adjectif *sans article* désigne la **langue** du pays.

> English is easier than Russian. *L'anglais est plus facile que le russe.*

Mais : « **translated from the French by —** » (car il faut sous-entendre : the French of Balzac, of Flaubert...; voir 377).

> What's the French for « *self-control* » ? *Comment dit-on en français « self-control » ?* (ici the French = the French word).

Ne pas confondre :

> Do you like English ? *Aimez-vous l'anglais ?*
> Do you like the English ? *Aimez-vous les Anglais ?*

35. — COMPARATIFS ET SUPERLATIFS

1. — FORMATION.

429 Voir d'abord R.F. 20 et 21. Remarques et compléments :

a. — *Les adjectifs de deux syllabes* sont généralement **courts** s'ils sont terminés par un **y** (→ **-ier, -iest;** pretty → **prettier, the prettiest** ['pritiist]) ou par **-er** (clever), **-le** (gentle, noble), **-ow** (narrow).
Les autres peuvent toujours former leur comparatif avec **more** (certains ont les deux formes : **pleasanter, more pleasant**).
Quelques adjectifs d'*une syllabe* sont considérés comme **longs** : **dead, glad, real, cross, apt, frank, drunk, tired, pleased** (et autres participes).

430 b. — *Le comparatif des adverbes* se forme comme celui des adjectifs (**longer**, plus longtemps). Le comparatif de l'adjectif s'emploie souvent dans un sens adverbial (**easier** = more easily; **louder** = more loudly).
Les adverbes de deux syllabes en **-ly** sont longs (sauf **early** → **earlier**).

431 c. — *Comparatifs et superlatifs irréguliers.*
— **Far, farther (the farthest), further (the furthest).** Comparer :
   We can't go any farther without a rest. Nous ne pouvons pas aller plus loin sans nous reposer (idée de distance).
   We shan't go further into the matter. Nous n'approfondirons pas plus la question (sens figuré).
— **Old** { **older, the oldest** (sens général).
         { **elder, the eldest** (aîné). **Elder** ne s'emploie que comme épithète (441).
— On emploie **the latest** (et non **the last**) quand le dernier = le plus récent.
   The latest news. Les dernières nouvelles (voir aussi **the latter**, 441).

432 d. — *Superlatif d'infériorité.*
   They gave us the least comfortable of their rooms. Ils nous ont donné la moins confortable de leurs chambres.
Le superlatif des adjectifs courts s'emploie peu (on remplace **the least big** par **the smallest**, **the least tall** par **the shortest**, etc.).

433 e. — *Superlatif absolu.*
Il se forme avec **very** placé devant un **adjectif** ou un adverbe, **much** (ou **very much**) devant un **participe passé**. Un grand nombre de participes passés s'emploient comme de purs adjectifs et peuvent donc être précédés de **very** (tired, pleased, et, de plus en plus couramment, **moved, surprised, interested, disappointed, excited...**).
   I was very surprised and very disappointed. J'ai été très surpris et très déçu.
Mais :
   She was much rewarded by her son's success. Elle a été très récompensée par le succès de son fils (idée verbale, passif).
On dit : **He is very well known** (il est très connu); **he was very much afraid** (il eut très peur); **it is quite possible** (c'est très possible); **quite true** (très vrai).
On peut aussi former le superlatif absolu avec **most** (vraiment très) ou avec un certain nombre d'adverbes en **-ly** (awfully, dreadfully, terribly...). Voir aussi 585.
   It was most kind of him. Cela a été très aimable de sa part.
   He is awfully nice. Il est rudement sympathique.

2. — CONSTRUCTION.

434   a. — *Compléments des comparatifs et des superlatifs.* Voir R.F. 20 et 21.
Le choix du pronom est très important dans les deux phrases suivantes :

> She hates him more than I (on dit plus couramment : **more than I do**).
> *Elle le déteste plus que je ne le déteste.*
> She hates him more than me (= **more than she hates me**). *Elle le déteste plus qu'elle ne me déteste.*

435   b. — Le superlatif n'est pas précédé de l'article quand il est employé comme *adverbe* et dans l'expression « *it is ... to... »*.

> Which do you like best ? *Lequel préférez-vous ?*
> It's wisest to wait. *Le plus sage est d'attendre.*

436   c. — On peut **renforcer ou préciser** le sens d'un comparatif ou d'un superlatif à l'aide des expressions suivantes :

Comparatif de supériorité.

> He is *much* older than I thought. *Il est beaucoup plus âgé que je ne pensais.*
> He is *far* (= *much*) more serious than his brother. *Il est beaucoup plus sérieux que son frère.*
> It's *even* better (= *it's better still*). *C'est encore meilleur.*
> He is *no* better than his brother. *Il ne vaut absolument pas mieux que son frère* (Interrogation : Is he *any* better... ?).

437   *Comparatif d'égalité.*

> He is *quite as* (= *just as*) lazy as his brother. *Il est tout aussi paresseux que son frère.*
> France is *twice as large* as Britain. *La France est deux fois plus grande que la Grande-Bretagne* (le français emploie un comparatif de supériorité).

438   *Superlatifs.*

> The *very latest* news. *Les toutes dernières nouvelles.*
> He is *by far the best*. *Il est de loin le meilleur.*

439   d. — Le premier *as* des comparatifs d'égalité est parfois sous-entendu dans les expressions toutes faites (comparaisons familières) lorsque le verbe *to be* est lui aussi sous-entendu, par exemple en réponse à une question.

> (As) fit as a fiddle (a fiddle = a violin). *En parfaite forme.*
> (As) cool as a cucumber. *Imperturbable, flegmatique.*
> How are you ? — (As) fit as a fiddle.

3. — EMPLOIS.

440   a. — Ne pas confondre les comparatifs et les superlatifs, qui se ressemblent plus en français qu'en anglais.

Comparer : **David Copperfield is *a better novel than*** (un meilleur roman que) **Nicholas Nickleby** (comparatif) et : **David Copperfield is *the best novel that*** (le meilleur roman que) **Dickens wrote** (superlatif + subordonnée relative).

441   b. — L'anglais (comme le latin) remplace le superlatif par un **comparatif** s'il n'y a que **deux éléments de comparaison**.

> Her younger son. *Le plus jeune de ses deux fils.*
> Her eldest son. *L'aîné de ses fils.* (Ils sont plus de deux).

The first et *the last* étant des superlatifs (comme le montrent leurs terminaisons) on les remplace par les comparatifs *the former* et *the latter* pour se référer à deux personnes (ou deux choses) déjà nommées.

> I've been introduced to Mr Smith and Mr Morgan; I like the latter better than the former. *On m'a présenté à M. Smith et à M. Morgan; je trouve ce dernier plus sympathique que l'autre.*

442 c. — A un *simple adjectif français* peut correspondre un *comparatif anglais* quand il y a une idée d'opposition entre deux éléments, deux groupes, etc.

> The Upper (≠ Lower) House. *La Chambre Haute (Basse).*
> The younger generation. *La jeune génération.*
> The upper (≠ lower) classes. *La haute société (≠ le peuple).*

443 d. — Idée de *progression (de plus en plus, de moins en moins).*

> He works *better and better*. *Il travaille de mieux en mieux.*
> Life is getting *more and more* expensive. *La vie devient de plus en plus chère.*
> This serial is growing *less and less* interesting. *Ce feuilleton devient de moins en moins intéressant.*

444 e. — Idée de *progressions parallèles (plus... plus...; moins... moins...).*

The (qui est ici un adverbe) précède chacun des comparatifs. Remarquer l'ordre des mots : chaque proposition commence par l'adjectif au comparatif.

> *The harder* I worked, *the happier* I was. *Plus je travaillais avec ardeur, plus j'étais heureux.*
> The older he gets, the less he works. *Plus il vieillit, moins il travaille.*

Le verbe *to be* est parfois sous-entendu.

> The more, the merrier. *Plus on est de fous, plus on rit.*

445 f. — *D'autant plus... que.*

Le comparatif est précédé de l'adverbe *the;* la seconde proposition, qui exprime une cause, peut être introduite par *as, since,* (puisque), *because.*

> He felt (all) *the more* depressed *as* all his friends were away. *Il se sentait d'autant plus déprimé que tous ses amis étaient absents.*
> I was (all) the less surprised as I have known him for years. *J'ai été d'autant moins surpris que je le connais depuis des années.*

N. B. We are none the happier *for it*. *Nous n'en sommes pas plus heureux.*

4. — EXPRESSIONS CONSTRUITES COMME DES COMPARATIFS.

446 a. — *Other* et *rather* (à l'origine des comparatifs) sont suivis de *than.*

> He resigned rather than sign that treaty (le verbe qui suit *rather than* est à l'infinitif sans *to*). *Il démissionna plutôt que de signer ce traité.*

On emploie de même *than* après les expressions *I'd rather, I'd better, I'd sooner* (55) et après *no sooner* (92).

447 b. — *Same*, dont le sens est proche d'un comparatif d'égalité, se construit avec *as* lorsqu'il y a une *idée de comparaison.*

> We have the same car as the Joneses. *Nous avons la même voiture que les Jones.*

Same peut aussi être suivi de *that* introduisant une proposition (avec un verbe) exprimant une identité et non une comparaison.

> He has remained the same liar that he was as a boy. *Il est resté le même menteur que dans son enfance* (on peut omettre *same*).

36. — STRUCTURES DU NOM ET DE L'ADJECTIF

Si la construction des noms et des adjectifs pose moins de problèmes à l'élève que celle des verbes, il ne faut cependant pas négliger cette question, surtout en ce qui concerne le vocabulaire abstrait (expression des sentiments, description du caractère et du comportement, opérations de l'esprit, etc.).

On se limitera ici à quelques exemples. On a utilisé le même code que pour les structures du verbe (§§ 238 à 241).

1. — **STRUCTURE B OU 3 DES NOMS ET ADJECTIFS.**
   B : *Nom/adjectif + préposition + nom (ou pronom).*
   3 : *Nom/adjectif + préposition + gérondif.*

448   a. — **Noms.** Un grand nombre d'entre eux ne sont pas suivis de la même préposition qu'en français. Il est conseillé d'apprendre ensemble le nom et la préposition.

The reason for his absence. *La raison de son absence.*
His interest in maths. *Son intérêt pour les mathématiques.*
It's time for breakfast. *C'est l'heure du petit déjeûner.*
There's no need for so much formality. *Il n'y a pas besoin de tant de cérémonie.*
He had some difficulty in making himself understood. *Il eut de la difficulté à se faire comprendre.*
There is not much hope of their being alive (of finding them alive). *Il n'y a pas beaucoup d'espoir qu'ils soient vivants (de les retrouver vivants).*

449   b. — **Adjectifs.** Bien noter les emplois de **with** et de **at** avec les adjectifs exprimant des *réactions psychiques*.

I am angry with him, I am furious with him. *Je lui en veux, je suis furieux contre lui.*
He was angry at being kept waiting. *Il était irrité qu'on le fît attendre.*
I am pleased with my new job. *Je suis satisfait de mon nouvel emploi.*
Mais : **I am pleased to see him.** *Je suis content de le voir.*
I was amazed at his talent. *J'ai été étonné par son talent.*
Surprised at seeing so many people = surprised to see so many people. *Surpris de voir un si grand nombre de gens.*
You are liable to a fine. *Vous êtes passible d'une amende.*
He is keen (= mad) on sport. *Il a la passion des sports.*
I am fed up with it. *J'en ai par-dessus la tête.*
He is afraid of dogs (of being bitten by the dog). *Il a peur des chiens (d'être mordu par le chien).*

2. — **STRUCTURES 1 a et 1 b DES NOMS ET DES ADJECTIFS.**
   1 a : *Nom/adjectif + infinitif complet.*
   1 b : *Nom/adjectif + préposition + objet + infinitif complet.*

450   a. — *Noms construits avec la structure 1 a.*

Un certain nombre d'entre eux sont de la même famille que des verbes construits avec la structure 1 a (§§ 243 et 244).

His refusal to help us. *Son refus de nous aider* (Cf. He refused to help us).

Our failure to respect the rules. *Nos infractions aux règlements* (Ci. *We failed to respect the rules).*

Mais *hope* se construit avec la structure B ou 3.

Their hope of being rescued. *Leur espoir d'être secourus.*

451 Un infinitif peut s'ajouter à un nom pour exprimer l'*utilité*, ou avec un *sens passif*.

He had an old knife to cut his bread with. *Il avait un vieux couteau pour couper son pain.* (Remarquer la préposition **with**.)

There are a great many pretty villages to see (= to be seen) **in Devon.** *Il y a un grand nombre de jolis villages à voir dans le Devon.*

452 b. — *Adjectifs construits avec la structure 1 a.*

She was eager to help us. *Elle était très désireuse de nous aider.*

We were sorry to hear the news. *Nous avons été navrés d'apprendre cette nouvelle.*

Un grand nombre d'adjectifs ou participes passés exprimant des émotions se construisent ainsi (**happy, pleased, disappointed, amazed, surprised...**) Voir 449.

453 Avec cette structure, *sure* exprime une quasi-certitude (351).

He is sure to fail. *il échouera certainement* (c'est **mon** opinion).

Cf. *Il est sûr d'échouer.* **He is sure that he'll fail**, ou : **he expects to fail** (c'est **son** opinion).

454 L'adjectif peut aussi être *épithète*.

A hard man to please. *Un homme difficile à satisfaire.*

Pleasant words to listen to. *Des paroles agréables à entendre.*

455 L'adjectif suivi de l'infinitif peut être accompagné de *too, enough, so... as*.

He is too busy to see you. *Il est trop occupé pour vous recevoir.*

Will he be strong enough to lift the piano ? *Sera-t-il assez fort pour soulever le piano ?*

Will you be so kind as to help me ? *Auriez-vous l'amabilité de m'aider ?*

456 c. — *Noms et adjectifs construits avec la structure 1 b* (avec *for*, cf. 231).

There's no need for you to hurry. *Il n'est pas nécessaire que vous vous dépêchiez.*

This box is too heavy for you to lift. *Cette caisse est trop lourde pour que vous la souleviez.* (Remarquer l'absence de pronom complément).

457 Le sujet de l'infinitif (nom de personne ou pronom) peut aussi être introduit par *of* après un adjectif comme **kind, nice, good, silly, wicked, ridiculous** (pour exprimer **une opinion sur un comportement**).

It was kind of her to invite them. *Cela a été gentil de sa part de les inviter.*

A la forme exclamative *it is* est souvent sous-entendu.

How kind of her to invite our friends !

458 d. — Après des verbes exprimant une *impression* ou une *opinion (to find, to think, to consider, to judge)*, le pronom *it* peut introduire un nom (ou un adjectif) attribut d'un infinitif.

Comparer :

It is my duty to warn you. *C'est mon devoir de vous avertir.*

et :

I consider it my duty to warn you. *Je considère qu'il est de mon devoir de vous avertir.*

I should find it difficult to obey such stupid orders. *Je trouverais difficile d'obéir à des ordres aussi stupides.*

3. — **STRUCTURE 6 a DES NOMS ET DES ADJECTIFS.**
(Nom/adjectif + subordonnée introduite par that).

459 a. — ***Noms.*** Ne pas omettre la conjonction ***that***.
The statement that he was going to resign surprised everyone. *La déclaration annonçant qu'il allait démissionner a surpris tout le monde.*

Ne pas confondre ***that***, conjonction que l'on ne peut omettre dans les phrases ci-dessus, avec le pronom relatif ***that*** (remplaçant ***which***), que l'on peut omettre.
The statement (that) he made... *La déclaration qu'il a faite...*

Se construisent de même les noms exprimant une ***opinion***, une ***information*** ou une ***déclaration*** (the thought that..., the fact that..., the news that...).

460 b. — ***Adjectifs.*** Le sujet de la subordonnée peut être le même que celui de la principale (contrairement au français). ***That*** peut être omis.

Cette construction est fréquente pour les adjectifs exprimant des ***émotions***.
I'm glad (≠ sorry) I've come. *Je suis content (≠ je regrette) d'être venu.*

Avec cette structure ***afraid*** exprime plus souvent un regret qu'une crainte (cf. 449).
I'm afraid you've failed. *Je regrette de vous dire que vous avez échoué.*

461 c. — Comme pour la structure 1 a (458), les verbes exprimant une impression ou une opinion peuvent être suivis de ***it*** introduisant un adjectif (ou un nom) attribut d'une subordonnée.
They found it worrying that nobody had answered their call. *Ils trouvèrent inquiétant que personne n'ait répondu à leur appel.*

4. — **STRUCTURE 7 a DES NOMS ET DES ADJECTIFS.**
(*Nom/adjectif + préposition + interrogative indirecte*).

Comme pour la structure 7 a des verbes (§§ 282 à 284), l'interrogative indirecte peut être à un temps personnel ou à l'infinitif. Elle peut être précédée d'une préposition, souvent omise avec certains noms et adjectifs (il n'y a pas de règle à ce sujet).

462 a. — **The question whether to (= whether we ought to) invite him or not was being discussed.** *On discutait pour savoir s'il fallait ou non l'inviter.*
I have no idea (of) how he did it. *J'ignore totalement comment il l'a fait.*
Do you know the reason why he didn't come ? *Savez-vous la raison pour laquelle il n'est pas venu ?*

463 b. — **I'm not sure how to do it.** *Je ne suis pas sûr de la façon de procéder.*
She is not aware (of) how much he spends. *Elle ne se rend pas compte des sommes qu'il dépense.*
He is still uncertain whether to go. *Il hésite encore à y aller.*

5. — **WORTH.**

464 Cet adjectif (toujours attribut) est suivi d'un nom, d'un pronom ou d'un gérondif (qui peut avoir un sens passif).
This jewel is worth £ 200. *Ce bijou vaut 200 livres (Structure A).*
It isn't worth the trouble (= worth it). *Cela n'en vaut pas la peine.*
This book is worth reading. *Ce livre vaut la peine d'être lu (Structure 3).*

Il peut aussi être suivi de ***while*** (+ gérondif ou parfois infinitif).
It isn't worth while (worth our while) going there now. *Cela ne vaut plus la peine d'y aller (que nous y allions).*

37. — LES PRONOMS PERSONNELS, RÉFLÉCHIS ET RÉCIPROQUES.

1. — TABLEAU DES PRONOMS PERSONNELS ET REFLECHIS.

465

I am	looking at *myself*,	the mirror	is	in	front	of	*me*
You are	looking at *yourself*,	the mirror	is	in	front	of	*you*
He is	looking at *himself*,	the mirror	is	in	front	of	*him*
She is	looking at *herself*,	the mirror	is	in	front	of	*her*
It is	looking at *itself*,	the mirror	is	in	front	of	*it*
(it = a bird, a mouse, etc.)							
We are	looking at *ourselves*,	the mirror	is	in	front	of	*us*
You are	looking at *yourselves*,	the mirror	is	in	front	of	*you*
They are	looking at *themselves*,	the mirror	is	in	front	of	*them*

466 REMARQUES.

(1) Aux formes affaiblies des pronoms personnels (quand ils ne sont pas spécialement accentués), les **h** de **he, him** et **her** se prononcent à peine (ou pas du tout).
   Give him the money ['givim].
   Us se prononce (et s'écrit souvent) **'s** à l'impératif (**Let's go for a walk**).

467 (2) On accentue les pronoms personnels pour les mettre en relief.
Comparer   **Look at them** [lukətðəm]. *Regardez-les* (pronom non accentué).
et :   **You must look at them** ['ðem]. *C'est eux que vous devez regarder.*
   I did it. *C'est moi qui l'ai fait.*
   Who has seen this film ? — I have (sujet accentué). *Qui a vu ce film ? — Moi.*

468 (3) On remarque que les pronoms réfléchis de la 3ᵉ personne se forment à partir des *pronoms compléments* (him, her, it, them), alors que ceux des autres personnes se forment à partir des *adjectifs possessifs* (my, our, your).
Le suffixe (*-self* au singulier, *-selves* au pluriel) est toujours accentué.
C'est le seul cas où à la 2ᵉ personne il soit possible de faire une différence entre un interlocuteur singulier et un pluriel. (**Enjoy yourself** ≠ **Enjoy yourselves**).

469 2. — EMPLOIS DES PRONOMS PERSONNELS.
Voir d'abord R.F. 10.

a. — On n'omet que très rarement (dans des expressions familières) le pronom sujet.
   Serves you right. *C'est bien fait pour toi* (Le sujet *it* est sous-entendu).

b. — Ne pas confondre les pronoms sujets et les pronoms compléments.
   We are going to Scotland, they are coming with us. *Nous allons en Ecosse, ils viennent avec nous* (voir 434).

470 c. — **It** s'emploie notamment :

(1) pour introduire un *adjectif* ou un *nom attribut d'un infinitif ou d'une subordonnée* (voir 458 et 461).
   You'll find it difficult to get used to it. *Vous trouverez difficile de vous y habituer.*
   We find it a pity that she can't come. *Nous trouvons qu'il est dommage qu'elle ne puisse pas venir.*

471 (2) *après les prépositions* (**with, under, in,** etc.), qui ne peuvent s'employer seules.

> **We opened the box, but there was nothing in it.** *Nous avons ouvert la boîte, mais il n'y avait rien dedans.*

472 (3) pour introduire le nom d'une *personne que l'on mentionne pour la première fois* dans le contexte. Comparer :

> **Somebody's knocking at the door, it's probably Mr Jones.** *On frappe, c'est probablement Mr Jones.*
> **I don't like his brother, he's a very conceited man.** *Je n'aime pas son frère, c'est un homme très vaniteux* (**he**, et non **it**, le mot **brother** ayant déjà été mentionné).

473 (4) Ne pas confondre **it** (qui remplace un nom) avec **so** (qui peut remplacer une proposition subordonnée après certains verbes; voir 281).

> **This story is very funny but I don't believe it** (it = this story). *Cette histoire est très drôle mais je n'y crois pas.*
> **Do you think he is likely to succeed? — No, I don't think so** (so = that he is likely to succeed). *Croyez-vous qu'il ait des chances de réussir ? — Non, je ne le crois pas.*

474 d. — Le pronom **it** ne s'emploie pas :

(1) quand le sujet du verbe est une *proposition commençant par* **what**.

> **What I like best in them is their bluntness.** *Ce que j'apprécie le plus chez eux, c'est leur franc-parler* (la proposition sujet n'est pas reprise sous la forme d'un pronom neutre; il n'y a pas de virgule).

(2) comme complément d'une *proposition infinitive introduite par* **for**.

> **I've left the letter on your desk for you to read** (aussi : **to read it**). *J'ai laissé la lettre sur votre bureau pour que vous la lisiez.*

475 (3) pour traduire un certain nombre d'expressions impersonnelles en français *(l'anglais a beaucoup moins d'expressions impersonnelles)*.

> *Il faut que vous veniez.* **You must come.**
> *Il se peut qu'ils soient en retard.* **They may be late.**
> *Il se trouve que je le connais.* **I happen to know him.**
> *Il ne nous reste que dix minutes.* **We have only ten minutes left.**

476 e. — Traductions de **en**.

(1) quand il remplace un nom pluriel ou précédé d'un article partitif : **some, any**.

> **Will you have some more?** *En voulez-vous encore un peu ?*
> **We looked for mushrooms but didn't find any.** *Nous avons cherché des champignons mais nous n'en avons pas trouvé.*

(2) quand il remplace la préposition **de** : bâtir la phrase selon la construction propre au verbe, au nom ou à l'adjectif.

> *Je m'en souviens.* **I remember it.**
> *Vous ne devez pas vous en inquiéter.* **You shouldn't worry about it.**
> *Il ne s'en est jamais remis.* **He never recovered from it.**
> *J'en suis fier.* **I am proud of it.**

(3) avec un nombre : il ne se traduit pas.

> *J'en ai mangé quatre.* **I've eaten four.**

(4) accompagné d'un adjectif : *one*.

Ce vase est trop petit, il m'en faut un plus grand. **This vase is too small, I want a bigger one.**

Voir aussi **in, into** (609) et 215 (*en* + participe présent).

477   i. — Traductions de *y*.

(1) quand il remplace *à* suivi d'un complément de lieu : ***there***.

Ils y sont depuis un mois. **They have been there for a month.**

Voir « *il y a* », §§ 23 à 26.

(2) quand il remplace *à* suivi d'un complément sans idée de lieu : bâtir la phrase selon la construction propre au verbe.

Nous nous y attendions. **We were expecting it.**
Y avez-vous pensé ? **Did you think of it ?**
J'y suis habitué. **I am used to it.**

3. — LES PRONOMS REFLECHIS. Voir liste (465 et 468).

478   a. — Avec certains verbes le pronom terminé par *-self/-selves* a un sens nettement **réfléchi** (une même personne, ou une même chose, est à la fois sujet et objet du verbe).

I wish you could see yourself. Si seulement vous pouviez vous voir !
He taught himself Spanish. Il a appris l'espagnol tout seul.

Ne pas confondre : **He killed himself** (= he committed suicide) et : **He was killed** (in an accident).

479   Les pronoms réfléchis peuvent s'employer dans des phrases de structure E et F.

He shouted himself hoarse. Il s'enroua à force de hurler.

Ils peuvent s'employer dans des phrases de structures 2 b et 5 b.

I couldn't hear myself speak. Je ne m'entendais pas parler.
I couldn't make myself understood. Je n'arrivais pas à me faire comprendre.

480   b. — Le pronom réfléchi permet d'*insister sur le sujet* (pas de sens réfléchi).

I have never been to Australia myself (= I myself have... = I for my part have...). Moi, je ne suis jamais allé en Australie.

481   c. — Il a un *sens affaibli* dans un petit nombre d'expressions pronominales.

Did you enjoy yourselves ? Vous êtes-vous bien amusés ?
Behave yourselves. Conduisez-vous bien (mais : **How did he behave ?** Comment s'est-il conduit ?)

Mais les verbes pronominaux anglais dont le sens n'est pas réfléchi sont très peu nombreux. Comparer :

It took him less than ten minutes to shave and dress (Structure zéro). Il lui fallut moins de dix minutes pour se raser et s'habiller.
Dicky is now big enough to dress himself. Dicky est maintenant assez grand pour s'habiller tout seul.

482   d. — Précédé de *by* il prend le sens de « *tout seul* » (**alone**).

Did you spend the evening by yourself ? Avez-vous passé la soirée seul ?

483   e. — *Après une préposition* on doit employer le pronom complément (*him* et non *himself*, etc.) si le sens n'est pas réfléchi (notamment avec des prépositions de lieu).

Comparer : **He looked about him.** Il regarda tout autour de lui.
et : **He can speak only about himself.** Il ne sait parler que de lui.

4. — LES PRONOMS RECIPROQUES.

484 a. — ***Each other*** et ***one another***, qui sont pratiquement synonymes, sont des expressions invariables dont le sens est pluriel (échange entre deux ou plusieurs sujets). Autrefois on employait ***each other*** quand il y avait deux sujets, ***one another*** quand il y en avait plus de deux. Mais cette règle n'est plus respectée.

>They hate each other (= they hate one another). *Ils se haïssent.*

Ne pas confondre : **They killed themselves** (=they committed suicide)
et : **They killed one another.** *Ils s'entretuèrent.*

485 b. — Ces expressions composées sont ***inséparables***, en particulier quand elles sont employées avec des prépositions.

>They are afraid of one another. *Ils ont peur l'un de l'autre.*
>They were running after each other. *Ils couraient les uns après les autres.*
>They look like one another. *Ils se ressemblent.*

486 c. — Les pronoms réciproques peuvent se mettre au ***cas possessif***.

>They threw themselves into each other's arms. *Ils se jetèrent dans les bras l'un de l'autre.*

d. — Verbes de structure zéro à sens réciproque : § 285.

5. — ONE, PRONOM PERSONNEL.

487 a. — ***One*** est un pronom personnel indéfini, sujet ou complément, à sens général.

>One can always try. *On peut toujours essayer.*
>One doesn't like to have a big lorry in front of one. *On n'aime pas avoir un gros camion devant soi.*
>Money isn't enough to make one happy (Structure E b). *L'argent ne suffit pas pour rendre heureux.*

Dans la langue parlée ***one*** est souvent remplacé par un autre pronom **(We can always try)** qui prend alors un sens général. (Pour les autres façons de traduire notre pronom ***on***, voir 212).

On doit l'employer, à l'exclusion des pronoms ***him, her, it, them*** quand la phrase est à un ***temps impersonnel***.

>To have the future in front of one. *Avoir l'avenir devant soi.*

488 b. — ***One*** peut se mettre au ***cas possessif***.

>Running after one's hat on a windy day makes one feel silly. *Courir après son chapeau un jour de grand vent, cela vous donne l'impression d'être ridicule.* (On dirait « his hat ... him ... » s'il s'agissait d'une personne déterminée).

489 c. — Le pronom réfléchi ***oneself*** (mieux que ***one's self***) doit s'employer avec un verbe à un temps impersonnel ou lorsque le sujet est ***one***.

>Learning Russian by oneself (= teaching oneself Russian) is no easy task. *Apprendre le russe tout seul n'est pas une tâche facile.*
>One should not talk about oneself too much. *On ne doit pas trop parler de soi.*

490 d. — Bien conjuguer les expressions comportant ***one, one's, oneself***, que les dictionnaires donnent à l'infinitif.

>To make up one's mind. *Se décider.*
>She made up her mind; We made up our minds, etc.

38. — NOTION DE POSSESSION.

491 A une question commençant par l'interrogatif *whose* (à qui... ?) correspondent des réponses comportant :

    (1) un nom au génitif (cas possessif).
    (2) un nom accompagné d'un adjectif possessif,
ou (3) un pronom possessif.

    Whose umbrella is this ? *A qui est ce parapluie ?* (514).
    (1) **It's John's (umbrella).** *C'est celui de John* (501).
    (2) **It's my umbrella.** *C'est mon parapluie* (505).
    (3) **It's mine.** *C'est le mien* (507).

La possession peut aussi s'exprimer à l'aide des verbes **to belong** et **to own.**

    Does the house belong to you ? *La maison vous appartient-elle ?*
    Who owns this factory ? *A qui appartient cette usine ?*

Voir aussi § 32 (**to have** exprimant la possession).

1. — LE GENITIF DES NOMS, LE CAS POSSESSIF.

492 Le *génitif* des noms (noms terminés par **'s** ou **s'**) s'emploie surtout pour exprimer un *rapport de possession* ou *de parenté*. On l'appelle alors **« cas possessif »**. Les autres emplois du génitif seront étudiés au § 504.

    a. — *Formation.* Voir R.F. 15. **Remarques** :

    (1) Chaque nom peut être accompagné d'un ou plusieurs adjectifs.

        Good old Mrs Henderson's eldest son. *Le fils aîné de cette brave vieille Mrs Henderson.*

493   (2) **« Our friends' house »** se prononce comme **« Our friend's house »** (*la maison de notre ami*). Pour éviter toute ambiguïté on peut dire **« the house of our friend »** ou **« the house of our friends »,** mais il est préférable d'éviter cette tournure assez gauche quand le contexte est suffisamment clair.

    (3) Le possesseur pluriel peut être le nom d'une famille précédé de l'article.

Ne pas confondre :

    The Morgans' house. *La maison des Morgan* (361).
    Mr Morgan's house. *La maison de Mr Morgan.*
    The Morgan family. *La famille Morgan* (dans ce dernier cas il n'y a aucun rapport de possession entre les deux noms, on n'a donc pas de cas possessif mais un nom composé).

494   (4) *Les noms singuliers terminés par s* ajoutent **'s** comme les autres. La terminaison se prononce [iz]. De même pour *les noms propres terminés par un s.*

    The actress's dress. *La robe de l'actrice* (« **actress's** » se prononce comme « **actresses** » : ['æktrisiz]).

    Mrs Jones's ['dʒounziz] **daughter.** *La fille de Mrs Jones.*

Pour certains noms très connus on peut omettre l's du génitif.

    Dickens's ['dikinziz] **novels,** ou : **Dickens' novels.** *Les romans de Dickens.*
    Sophocles' tragedies; Socrates' death (noms de l'antiquité classique).

495   (5) On emploie parfois deux *cas possessifs qui s'enchaînent* (le deuxième nom exprime généralement un lien de parenté).

    My father's uncle's house. *La maison de l'oncle de mon père.*

b. — *Emplois*.

496   (1) Le cas possessif ne s'emploie normalement que si **le premier élément est une personne** (ou un animal que l'on considère plus comme une personne que comme une chose).

         The dog's tail. *La queue du chien.*
Mais :   **The windows of my bedroom.** *Les fenêtres de ma chambre* (ou : **my bedroom windows,** nom composé).
         The freedom of the press (noms abstraits). *La liberté de la presse.*

497   Certains noms neutres (noms de choses ou abstractions) sont parfois personnifiés (§ 357), on peut alors les employer au cas possessif.

         England's history (ou : **the history of England**). *L'histoire de l'Angleterre.*
         The ship's doctor. *Le docteur du bord.*

On emploie aussi le cas possessif dans des expressions traditionnelles qu'il faut apprendre par cœur, par exemple :

         Art for art's sake. *L'art pour l'art.*
         For Heaven's sake (= **for goodness' sake, for God's sake**). *Pour l'amour de Dieu.* Remarquer « **goodness'** », et non « **goodness's** », dans cette expression idiomatique.
         He enjoyed himself to his heart's content. *Il s'en est donné à cœur joie.*
         He was at his wit's end. *Il ne savait plus à quel saint se vouer.*
         The water's edge. *Le bord de l'eau.*
         At arm's length. *A bout de bras.*

498   (2) Le cas possessif ne s'emploie pas avec les adjectifs substantivés à sens collectif (**the English, the blind,** 417 à 419).

         The favourite hobbies of the English. *Les passe-temps favoris des Anglais.* (On dit aussi : **English people's hobbies,** ou : **The hobbies of English people**).

499   (3) Le cas possessif s'emploie avec les pronoms **somebody, everybody, somebody else, each other** et **one another** (Voir 486).

         You can't do that without hurting anybody's feelings. *Vous ne pouvez pas faire cela sans vexer quelqu'un.*
         He took somebody else's hat and ran out. *Il prit le chapeau de quelqu'un d'autre et sortit en courant.*

500   (4) Le premier nom peut préciser la catégorie à laquelle appartient le second. C'est alors un « *génitif générique* », qui est une sorte de nom composé.

         A man's job. *Un métier d'homme* (et non : le métier d'un homme).
         A clergyman's son. *Un fils de pasteur.*
         Women's hats. *Des chapeaux de femmes.*

501   (5) **On sous-entend le deuxième nom** quand il a déjà été exprimé et que sa répétition n'est pas indispensable pour la clarté de la phrase.

         I can hear a car, I think it's the doctor's ? *J'entends une voiture, je crois que c'est celle du docteur.*

Le pronom **one** ne s'emploie pas après un cas possessif incomplet (Voir 422).

Ne pas confondre :

         John and Mary's parents. *Les parents de John et de Mary* (ils sont frère et sœur).
         John's and Mary's parents. *Les parents de John et ceux de Mary.*

502   (6) Le *cas possessif incomplet* s'emploie notamment lorsqu'on sous-entend les noms *shop, house, church, cathedral, school, college, hospital,* à moins que ces mots ne soient indispensables à la clarté de la phrase.

> **She is at the chemist's.** *Elle est chez le pharmacien.*
> **He spends his holidays at his uncle's.** *Il passe ses vacances chez son oncle.* (Voir « Traduction de chez », § 627).
> **Is St Dunstan's far from St Paul's ?** *L'église St-Dunstan est-elle loin de la cathédrale St-Paul ?*

503   (7) On ne peut faire suivre un cas possessif d'un pronom relatif si ce dernier n'a pas pour **antécédent le deuxième nom.**

> « *La mère des deux enfants qui ont volé l'argent* » ne peut se dire « The two children's mother who... » (expression dans laquelle l'antécédent de *who* serait *mother*).
> Dire : **The mother of the two children who stole the money.**

504   (8) *Autres emplois du génitif :*

Date (avec les jours de la semaine et quelques adverbes comme **today, yesterday**).
> **Last Sunday's « Observer ».** *L'« Observer » de dimanche dernier.*
> **Today's papers.** *Les journaux d'aujourd'hui.*

Durée :
> **A week's holiday.** *Un congé d'une semaine.*
> **A ten minutes' break.** *Un arrêt (une récréation) de dix minutes.*

Distance :
> **A thirty miles' drive.** *Un trajet en voiture de cinquante kilomètres.*

Au pluriel l'apostrophe est parfois omise. On dit plus couramment (adjectifs composés) **a ten-minute break, a thirty-mile drive.** Remarquer que le mot exprimant l'unité de temps ou de distance est alors invariable (cf. **a twelve-year-old child**).

2. — ADJECTIFS ET PRONOMS POSSESSIFS.

505   a. — Tableau des adjectifs et pronoms possessifs.

I live in *my* house.	The house is *mine*.
You live in *your* house.	The house is *yours*.
He lives in *his* house.	The house is *his*.
She lives in *her* house.	The house is *hers*.
We live in *our* house.	The house is *ours*.
You live in *your* house.	The house is *yours*.
They live in *their* house.	The house is *theirs*.

Au neutre de la 3ᵉ personne du singulier : The bird is in *its* nest. Il n'y a pas de pronom, on emploie l'expression *its own.*

A l'indéfini *one* correspondent l'adjectif possessif *one's* et l'expression *one's own* qui sert de pronom.

Rapprocher de cette liste l'interrogatif possessif *whose* (génitif de *who*), § 514.

506   Voir R.F. 11.   *Remarques :*

(1) Les adjectifs ne sont accentués que si l'on veut les mettre en relief dans la phrase. L'*h* des adjectifs **his** et **her** ne se prononce presque pas (ou pas du tout) quand ils sont inaccentués.

Comparer :

> Are your [jə] **friends** coming ? *Vos amis viennent-ils ?*
> Your [jɔ:] **mother** said so, not mine. *C'est ta mère qui a dit cela, et non la mienne.*
> She came on her **bicycle** [ɔnə(:)'baisikl]. *Elle est venue à bicyclette.*

Les pronoms (**mine, yours**...) sont toujours accentués.

507   (2) Les pronoms possessifs, tout comme les adjectifs, sont des **mots invariables.** L's des pronoms **ours, yours, theirs, hers** n'est pas une marque de pluriel.

> This car is **ours**. *Cette voiture est à nous (la nôtre).*
> These spectacles are **mine**. *Ces lunettes sont à moi (les miennes).*

508   (3) **One's** doit s'employer si le sujet de la phrase est l'indéfini **one** (qui joue le rôle d'un pronom personnel, voir 487-488) ou si le verbe est à un **temps impersonnel.**

> One likes to hear one's children praised. *On aime entendre dire du bien de ses enfants.*
> It's a pleasure more than a duty to help one's friends. *C'est un plaisir plus qu'un devoir d'aider ses amis.*

509   (4) Les **possessifs pluriels** s'emploient après **everybody** (= **everyone**) dans la langue familière, ainsi qu'après les **noms collectifs.**

> Everybody soon made up their minds. *Tout le monde se décida rapidement.*
> We could hear the crowd shouting at the top of their voices. *Nous entendions la foule crier à tue-tête.*

510   (5) L'adjectif possessif ne s'accordant pas avec le mot qui le suit, on peut ne l'exprimer qu'une fois quand il s'applique à deux ou plusieurs noms étroitement liés par le sens.

> My father and mother. Mais : My father and my cousin.

511   (6) Le possessif s'emploie plus fréquemment qu'en français devant les parties du corps et les vêtements (nous préférons l'article défini).

> They all had their hats on their heads. *Ils avaient tous le chapeau sur la tête.* (Remarquer les pluriels **hats, heads**).
> His face was pale. *Il avait le visage pâle.*

On fait de même pour quelques noms abstraits.

> His lost his life at Waterloo. *Il perdit la vie à Waterloo* (pl. : they lost their lives).

Mais on dit (après un verbe passif) :

> He was wounded in **the** leg. *Il fut blessé à la jambe.*

512   (7) L'adjectif est remplacé par **of + pronom complément** dans diverses expressions ne comportant aucune idée de possession.

> I can't bear the sight of him. *Je ne peux pas le sentir.*
> The war lasted three years and at the end of it both countries were ruined. *La guerre dura trois ans et lorsqu'elle se termina les deux pays étaient ruinés.*

513   (8) Le pronom **yours** s'emploie dans les formules qui terminent les lettres.

> Yours (et non « your ») sincerely. *Bien cordialement à vous.*
> Yours truly. *Je vous prie de croire à ma considération distinguée.*

3. — L'INTERROGATIF WHOSE.

514 (1) *L'adjectif* interrogatif *whose* [hu:z] étant le génitif de *who*, il doit être suivi immédiatement du nom de l'objet dont on cherche qui est le propriétaire, sans article.

    Whose umbrella is this ? *A qui est ce parapluie ?*
    Whose glasses are these ? *A qui sont ces lunettes ?*

Comparer la construction des expressions :
{ **Whose umbrella... ?**
  John's umbrella
  His umbrella.

Dans les trois cas un *s* (phonétiquement un [z]) sépare le possesseur (ou le pronom qui le remplace : *who, he*) de l'objet possédé.

515 (2) Le nom précédé de *whose* peut être sujet ou complément.

    Whose umbrella did you borrow ? *Le parapluie de qui as-tu emprunté ?*
    Whose car did you come in ? *Dans la voiture de qui êtes-vous venu ?*
(Remarquer le rejet de la préposition *in*, voir 528).

Whose peut se trouver dans une interrogative indirecte.

    I wonder whose house that is. *Je me demande à qui est cette maison.*

516 (3) *Whose* est aussi employé comme *pronom* interrogatif dans les questions posées avec le verbe *to be* (comparer avec les exemples du § 514).

    Whose is this umbrella ? *A qui est ce parapluie ?*
    Whose are these glasses ? *A qui sont ces lunettes ?*

4. — CONSTRUCTIONS IDIOMATIQUES.

517 a. — *Own* peut renforcer l'idée de possession. Il accompagne un adjectif possessif ou un nom au cas possessif.

    I saw it with my own eyes. *Je l'ai vu de mes propres yeux.*
    In the new flat Dick will have his own room. *Dans le nouvel appartement Dick aura sa chambre à lui.*
    The king's own son had betrayed the country. *Le propre fils du roi avait trahi le pays.*
    She makes her own dresses. *Elle a fait ses robes elle-même.*

518 Le pronom possessif (*mine, yours...*) est parfois remplacé par l'adjectif suivi de *own* (*my own, your own...*).

    This house is our own. *Cette maison est à nous* (nous appartient).
    Why do you want to borrow my bike ? You have your own. *Pourquoi veux-tu emprunter mon vélo ? Tu as le tien (tu en as un).*

519 b. — Le nom placé après la marque du cas possessif ne pouvant être accompagné d'un article indéfini (l'article sous-entendu est *the*), on a recours à une construction idiomatique pour traduire les expressions du type : « un ami de mon père ».

    A friend of my father's. *Un ami de mon père* (Cf. **My father's friend.** *L'ami de mon père*).

De la même façon, avec un *pronom possessif* :

    A friend of mine. *Un de mes amis.*
    He is a cousin of ours. *C'est un de nos cousins.*

Avec *l'article négatif no* :

    He is no relation of ours. *Il n'est pas de notre famille.*
    This is no business of yours. *Ceci ne vous regarde pas.*

39. — DÉMONSTRATIFS, RELATIFS ET INTERROGATIFS.

I. — DEMONSTRATIFS.

520   a. — Les **adjectifs** démonstratifs **this** et **that** sont les seuls adjectifs qui aient un pluriel différent du singulier.

        This [ðis] book → these [ði:z] books
        That [ðæt] book → those [ðouz] books.

This s'oppose à *that* : le premier exprime la proximité dans l'espace ou le temps, le second l'éloignement.

        Look at these pictures. *Regardez ces photos* (que voici).
        Look at those planes. *Regardez ces avions* (là-bas).
        This week. *Cette semaine* (dans laquelle nous sommes).
        That week. *Cette semaine-là.*

521   *This* et *that* peuvent être suivis de **one** qui remplace un nom déjà exprimé.

        Here are the two pictures. Do you prefer this one or that one ? *Voici les deux photos. Préférez-vous celle-ci ou celle-là ?*

522   b. — Les **pronoms** *this/these* et *that/those* s'emploient souvent dans des cas où le français préfère les adjectifs.

        That was a very silly remark. *Cette remarque était bien stupide.*
        Is this your hat ? *Ce chapeau est-il à vous ?*

523   Si le démonstratif est suivi de **of** ou d'un pronom relatif il faut employer **that/those** (et non **this/these**).

        Those who are tired may have a rest. *Ceux qui sont fatigués peuvent se reposer.*
        My garden is smaller than that of my neighbour (= than my neighbour's). *Mon jardin est plus petit que celui de mon voisin.*

524   Au singulier *that which* est généralement remplacé par le pronom **what** (536). Quand il s'agit d'une personne on dit : **the one who**.

        The one who played the last piece was the best. *Celui qui a joué le dernier morceau a été le meilleur.*

The one who (pluriel : *those who*) est beaucoup plus courant que l'expression « *he who* » (pluriel : « *they who* »), *celui qui, ceux qui.*

525   c. — *Autres démonstratifs.*

(1) *L'article défini* a souvent la valeur d'un démonstratif (379).

(2) *Such* a la valeur d'un démonstratif dans diverses constructions où il est seul, accompagné d'un nom ou en corrélation avec **as** (*such as* = *those who, those which*).

        Such is my intention. *Telle est* (ou : *Voilà*) *mon intention.*
        On such a day. *Un jour comme celui-ci* (Voir 397).
        I haven't had such a good breakfast for months. *Cela fait des mois que je n'ai pas pris un petit déjeuner aussi bon.*
        You ought to read such books as your masters advise you to read (= those books that..., the books that...). *Vous devez lire les livres que vos professeurs vous conseillent de lire* (style très soigné).

2. — LES RELATIFS WHO, WHICH ET THAT

526   a. — WHO/WHOM et WHICH.

Voir R.F. 23. Bien prononcer *who* [hu:] et *whom* [hu:m], sans [w].

Dans la langue parlée les pronoms relatifs s'emploient peu : (1) *who* et *which* sont fréquemment remplacés par *that* (527 à 529), et les relatifs compléments sont souvent sous-entendu (530); (2) aux phrases comportant des subordonnées relatives entre virgules, l'anglais préfère des suites de *propositions indépendantes;* (3) les relatifs *whom* et *whose* s'emploient très peu aujourd'hui dans la langue parlée.

527   b. — THAT.

Les pronoms *who/whom* et *which* sont souvent remplacés par *that* [ðət] quand la subordonnée qu'ils introduisent a un *sens restrictif*, limitatif (elle délimite le sens de l'antécédent, qui ne peut pas en être séparé par une virgule).

Comparer les deux phrases :

{ The book *that* he wrote after the war deals with life in a prison camp. *Le livre qu'il a écrit après la guerre traite de la vie dans un camp de prisonniers.*
The book, *which* he wrote after the war, deals with life in a prison camp. *Ce livre, qu'il a écrit après la guerre, traite de la vie dans un camp de prisonniers.*

Dans le premier exemple la subordonnée est indispensable pour déterminer le nom « *book* » (Il s'agit de celui qu'il a écrit après la guerre, et non d'un autre, car on sous-entend qu'il en a écrit d'autres). Le sujet de « *deals* » est l'expression « *The book that he wrote after the war* », c'est pourquoi on ne met pas la subordonnée entre virgules.

Dans le second exemple l'article *the* a la valeur d'un démonstratif et suffit à déterminer le nom « *book* » (Il s'agit du livre dont il a déjà été question).

Le sujet de « *deals* » est « *the book* », c'est pourquoi la subordonnée, qui pourrait être supprimée sans que l'équilibre de la phrase en souffre, est placée entre virgules; on peut aussi la placer entre parenthèses ou entre deux tirets.

{ The children *that* were tired went to bed at once. *Les enfants qui étaient fatigués (et non les autres) allèrent se coucher immédiatement.*
The children, *who* were tired, went to bed at once. *Les enfants, qui étaient fatigués (ils l'étaient tous), allèrent se coucher immédiatement.*

L'antécédent désignant ici des personnes, on peut dire « the children who were tired » au lieu de « the children that were tired », mais sans virgule.

528   Si les pronoms *whom* et *which* sont introduits par une préposition, on ne peut les remplacer par *that* que si l'on *rejette la préposition* après le verbe et ses compléments (le relatif *that* n'est jamais précédé d'une préposition).

The picture *that* I am looking *at* (= the picture *at which* I am looking) is a landscape by Constable. *Le tableau que je suis en train de regarder est un paysage de Constable.*

529   La subordonnée a un sens restrictif après *only, all, last, first* ou un *superlatif*. Dans ce cas *that* est préférable, même pour remplacer *who* et *whom*.

The *only* film (the *best* film) that I've seen this month. *Le seul (Le meilleur) film que j'aie vu ce mois-ci.*
He is the *most* intelligent man that I know. *C'est l'homme le plus intelligent que je connaisse.*

530   c. — Le pronom relatif *that* peut être *sous-entendu quand il est complément.*

Exemples pris dans les phrases citées ci-dessus : The book he wrote after the war... The picture I am looking at... The best film I've seen this month... (Remarquer l'absence de virgule).

Cette suppression du pronom **that** est très courante, surtout dans la langue parlée. On ne peut la faire que si la subordonnée a un sens restrictif, mais non lorsque le pronom est **who/whom** ou **which**, introduisant une subordonnée entre virgules.

Le pronom sujet ne peut être sous-entendu.

531 On sous-entend également le pronom relatif quand la préposition qui le précède est rejetée *après un infinitif*.

He'd like to have someone with whom to play tennis → someone to play tennis with (la seconde construction est plus courante dans la langue parlée). *Il aimerait avoir quelqu'un avec qui jouer au tennis.*
We have nothing of which to complain → nothing to complain of. *Nous n'avons à nous plaindre de rien.*

3. — LE RELATIF WHOSE.

532 a. — Revoir ce qui a été dit sur l'*interrogatif* possessif **whose** (514). Le *relatif whose* exprime lui aussi *un rapport de possession ou de parenté*. Il est lui aussi suivi immédiatement du nom, qui perd son article. Ce nom peut être sujet ou complément.

John, **whose** father is an engineer, is good at maths. *John, dont le père est ingénieur, est bon en mathématiques.*
My brother, **whose** eldest son you know, is a doctor in Cardiff. *Mon frère, dont vous connaissez le fils aîné, est docteur à Cardiff.*
Mr Smith, **with whose** children I spent a week in Scotland, lent us his car. *Mr Smith, avec les enfants de qui j'ai passé une semaine en Ecosse, nous a prêté sa voiture.*

Remarquer qu'en français le relatif et le nom peuvent être séparés (« **dont** vous connaissez **le fils** »).

533 b. — Quoique **whose** soit le génitif de **who** (pronom dont l'antécédent est toujours une personne), on l'emploie souvent avec un antécédent neutre, pour éviter la tournure peu élégante dans laquelle le nom est suivi de **of which**.

My room is the one **whose windows** (plutôt que : the windows **of which**) are open. *Ma chambre est celle dont les fenêtres sont ouvertes.*

Mais dans la langue parlée **whose** est assez souvent remplacé par une expression de sens équivalent (**My room is the one with the open windows**).

534 c. — Traductions de DONT.

(1) On ne peut traduire **dont** par **whose** que s'il y a un rapport entre deux noms (notamment un rapport de possession, en prenant cette expression dans un sens très large). Voir §§ ci-dessus (532-533).

(2) Dans des phrases comme « *Le livre dont je vous ai parlé* », « *Son fils, dont elle est si fière* », le français emploie le relatif *dont* parce que le verbe *parler* et l'adjectif *fier* se construisent avec la préposition *de*.

Traduire par **whom** ou **which**, suivant le cas, et bâtir la subordonnée selon la construction propre au verbe ou à l'adjectif.

The book **about which** I spoke to you (ou : The book I spoke to you **about**).
Her son, **of whom** she is so proud. (car, dans des propositions indépendantes, on dirait : I spoke to you **about** this book; She is so proud **of** her son).
A man everyone is afraid **of** (= **of whom** everyone is afraid). *Un homme dont tout le monde a peur.*

> The tools **which** (= **that**, qui peut être sous-entendu) **I use.** *Les outils dont je me sers.* (Structure A avec **to use**, § 286).

535 (3) **Dont** signifie « *parmi lesquels* » (idée de choix) quand il est suivi de « *certains* », « *plusieurs* », « *la plupart* », « *tous* », « *aucun* », un *superlatif* ou un *nombre*.

Le traduire par *of which* (ou *of whom*) précédé du pronom indéfini, du superlatif ou du nombre.

> **Sheridan wrote several comedies, *the best of which* is The School for Scandal.** *Sheridan a écrit plusieurs comédies, dont la meilleure est l'Ecole de la Médisance.*
> **He has eight children, *most of whom* are gifted in languages.** *Il a huit enfants, dont la plupart sont doués pour les langues.*
> **She gave him some advice, *most of which* was excellent.** *Elle lui donna des conseils, dont la plupart étaient excellents.*

Dans toutes ces phrases le relatif se place à l'endroit où serait le pronom si la phrase était coupée (**He has eight children;** *most of them* **are gifted in languages. She gave him some advice;** *most of it* **was excellent**).

4. — LE DEMONSTRATIF RELATIF WHAT.

536 a. — **What**, qui équivaut à *that which*, renferme son antécédent. Il peut être sujet ou complément. (Voir 88 et 474).

> **What struck me most was the high standard of living.** *Ce qui m'a frappé le plus, c'est le haut niveau de vie.* (**What** est *sujet* de struck).
> **What he told us was true.** *Ce qu'il nous a dit était vrai* (**What** est *complément* de told).

Le verbe qui suit *what* peut s'accorder en nombre avec le nom qui le suit.

> **What I liked best *were* the clowns.** *Ce que j'ai préféré, ce sont les clowns.*

537 b. — Autres traductions de « *ce que* », « *ce qui* ».

(1) **Which** a pour antécédent un membre de phrase (**What** annonce ce qui suit, alors que **which** résume ce qui précède. **What** n'a pas d'antécédent, **which** en a un).

> **He told us he had travelled round the world, *which* was not true.** *Il nous a dit qu'il avait fait le tour du monde, ce qui n'était pas vrai* (L'antécédent de **which** est toute la proposition qui précède la virgule; **It was not true that he had travelled round the world**).
> **He apologized most politely, *which* we all appreciated very much.** *Il s'est excusé très poliment, ce que nous avons tous beaucoup apprécié.*

538 (2) **Tout ce qui, tout ce que** = *all that, whatever* (jamais « all what »).

> **They give him *all (that)* he wants** (= *whatever* he wants). *Ils lui donnent tout ce qu'il veut* (**that** peut être sous-entendu quand il est complément).

539 c. — Traductions de « *ce dont* ». (C'est un cas particulier de « *ce que* », la phrase française comportant un verbe, nom ou adjectif construit avec « *de* »).

(1) **What** quand l'expression n'a pas d'antécédent.

> **What I need is a good dictionary.** *Ce dont j'ai besoin, c'est un bon dictionnaire.*

(2) **Which** quand l'expression a pour antécédent **un membre de phrase**. Bien choisir la construction du verbe.

> The food was very bad, *which* he never complained about (= *about which* he never complained). *La nourriture était très mauvaise, ce dont il ne s'est jamais plaint.*

5. — LES TERMES INTERROGATIFS.

540   a. — Une phrase interrogative peut **commencer directement par un auxiliaire**. Elle demande une réponse par *yes* ou *no*. Son intonation est **ascendante**, la dernière syllabe étant prononcée sur une note plus élevée que la précédente.

> **Did you post the letter ?** *Avez-vous mis la lettre à la boîte ?*
> **Aren't you tired ?** *N'êtes-vous pas fatigué ?*

541   b. — Mais de nombreuses questions **commencent par un terme interrogatif**, qui peut être un adverbe (*when, where, why, how*...), un pronom (*who, what*), un adjectif (*whose, which, what*). On ne peut répondre à ces questions par *yes* ou *no*.

Leur intonation est **descendante**. Pour la conjugaison du verbe, voir 9.

> **Who is this man ?** *Qui est cet homme ?*
> **What are you thinking of ?** *A quoi pensez-vous ?* (La préposition est généralement rejetée).
> **Why didn't John come ?** *Pourquoi John n'est-il pas venu ?*

542   c. — Dans la langue parlée *whom* est remplacé par *who* en tête de phrase.

> **Who** were you speaking with ? *Avec qui parliez-vous ?* (Mais si la préposition n'est pas rejetée, il faut dire : **With whom** were you speaking ?).

543   d. — **Which**, interrogatif. exprime une **idée de choix** (lequel ?), pour les personnes aussi bien que pour les choses. **Which** est pronom ou adjectif.
Le choix est limité à un petit nombre de possibilités. Sinon on emploierait **what**.

> **Which** (= **Which one**) of their daughters married a doctor ? *Laquelle de leurs filles a épousé un docteur ?*
> **Which** novel by Fielding do you prefer ? *Lequel des romans de Fielding préférez-vous ?*
> **What** books do you prefer ? *Quels livres préférez-vous ?*

544   e. — Les adjectifs interrogatifs *which* et *what* jouent le rôle d'**adjectif relatifs** dans des phrases comme :

> The murder was committed at 9 p.m., *at which time* I was at my club. *Le crime a été commis à 21 heures, heure à laquelle j'étais à mon cercle.*
> He gave his daughters *what money* he had. *Il donnait à ses filles tout l'argent qu'il avait* (what money = all the money that).

545   f. — Dans la langue parlée une question peut être renforcée en ajoutant au terme interrogatif *ever* ou une expression familière (« *on earth* » « *the devil* », etc.).

> **Who** *ever* told you that ? *Qui a bien pu vous dire cela ?*
> **Why** *on earth* didn't you say so ? *Pourquoi diable ne l'avez-vous pas dit ?*

40. — LES INDÉFINIS. NOTION DE QUANTITÉ

1. — INDEFINIS EXPRIMANT UNE NOTION DE QUANTITE.

546   a. — *Beaucoup de, peu de, combien de.*

(1) **Much** accompagne ou remplace un nom singulier, **many** un nom pluriel.
There was *not much* traffic. *Il n'y avait pas beaucoup de circulation.*
There were *not many* cars. *Il n'y avait pas beaucoup de voitures.*

(2) A la forme affirmative **much** et **many** sont souvent remplacés par ***a lot of, plenty of*** (+ sing. ou plur.), ***a great deal of*** (+ sing.), ***a great many*** (+ plur.).
There was a lot of fog. *Il y avait beaucoup de brouillard.*
He has plenty of money. *Il a beaucoup d'argent.*

547   (3) *Little* accompagne ou remplace un nom singulier, *few* un nom pluriel.
The poor fellow has *little* money and *few* friends. *Le pauvre diable a peu d'argent et peu d'amis.*
Presque pas de = **hardly any**.
There's hardly any bread left. *Il ne reste presque pas de pain.*

548   (4) Combien de = **how much** + singulier
                        how many + pluriel,
How much milk do you want? *Combien de lait voulez-vous?*
How many letters did you get this morning? *Combien de lettres avez-vous reçues ce matin?*

b. — *Un peu de, quelques.*

549   (1) ***A little*** est suivi d'un singulier, ***a few*** d'un pluriel (mais le nom peut être sous-entendu).
He drank *a little* milk and ate *a few* biscuits. *Il but un peu de lait et mangea quelques biscuits.*

Ne pas confondre *little/few* et *a little/a few* : sans article ils insistent sur la très petite quantité, le très petit nombre *(vraiment très peu de)*; avec l'article ils expriment une simple constatation *(une petite quantité de, un petit nombre de).*

550   (2) **Several** est synonyme de ***a few***. *(Un petit nombre de, plusieurs).*
Several people clapped their hands. *Plusieurs personnes applaudirent.*

551   (3) **Some** (**any** dans une phrase interrogative, après une négation ou l'expression d'un doute) remplace fréquemment ***a little*** et ***a few***. (Voir aussi 402 à 406).
Give me some money. *Donne-moi un peu d'argent (de l'argent).*
He came with some friends. *Il est venu avec quelques amis (avec des amis).*
Some of the men were tired. *Quelques-uns des hommes étaient fatigués.*

552   c. — *Autant de, plus de, moins de, tant de.*

(1) Autant de = **as much** + singulier
                     as many + pluriel
Do the English eat as much bread as we do? *Les Anglais mangent-ils autant de pain que nous? (Complément introduit par **as**).*

553   (2) *Plus de* = *more... (than...)*

More est le comparatif de **much** (+ singulier) et de **many** (+ pluriel).

There are more Negroes in New-York than in any African city. Il y a plus de Noirs à New-York que dans aucune ville africaine.
It gives more smoke than heat. Cela donne plus de fumée que de chaleur.
Have some more. Reprenez-en (prenez-en encore).

554   (3) *Moins de* = *less* + singulier (comparatif de ***little***)
                                fewer + pluriel. (comparatif de ***few***)

You should drink less whisky (= *you shouldn't drink so much whisky*). Vous devriez boire moins de whisky.
There are fewer people than usual. Il y a moins de gens que d'habitude.

555   (4) *Tant de* = ***so much*** + singulier   *Si peu de* = ***so little*** + singulier
                             so many + pluriel.   ***so few*** + pluriel.

Le complément de conséquence est introduit par ***that***.

They had so much luggage that they needed two porters. Ils avaient tant de bagages qu'il leur fallut deux porteurs.
We have so many books that we don't know where to keep them. Nous avons tant de livres que nous ne savons pas où les ranger.
He has so few teeth left that he can't eat meat. Il lui reste si peu de dents qu'il ne peut pas manger de viande.

Que de = ***how much*** + singulier   *How much sunshine!* Que de soleil!
           how many + pluriel   *How many flowers!* Que de fleurs!

556   d. — *Trop de, assez de.*

(1)   *Trop de travail* = ***too much*** work (singulier).
         Trop d'exercices = ***too many*** exercises (pluriel).
         Trop peu de temps = ***too little*** time (singulier).
         Trop peu de livres = ***too few*** books (pluriel).

(2) *Assez de* = ***enough***

We haven't enough time to visit them. Nous n'avons pas assez de temps pour aller les voir. (On dit plus rarement : « **time enough** »).

2. — AUTRES INDEFINIS.

557   a. — *L'un... l'autre...; certains... d'autres...*

(1) avec des singuliers :

One... the other... L'un... l'autre...
One... another... L'un... un autre...

(Ne pas confondre avec le pronom réciproque ***one another***, qui est inséparable, voir 485).

They have two sons, one is a doctor, the other a barrister. Ils ont deux fils, l'un est docteur, l'autre avocat.

558   (2) Avec des pluriels : *Some... others...* Certains... d'autres...

Other est ***invariable quand il est adjectif*** (c'est-à-dire suivi d'un nom), alors qu'il peut prendre la marque du pluriel quand il est pronom (c'est-à-dire remplaçant un nom).

Some were playing cards, others were listening to a record. Certains (= les uns) jouaient aux cartes, d'autres écoutaient un disque.

Remarquer que *some* est invariable alors que *others* (qui est ici un pronom) prend un *s*. *Others* est le pluriel du pronom *another*.

>**Haven't you any other books to lend me ?** *Vous n'avez pas d'autres livres à me prêter ?* (ici *other* est adjectif).

559   b. — ***Le même...*** = ***the same... (as...).*** Voir aussi 447.

>**They read the same paper as we do.** *Ils lisent le même journal que nous.*

Same ne s'emploie pas avec un article indéfini.

>**People of the same country** (= **of one country**) **do not always agree.** *Les gens d'un même pays ne sont pas toujours d'accord.*

560   c. — ***Chacun, tous, la plupart.***

Each s'emploie quand on considère chaque cas séparément, *every* quand on considère l'ensemble.

>**He said a kind word to each of us.** *Il dit une parole aimable à chacun d'entre nous.*
>**Every picture in that gallery is a masterpiece** (ou : **All the pictures in that gallery are masterpieces**). *Tous les tableaux de ce musée sont des chefs-d'œuvre.*

Every ne peut s'employer qu'avec un nom singulier, c'est pourquoi on ne peut le faire suivre de *people*, qui est un pluriel (*tout le monde* = **all the people** + pluriel, ou : **everybody** + singulier, voir 565).

561   *Most* (la plupart) s'emploie suivi directement du nom (généralités) ou se construit avec *of* (cas particuliers).

>**Most people go to the cinema more often than to the theatre.** *La plupart des gens vont au cinéma plus souvent qu'au théâtre.*
>**Most of our customers prefer Polish vodka.** *La plupart de nos clients préfèrent la vodka polonaise.*

Whole (tout entier) se place entre l'article et le nom.

>**The whole family had been invited.** *On avait invité toute la famille.*

562   d. — ***Tous, aucun, n'importe lequel.***

(1) Quand il y a ***plus de deux éléments*** :

$\begin{cases} \text{tous} = \textbf{all} \ (+ \text{ pluriel}) \text{ ou } \textbf{\textit{every}} \ (+ \text{ singulier}). \\ \text{aucun} = \textbf{\textit{no}} \ (\text{adjectif}) \text{ ou } \textbf{\textit{none}} \ (\text{pronom}). \\ \text{n'importe lequel} = \textbf{\textit{any}}. \ (\text{Voir aussi 403 à 405}). \end{cases}$

>**My brothers and I are all fond of chess. None of us likes cards.** *Mes frères et moi, nous aimons tous les échecs. Aucun de nous n'aime les cartes.*
>**Any schoolboy knows that.** *N'importe quel écolier sait cela.*

563   (2) Quand il n'y a que ***deux éléments*** :

$\begin{cases} \text{tous les deux} = \textbf{\textit{both}} \ (\text{voir 572}). \\ \text{aucun des deux, ni l'un ni l'autre} = \textbf{\textit{neither}}. \\ \text{n'importe lequel des deux, l'un ou l'autre} = \textbf{\textit{either}}. \end{cases}$

>**My brother and I are both fond of chess. Neither of us likes cards.** *Mon frère et moi, nous aimons tous les deux les échecs. Nous n'aimons les cartes ni l'un ni l'autre.*
>**You can take either bus.** *Vous pouvez prendre l'un ou l'autre autobus.*

Either (avec un singulier) a parfois le sens de **both** (avec un pluriel).

> There are shops on either side (= on both sides) of the street. *Il y a des boutiques de chaque côté de la rue.*

564 (3) ***All*** et ***both*** se construisent avec des pronoms personnels de deux façons :
> I have read them all (= I have read all of them). *Je les ai tous lus.*
> I have read them both (= I have read both of them = I have read the two of them). *Je les ai lus tous les deux.*

565 e. — Composés de *some, any, no, every.*

> *Somebody (= someone)* = quelqu'un.
> *Anybody (= anyone)* = n'importe qui.
> *Nobody (no one)* = personne.
> *Everybody (= everyone)* = tout le monde.

> *Something* = quelque chose.
> *Anything* = n'importe quoi.
> *Nothing* ['nʌθiŋ] = rien.
> *Everything* = tout.

> *Somewhere* = quelque part.
> *Anywhere* = n'importe où.
> *Nowhere* = nulle part.
> *Everywhere* = partout.

Anybody, anything et ***anywhere*** doivent remplacer les composés de ***some*** dans une phrase interrogative ou exprimant un doute. Ils s'emploient également si la phrase comporte un terme négatif (*not, never, hardly...*, cf. 12).

> We haven't seen him anywhere (plus courant que : We've seen him nowhere). *Nous ne l'avons vu nulle part.*
> Do you know if anybody has phoned ? *Savez-vous si quelqu'un a téléphoné ?*

566 f. — *Else* (autre) peut s'ajouter aux composés de *some, any, no, every.*

> I have nothing else to tell you. *Je n'ai rien d'autre à vous dire.*
> Anything else, madam ? *Et avec cela, madame ?* (dans un magasin).
> What are you complaining about ? Everybody else is pleased. *De quoi te plains-tu ? Tous les autres sont satisfaits.*

Else s'ajoute aussi à ***what, who*** et ***where.***

> What else could I do ? *Que pourrais-je faire d'autre ?*
> Where else could it be ? *A quel autre endroit pourrait-il être ?*

567 g. — Le suffixe *-ever*, de sens indéfini, s'ajoute à certains pronoms relatifs et termes interrogatifs, avec le sens de « n'importe quel », « tout ».

> **Whoever** said that is a liar. *Quiconque a dit cela est un menteur.*
> **Whenever** he spoke in public he made a fool of himself. *Toutes les fois qu'il parlait en public il se rendait ridicule.*
> He will never succeed, **however** hard he tries. *Il ne réussira jamais, quels que soient ses efforts (malgré tous ses efforts).*

Les composés de *-ever* s'emploient souvent suivis d'un subjonctif avec **may** (idée d'éventualité, de doute, § 180). Ne pas confondre le suffixe *-ever* avec l'adverbe **ever** (Who ever told you that ? § 545).

41. — LES ADJECTIFS NUMÉRAUX

1. — NOMBRES CARDINAUX.

568   a. — *De 1 à 99.*

one [wʌn]	eleven [i'levn]	
two [tu:]	twelve [twelv]	twenty ['twentiJ]
three [θri:]	thirteen ['θə:'ti:n]	thirty ['θə:ti]
four [fɔ:]	fourteen ['fɔ:'ti:n]	forty ['fɔ:ti]
five [faiv]	fifteen ['fif'ti:n]	fifty ['fifti]
six [siks]	sixteen ['siks'ti:n]	sixty ['siksti]
seven [sevn]	seventeen ['sevn'ti:n]	seventy ['sevnti]
eight [eit]	eighteen ['ei'ti:n]	eighty ['eiti]
nine [nain]	nineteen ['nain'ti:n]	ninety ['nainti]
ten [ten]		

38 = **thirty-eight**; 71 = **seventy-one**; 94 = **ninety-four**.

Les nombres terminés par **-ty** sont accentués sur la première syllabe, alors que ceux qui sont terminés par **-teen** portent normalement deux accents. Attention à l'orthographe de **fourteen** et de **forty**.

569   b. — *A partir de 100.*

One hundred ['hʌndrəd], **one thousand** [θauzənd] sont plus précis que **a hundred, a thousand**.

> **A hundred people were waiting outside.** *Cent personnes attendaient dehors.*
>
> **His grandfather settled in the States just one hundred years ago.** *Son grand-père s'est fixé aux Etats-Unis il y a juste cent ans.*

Les dizaines et les unités ajoutées à **hundred** sont précédées de **and** en Angleterre (pas toujours en Amérique).

> 250 = **two hundred *and* fifty.**
> 893 = **eight hundred *and* ninety-three.**
> 42,506 = **forty-two thousand five hundred *and* six.**

Remarquer la virgule qui sépare les milliers des centaines (voir 573).

> 1,000,000 = **one million;** 50,000,000 = **fifty million.**

570   c. — **Dozen** [dʌzn], **hundred** et **thousand** sont invariables quand ils sont multipliés par un nombre précis (**two dozen eggs, five hundred pounds, three thousand years ago**) ou précédés de **several, a few, many** (**several hundred people**), alors qu'ils prennent la marque du pluriel quand ils sont suivis de **of** (**hundreds of times,** *des centaines de fois;* **thousands of birds**).

571   d. — *Nombres imprécis.*

> *Il y a une cinquantaine d'années.* **About fifty years ago** (= **Fifty odd years ago, fifty years *or so* ago, *some* fifty years ago**).
> *Il y a environ deux mois.* **A couple of months ago.**

Moins de dix minutes. **Under** ten minutes (= less than ten minutes).
Plus de 80 kilomètres. **Over** 50 miles (= more than 50 miles).
Près d'un million d'habitants. **Nearly (almost)** a million inhabitants.
A peine dix maisons. **Hardly** ten houses.
Il y a au moins cinq kilomètres d'ici à la gare. **It's a good** (= at least) **three miles to the station.**

572   e. — **Both** (tous les deux) se construit comme un **adjectif** (placé avant l'article, les possessifs et les démonstratifs).
I want both these books. Je veux ces deux livres.
Hold it in both hands. Tiens-le à deux mains.

... ou comme un **pronom,** qui peut être accompagné de **of + pronom personnel.**
He warned both of us (= he warned us both). Il nous a prévenus tous les deux.

Voir aussi 563-564, et l'adverbe **both,** 604.

573   f. — **Décimales.** On les lit chiffre après chiffre. Le « decimal point », placé à mi-hauteur, se lit « **point** » (Voir 569).
3·1416 = **three point one four one six.**

574   g. — **Zéro.** Il se lit « **nought** » [nɔ:t] après le « decimal point ».
·01 = **point nought one.**
Il se lit [ou] dans les numéros de téléphone.
66102 = **double six, one, o, two.**

2. — NOMBRES ORDINAUX.

575   a. — **de 1ᵉʳ à 12ᵉ.**

{ first (1st) [fə:st]   fifth (5th) [fifθ]   ninth (9th) [nainθ]
  second (2nd) ['sekənd]   sixth (6th)   tenth (10th)
  third (3rd) [θə:d]   seventh (7th)   eleventh (11th)
  fourth (4th) [fɔ:θ]   eighth (8th) [eitθ]   twelfth (12th) }

Remarquer les **irréguliers :** les trois premiers (non terminés par **-th**), **fifth** et **twelfth** (terminaison **-ve → -fth**), et pour leur orthographe, **eighth** (on écrit un seul t) et **ninth** (sans e).

576   b. — **A partir de 13ᵉ.**
Il suffit d'ajouter **-th** au nombre cardinal entre 13 et 19.
13th = **thirteenth**   19th = **nineteenth.**
Pour les nombres terminés par **-ty** on change cette terminaison en **-tieth** [tiiθ].
The twentieth (= 20th) **century.** Le 20ᵉ siècle.
Attention aux deux lettres qu'il faut ajouter aux nombres terminés par 1, 2 ou 3 :
21st, 31st, ... mais **11th.**
22nd, ... mais **12th.**
23rd, ... mais **13th.**
Il suffit de les lire mentalement pour éviter les erreurs.
Hundredth (100th) et **thousandth** (1,000th) se forment régulièrement.
For the hundredth time. Pour la centième fois.

577   c. — Comme en français, les nombres ordinaux sont précédés de l'article défini (pourtant : **Fifth Avenue,** la 5ᵉ Avenue). Bien le prononcer [ði] devant **8th** et **11th** (374).

3. — REMARQUES SUR LES EMPLOIS DES ADJECTIFS NUMERAUX.

578   a. — **Sommes d'argent.** Apprendre à lire les abréviations :
£4.50 = four pounds fifty (pence). Voir 359 (**pennies** et **pence**).
25p = twenty-five pence (**p** est souvent prononcé [pi:]).
Dans le système ancien (jusqu'en 1971) les lettres **s** et **d** représentaient respectivement le **shilling** (£1 = 20s) et le **penny** ancien (1s = 12d)
£3'17'6 = 3 pounds 17 (shillings) **and** 6 (pence).
3'6 = 3 **and** 6 (**and** s'employait entre les shillings et les pence).
Système monétaire américain :
$2.75 = two dollars seventy-five (cents).
95c = ninety-five cents.

579   b. — **Heures.**
What's the time ? (What time is it ?). Quelle heure est-il ?
It's ten (= **ten o'clock**). Il est dix heures.
It's twenty past ten. Il est 10 heures 20.
It's half past ten. Il est dix heures et demie.
It's a quarter to eleven. Il est onze heures moins le quart.

Le mot **minutes** doit s'employer si le nombre de minutes n'est pas divisible par 5 :
It's 7 minutes to ten. Il est 10 heures moins 7.

Les heures précises (celles des trains par exemple) se lisent comme elles s'écrivent :
12.53 = **twelve fifty-three** (ex. : **The 8.37 train**).
8 heures du matin = **8 in the morning** (ou : **8 a.m.**).
8 heures du soir (ou : 20 heures) = **8 in the evening** (ou : **8 p.m.**).

580   c. — **Dates** (voir § 149 et 155).
{ Monday, January 23rd (lire : **the twenty-third**)
{ Monday 23rd January (lire : **the twenty-third of January**).
1066 = **ten sixty-six.**
1564 = **fifteen sixty-four** (plus courant que : **fifteen hundred and sixty-four**).
Mais : 1900 = **nineteen hundred** (nombre divisible par 100).
1905 = **nineteen hundred and five** (ou, familièrement : **nineteen-o-five**).

581   d. — **Noms des souverains.**
Elizabeth II (the second); **Henry VIII** (the eighth).

582   e. — Les adjectifs **other, next, first** et **last** précèdent les nombres.
The last three days. Les trois derniers jours.
The next ten pages. Les dix pages suivantes.

583   f. — Pour **les fractions** on utilise les nombres ordinaux, qui peuvent se mettre au pluriel.
1/3 = **one third**; 2/3 = **two thirds**; 3/5 = **three fifths.**
Exceptions :
1/2 = **one half**; 1/4 = **one quarter.**
Half an hour. Une demi-heure (Bien placer l'article).
A quarter of an hour. Un quart d'heure.
An hour and a half (plus courant que : **One and a half hours**). Une heure et demie.
Pourcentages : 20 % = **twenty per cent.**

g. — Voir §§ 21 (dimension, âge), 26 (distance), 152 (fréquence, nombre de fois), 154, 157, 160 (durée), 437 (« deux fois plus grand »), 476 (« j'en ai quatre »).

42. — PHRASES EXCLAMATIVES

1. — EXCLAMATION PORTANT SUR UN ADJECTIF OU UN ADVERBE.

584 a. — **Construction avec** HOW. Attention à l'ordre des mots : l'adjectif (ou adverbe) est placé après *how;* il n'y a pas d'inversion.

How pretty she is ! *Comme elle est jolie !*
How old he is ! *Comme il est vieux !*
 (Ne pas confondre avec : **How old is he** ? *Quel âge a-t-il ?).*
How fast he runs ! *Comme il court vite !*
How well she played the sonata ! *Comme elle a bien joué cette sonate !*

Avec des participes employés comme adjectifs :

How tiring the journey has been ! *Comme le voyage a été fatigant !*
How tired your mother looks ! *Comme votre mère a l'air fatiguée !*

Le verbe *to be* et son sujet peuvent être **sous-entendus** :

How nice ! *Comme c'est gentil !*
How nice of you ! *Comme c'est gentil de votre part !*
How disappointing ! *Comme c'est décevant !*

585 b. — **Construction avec** SO. C'est la forme elliptique d'une phrase dont la subordonnée sous-entendue exprimerait une conséquence.

She is so pretty ! (so pretty that all the boys fall in love with her).
He looks so old ! (so old that nobody would believe he is under fifty).
I'm so glad ! *Comme je suis heureux !*

On peut renforcer l'exclamation en disant : « **She is *ever so* pretty !** »

Ces phrases signifient : « She is very pretty », « he looks very old », « I'm very glad », mais le ton est moins sec, moins impersonnel. Il s'y ajoute une nuance affective (attendrissement, surprise, regret, etc.).

586 c. — Construction à la forme interro-négative (mais intonation descendante). Le ton est plus familier.

Isn't she pretty ! *Elle est rudement jolie !*
Wasn't she mad ! *Elle était joliment furieuse !*
Doesn't he look cross ! *Il a l'air drôlement en colère !*

En Amérique on omet parfois la négation :

Was I scared ! *J'ai eu une de ces peurs !*

2. — EXCLAMATION PORTANT SUR UN VERBE.

On comparera les exemples donnés avec les trois constructions étudiées ci-dessus.

587 a. — *How* they laughed when I told them the story ! *Comme ils ont ri quand je leur ai raconté l'histoire !*
How he snores ! *Comme il ronfle !*

b. — **They laughed *so much*** (so much that people stared at them).

c. — **Didn't they laugh !** *Ils ont bien ri !*
Didn't he scream when the dentist asked him to open his mouth ! *Il a poussé de ces cris quand le dentiste lui a demandé d'ouvrir la bouche !*

3. — EXCLAMATION PORTANT SUR UN NOM.

Que le nom soit accompagné ou non d'un adjectif, la construction est la même.

588   a. — ***Construction avec* WHAT**. Avec un nom concret singulier il faut un article indéfini (397). Il n'y a pas d'inversion, comme pour les exclamations commençant par *how* (584).

What a pretty garden your neighbour has ! *Quel joli jardin a votre voisin !*
What holidays we had together ! *Quelles vacances nous avons passées ensemble !*
What contempt he showed ! *Quel mépris il a manifesté !* (nom indénombrable : pas d'article).

Exclamations elliptiques :
What a nuisance ! *Comme c'est ennuyeux !*
What a pity ! (= **What a shame !**). *Quel dommage !*

Ces noms abstraits sont concrétisés par le contexte (This circumstance is a nuisance...).
What a treat ! *Quel régal !*

589   b. — ***Construction avec* SUCH**. L'article indéfini s'emploie dans les mêmes cas qu'après *what*.

Le ton de ces exclamations est le même que pour celles qui sont construites avec *so* (585).
He is such a liar ! *Mon Dieu, quel menteur !*
You gave me such a fright ! *Vous m'avez fait une de ces peurs !*
(**Fright**, nom abstrait, est ici concrétisé par le contexte, d'où l'article : ce n'est pas la peur en général, mais une frayeur ressentie à un moment précis).

On peut renforcer l'exclamation en disant : « **He is *ever such* a liar !** »

590   c. — Nom précédé de l'article, avec intonation descendante (article prononcé sur une note élevée). Expression familière de l'indignation.

The cheek ! (= **the cheek of it !**). *Quel toupet !* (ou : *Ce toupet !*).
The rascal ! *Quelle canaille !*

43. — DIX MOTS-CHARNIÈRES A SENS MULTIPLES
ABOUT - AS - AT - BUT - BY
FOR - SO - STILL - TOO - YET

591 ABOUT (Voir aussi *Postpositions*, § 75).

 1. — *Au sujet de, sur.*

  A book about the Salvation Army. *Un livre sur l'Armée du Salut.*
  Did he tell you about his plans ? *Vous a-t-il parlé de ses projets ?*
  What about going to a concert ? *Si nous allions au concert ?*

 2. — *Environ, vers.*

  He left about (= at about) four. *Il est parti vers 4 heures.*
  There were about thirty people. *Il y avait une trentaine de personnes.*

 3. — *A proximité, autour de* (moins courant que **round**, ou **around**).

  There was nobody about. *Il n'y avait personne à proximité.* (voir 483).

 4. — *Sur le point de* (voir 124).

  He was about to shoot when he heard a knock at the door. *Il allait tirer quand il entendit frapper à la porte.*

 5. — *En tous sens, çà et là.*

  I've spent the day walking about the town. *J'ai passé la journée à parcourir la ville en tous sens.*

 6. — *To bring about* = to cause to happen.

  What brought about his resignation ? *Qu'est-ce qui a occasionné sa démission ?*

592 AS.

 1. — *Comparatif d'égalité.*

  She is as tall as her brother. *Elle est aussi grande que son frère.*
  She is not as tall (ou : not so tall) as her brother. *Elle n'est pas aussi grande que son frère.*
  Your suitcase is twice as heavy as mine. *Votre valise est deux fois plus lourde que la mienne.*

 2. — *Comme* = *vu que (cause).*

  As it's too late to go to a show, we might stay at home and play a few records. *Comme il est trop tard pour aller au spectacle, nous pourrions rester à la maison et passer quelques disques.*

 3. — *Comme* = *au moment où, lorsque,* ou : *à mesure que.*

  He waved to me as he got on the bus. *Il me fit un signe de la main en montant dans l'autobus.*
  He went to Mexico as a child (= when he was a child). *Il est allé au Mexique dans son enfance.*
  As he grew older he became a little less touchy. *En vieillissant il devint un peu moins susceptible.*

4. — **Comme,** introduisant un **point de comparaison, de référence,** sous forme d'une proposition complète ou elliptique. (Voir **like,** 611).

> Why don't you go there by tube, as I do ? (= like me, mais non « like I do », incorrection fréquente). *Pourquoi n'y allez-vous pas comme moi par le métro ?*
> They drive on the left, as in England. *Ils conduisent à gauche, comme en Angleterre.*

5. — **Comme = en tant que, en qualité de.**

> He is greater as a poet than as a philosopher. *Il est plus grand comme poète que comme philosophe.*
> I protest as a free citizen. *Je proteste en ma qualité de citoyen libre.*
> Comparer : **He acted as a judge** (c'était sa fonction) et : **He acted like a judge** (avec autant de sagesse que s'il l'avait été).

6. — **Comme (= par exemple) : such as.**

> Northern countries, such as (ou : like, plus rarement : as) Norway, Sweden and Finland... *Les pays du nord, comme la Norvège, la Suède et la Finlande...*

7. — **Après un adjectif, as = si... que...**

> Rich as he is = However rich he is = Though he is rich. *Si riche qu'il soit, malgré sa fortune, il a beau être riche...*

8. — **Divers.**

> Such... as... = those... who... (voir 525).
> as if, as though. *Comme si.* Voir 176 et 228 (as if to = comme pour).
> As yet = so far. *Jusqu'à maintenant.*
> As for me. *Quant à moi.*
> So far as (= as far as) I am concerned. *En ce qui me concerne.*
> She can speak English, and Italian as well (= too). *Elle parle l'anglais et aussi l'italien.*

593   AT.

1. — **Lieu précis** (sans déplacement).

> He is at home, at the door, at his office, at the seaside... *Il est chez lui, à la porte, à son bureau, au bord de la mer...*

2. — **Moment précis.**

> At 6 p.m., at dawn. *A 6 heures du soir, à l'aube.*
> At the moment. *En ce moment,* ou : *à ce moment-là.*

3. — **Effort pour voir, pour atteindre** (direction, visée).

Look at me. *Regardez-moi* (de même pour les verbes plus précis exprimant les différentes façons de regarder : **to stare at, to gaze at, to peep at, to peer at, to frown at,** etc. Principale exception : **to watch,** qui est suivi d'un complément direct).

> He grabbed at the knife. *Il avança la main pour saisir le couteau.*
> (Cf. He grabbed the knife. *Il saisit le couteau).*

4. — **Hostilité, moquerie.**

> They threw stones **at** the poor dog. *Ils lancèrent des pierres au pauvre chien* (mais sans hostilité : **They threw a bone to the poor dog**).
> They laughed at him because he stammered. *On se moquait de lui parce qu'il était bègue.*

5. — *Divers*.

He arrived at Exeter for lunch (= He reached Exeter, he got to Exeter). *Il arriva à Exeter pour le déjeûner.*

At least *(au moins)* ≠ at most *(tout au plus).* There were at least a hundred people. *Il y avait au moins cent personnes.*

Ne pas confondre **at least** et **at last** *(enfin)*.

At all. *Tant soit peu, le moins du monde.*

Not (...) at all. *Pas du tout.*

Nobody at all. *Absolument personne.*

If at all possible. *S'il y a la moindre possibilité.*

594   BUT.

1. — *Mais.*

I tried but I couldn't. *J'ai essayé mais je n'y suis pas arrivé.*

2. — *Seulement, ne... que* (**Only** est beaucoup plus courant).

I have but a few days to spend here. *Je n'ai que quelques jours à passer ici.*

3. — *Excepté.*

The whole truth and nothing but the truth. *Toute la vérité et rien que la vérité.*

He did nothing but disturb everyone. *Il n'a rien fait d'autre que de déranger tout le monde.* Voir 236 (infinitif sans **to**).

The last but one. *L'avant-dernier.*

But for you we should have been drowned. *Sans vous nous nous serions noyés.*

4. — *Conjonction de sens négatif* (après une proposition négative).

It never rains but it pours = *Un malheur n'arrive jamais seul* (mot à mot, **but it pours** = *sans qu'il pleuve à verse,* style très soigné).

5. — *Relatif de sens négatif* (après une proposition interrogative ou négative).

Who among us but admires his courage ? *Lequel d'entre nous n'admire son courage ?* (Style très soigné).

6. — *Divers.*

All but (placé devant un verbe) = very nearly.

He all but fainted when they told him the news. *Il faillit s'évanouir quand on lui annonça la nouvelle.*

I cannot but + *infinitif sans to* = I cannot help + gérondif.

They could not but feel (= could not help feeling, expression plus courante) that they had been deceived. *Ils ne purent s'empêcher de penser qu'on les avait trompés.*

595   BY.

1. — *Par* (introduisant un **complément d'agent**).

Was Jersey occupied by the Germans during the Second World War ? *Jersey a-t-elle été occupée par les Allemands pendant la Seconde Guerre Mondiale ?*

2. — *Par (moyen, itinéraire).*

They came by train. *Ils sont venus par le train.*

Mais : He went out through the window. *Il sortit par la fenêtre.*
He threw it out of the window. *Il le jeta par la fenêtre.*

3. — *Près de (sans déplacement).*

She was sitting by the window. *Elle était assise près de la fenêtre.* (Cf. les deux exemples précédents).

4. — *A la hauteur de, devant (avec déplacement).*

He ran by us (ou : ran by) without seeing us. *Il passa en courant devant nous sans nous voir* (**by** = **past**).

5. — *Pas plus tard que.*

He was up by 6. *Il était debout dès 6 heures.* (Voir 151).
By the time he was 10 Mozart had composed his first symphonies. *Dès l'âge de 10 ans Mozart avait composé ses premières symphonies.*

6. — *By oneself* = *alone.*

You shouldn't go there by yourself. *Vous ne devriez pas y aller seul.*

7. — *Divers.*

By and by. *Dans un instant, tout à l'heure* (= **presently**).
Eggs are sold by the dozen. *Les œufs se vendent à la douzaine.*
We travelled by night. *Nous avons voyagé de nuit.*
It's twenty to by my watch. *Il est moins vingt à ma montre.*

Remarque: Les germanistes doivent se garder d'employer **by** dans le sens de « chez ». (Cf. l'allemand **bei**).

596 FOR.

1. — *Pour (attribution, destination, but).*

Here's a letter for you. *Voici une lettre pour vous.*
Let's go for a walk (for a swim). *Allons nous promener (nous baigner).*
What did you do that for ? (plus familier que : **Why did you do that ?**)
 Pourquoi avez-vous fait cela ? (345).

Mais « *for* + *gérondif* » n'exprime pas le but. (Voir 344-345).

2. — S'emploie après différents verbes exprimant une **recherche**, une **attente**, un **souhait**. (SV B). Voir aussi 336 et 287.

What are you looking for ? *Que cherchez-vous ?*
I'm waiting for an answer. *J'attends une réponse.*

3. — *Pour (utilité).*

What's this gadget for ? *A quoi sert ce petit instrument ?*
It's a key for opening tins (= a key to open tins with). *C'est une clef pour ouvrir les boîtes de conserves.*

4. — *En échange de.*

How much did you pay for this tape-recorder ? *Combien avez-vous payé ce magnétophone ?*

5. — *Introduisant un complément de cause.*

They all wept for joy. *Ils pleurèrent tous de joie.*
I couldn't sleep for the noise. *Je n'ai pas pu dormir à cause du bruit.*
He was punished for lying to his father. *Il a été puni pour avoir menti à son père* (**pour** + **infinitif passé**, exprime la cause, § 344).

7. — *Introduisant un complément de durée* (§ 154) *ou de distance.*

They've been living here for ten years. *Ils habitent ici depuis dix ans.*
Bends for 3 miles. *Virages sur 5 kilomètres.*

8. — *Introduisant une proposition infinitive.*

They live too far for us to go and see them every week. *Ils habitent trop loin pour que nous allions les voir chaque semaine.*

9. — **For all that.** *Tout de même.*

For all (= in spite of) his wealth, he is unhappy. *Malgré sa fortune (= il a beau être riche), il est malheureux.*

10. — (Conjonction) **Car.**

They went to the refreshment-room to have tea, for they had twenty minutes to wait. *Ils allèrent au buffet prendre le thé, car ils avaient vingt minutes d'attente.* Voir 342.

597 SO.

1. — *Exclamatif* (§ 585).

She was so happy! *Comme elle était heureuse!* (= **How happy she was!**)

2. — Même construction, suivie d'un complément de **conséquence.**

He was so tired that he went straight to bed. *Il était si fatigué qu'il alla se coucher immédiatement.*
Will you be so kind as to put my case on the rack? *Auriez-vous l'amabilité de mettre ma valise sur le filet?*

3. — **So that, so as to** exprimant le **but.** (§§ 345-346).

He went on tiptoe so that nobody should hear him. *Il marcha sur la pointe des pieds pour que personne ne l'entendît.*

4. — **So that** (= **so**) peut aussi exprimer la **conséquence** (avec verbe à l'indicatif).

It rained the whole day, so we didn't go out. *Il a plu toute la journée, aussi ne sommes-nous pas sortis.* (Pas d'inversion après **so** exprimant la conséquence).

5. — *Ainsi.*

And so on (ou: **and so on and so forth**). *Et ainsi de suite.* (**On** et **forth** expriment la continuation. Voir 81.
So to speak. *Pour ainsi dire.*
Is that so? *Vraiment? Pas possible!*
So you've failed again! *Ainsi tu as encore échoué!*

6. — *Remplace une proposition* que l'on ne veut pas répéter (notamment une subordonnée introduite par **that**, voir 281).

He never intended to come, but he didn't say so. *Il n'avait pas du tout l'intention de venir, mais il ne l'a pas dit.*

So s'emploie aussi dans diverses **locutions elliptiques** (« **tags** »). Voir 59, 61 et 66.

7. — Remplace parfois **as** à la **forme négative du comparatif d'égalité.**

He is not so clever as she is. *Il n'est pas aussi intelligent qu'elle.*

Si l'adjectif est accompagné d'un nom l'article indéfini se place entre les deux

He is not so clever a boy (= **not such a clever boy**) **as his brother.** *Ce n'est pas un garçon aussi intelligent que son frère.*

598   STILL.

     1. — *Encore, encore maintenant (continuation, lien avec le passé).*
         He is still in England. *Il est encore en Angleterre.*
         (≠ **He is no longer in England.** *Il n'est plus en Angleterre.*)
         He is still working (= he has not yet stopped working). *Il est encore au travail.* Cf. **yet**, § 600.

Comparer :   **He is always ill.** *Il est toujours* (= *constamment*) *malade.*
et :   **He is still ill.** *Il est toujours* (= *encore*) *malade* (= *pas encore guéri*).

     2. — *Encore (+ comparatif).* Dans ce sens **even** est plus courant.
         The second film was still worse (= worse still). *Le second film était encore plus mauvais.*

     3. — *Pourtant, cependant.*
         I am very happy here, still I cannot help feeling a little homesick at times. *Je suis très heureux ici, toutefois je ne puis m'empêcher d'éprouver un peu de nostalgie par moments.* (Ici, **still** = however, yet).

599   TOO.

     1. — *Aussi, également* (se place **après** le terme auquel il s'applique).
         I, too, went to Eton. *Moi aussi, je suis allé à Eton.*
         He can drive, and pilot a plane, too. *Il sait conduire, et aussi piloter un avion* (= **He can drive, and also pilot a plane. He can drive, and pilot a plane as well.** Remarquer la place de **too**, de **also** et de **as well**).

     2. — *De plus, qui plus est.*
         Though he is a king, and King of England too, he may make serious mistakes. *Bien qu'il soit roi, et qui plus est roi d'Angleterre, il peut commettre des erreurs graves.*

     3. — *Trop.*
         You are too young to understand. *Vous êtes trop jeune pour comprendre.*
         It's too difficult an exercise for us. *C'est un exercice trop difficile pour nous.* (Remarquer la place de l'article indéfini).

Too much, modifiant un verbe, se place après ce verbe.
         He's drunk too much. *Il a trop bu.* Voir 100.
Voir « *trop de + nom* », 556.

600   YET.

     1. — *Encore, encore maintenant* (surtout dans des phrases **négatives**). Dans les phrases affirmatives, employer **still** (§ 598).
         He has not yet arrived (= He hasn't arrived yet). *Il n'est pas encore arrivé.* L'expression **not yet** n'est pas inséparable.
         « **He still hasn't arrived** », marque plus l'impatience.
         He is not yet here *(il n'est pas encore ici)* ≠ **he is already here** *(il est déjà ici).*

     2. — *As yet* = *Jusqu'ici, jusqu'à maintenant* (= **so far, up to now**).
         There have been no complaints as yet. *Il n'y a pas eu de plaintes jusqu'ici.*

     3. — *Pourtant, cependant* (= *however, still*).
         He looks strong, yet (= and yet) **he is seriously ill.** *Il a l'air fort, et pourtant il est gravement malade.*
         It is strange, yet true. *C'est étrange, mais vrai.*

44. — ADVERBES, PRÉPOSITIONS ET CONJONCTIONS
LISTE ALPHABETIQUE

601 *About.* Voir D.M.C. (591) et Postp. (75).

Above. Au-dessus, juste au-dessus (de).

Above all (et non « over all »). Surtout, avant tout.

According to. Selon, suivant.

Across.
1. (avec déplacement) **A travers** (**to run across the street,** traverser la rue en courant).

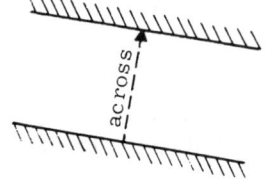

(comparer avec **through, 619**)

2. (Sans déplacement). *De l'autre côté de* (**across the street,** sur l'autre trottoir).

After.
1. (préposition) *Après* (**after the holidays**).
2. (Conjonction). *Après que* (**after his father died**).
3. (Adverbe, plus rarement et seulement en fin de proposition). *Après* (**a week after**).

N.B. Ne pas dire « **and after,** ... » (= et après, et ensuite...). Dire : « **and then** ».

Afterwards. Après cela, ensuite (= **then**).

---

602 *Again.* De nouveau (ou préfixe « re... »).

Against. Contre (**to fight against tyranny; to lean against the door**).

Ago. Voir 150.

Almost. Presque (= nearly). Cf. **hardly** (608).

Along. Le long de.
1. (= en longeant) **He crept along the wall.**
2. (= en suivant). **He walked along the lane.** Il suivit le sentier.

Already. Déjà. (**He is already here** ≠ **He is not yet here**).

---

603 *Among* (aussi : **amidst**). Parmi.

N.B. *Among* donne un *sens réciproque* aux pronoms réfléchis : **They are always fighting among themselves.**

Any. Le moins du monde (avec un comparatif à la forme négative). **Life isn't any cheaper.** La vie n'a absolument pas diminué. Voir aussi 403 à 406, 551, 562.

Anyhow, anyway. De toute façon.

Around. Tout autour (de). Voir **Round** (616).

Also. Aussi (= en plus). Cf. **Too** (599).

N.B. *Also* n'a jamais le sens de l'allemand « also » (= par conséquent).

Although (= though). Bien que.

Altogether. Tout à fait (= quite); somme toute.

Cf. **All together.** Tous ensemble.

Always. Toujours (= continuellement). **He is always late.**

N.B. Aimes-tu toujours (= encore) le jazz ? **Are you still fond of jazz?**

Cf. **Ever,** 606.

As. Voir D.M.C. (592).

At. Voir D.M.C. (593).

Away. Voir Postp. (76).

Back. Voir Postp. (77). Voir aussi **-wards** (622).

Barely. A peine (= hardly).

Because. Parce que (342).

Because of. A cause de (343).

Before.
1. (préposition) Avant (**before the war**).

2. (conjonction). *Avant que* (**before they arrived**).

3. (adverbe, en fin de proposition). *Auparavant* (**a few days before**).
Cf. les trois fonctions de « **after** » (601).

Beforehand. A l'avance.

604 ***Behind.*** *Derrière* ($\neq$ **in front of**).

Below. *Au-dessous (de)* ($\neq$ **above**).

Beneath. *Sous* (plus litt. que **under**).

Beside. *A côté de* (= **by the side of**). **Beside the point**, *en dehors de la question.*

Besides (ne pas confondre avec **beside**).
1. *En plus de.*
2. *En outre, de plus* (= **moreover**).

Between. *Entre.*

Beyond. *Au-delà (de)* ($\neq$ **within**).

Both. *A la fois* (**Blake was both a painter and a poet**).
Voir aussi 563, 564, 572.

But. Voir D.M.C. (594).

By. Voir D.M.C. (595).

Close to, close by. *Tout près de.*

Despite. *Malgré* (moins courant que « **in spite of** »). Voir **though** et **however**.

Down. Voir Postp. (78). Voir aussi **-wards** (622).

Downstairs.
1. (avec déplacement) **He ran downstairs.** *Il descendit l'escalier en courant.*
2. (sans déplacement). **He is downstairs.** *Il est en bas (au rez-de-chaussée).*

605 ***During.*** *Pendant* (préposition). **I was ill for a week during the holidays.** *J'ai été malade pendant une semaine au cours des vacances* (**For** + durée de l'action, nombre de jours, d'années; **during** + période au cours de laquelle l'action est située).

Cf. **while** (623) et **meanwhile** (612).

Early. *Tôt* ($\neq$ **late**).

Either.
1. (En fin de phrase négative) *Non plus* (**He loathes dogs, and he does not like cats either**); voir aussi 61.

606 ***Even.*** *Même* (**Even a child can do that**).
N.B. ***Even*** peut renforcer un comparatif (**even worse**, *encore pire*).

Even though. *Même si* (= **even if**).

Ever.
1. S'oppose à **always** (affirmatif) et à **never** (négatif) comme **any** s'oppose à **some** et à **no**.
Have you ever seen a ghost? *Avez-vous jamais vu un fantôme?* (pas de sens nég.)
Nothing ever happens here. *Il ne se passe jamais rien ici* (voir 12).
2. A le sens (affirmatif) de **always** dans diverses expressions : **for ever** (*pour toujours*), **ever since** (*depuis lors*), « **yours ever** » (« *bien à vous* »). Voir aussi 545 et 567.

Everywhere. *Partout.*

Except. *Sauf, excepté* (voir 236).

Fairly. *Assez, passablement.* **A fairly good book.** Voir **rather** et **pretty**.

Far (from). *Loin (de)* ($\neq$ **near**).
N.B. ***Far*** peut renforcer un comparatif (**far better**, *bien meilleur*).

As far as. *Jusqu'à* (630).

So far. *Jusqu'à maintenant.* **So far** (= **as far**) **as I am concerned.** *En ce qui me concerne.*

By far the best. *De loin le meilleur.*

2. ***Either... or...*** *Soit... soit...*
Voir aussi 563 (*l'un ou l'autre*).

Else. *Autrement* (= **otherwise**). ***Or else,*** *sinon.* Voir aussi 566.

Elsewhere. *Ailleurs* (= **somewhere else**).

Enough. *Assez* (= *suffisamment*); *assez de.*
1. (avant un nom, rarement après). **Enough time.**
2. (après un adjectif ou adverbe). **Tall enough, fast enough.**
3. (après un verbe). **He has drunk enough.**
N.B. *Assez* (= *passablement*) : **rather, pretty, fairly** (**It was pretty expensive**).

167

607 *First.* Premièrement, en premier lieu.
First of all. En tout premier lieu.
At first. Au début, tout d'abord.
For. Voir D.M.C. (596).
Formerly. Autrefois, jadis (= **in the old days**).
Forth.
1. En avant (**and so forth** = **and so on**, ainsi de suite).
2. Synonyme peu employé de **out**.
Forwards. Voir -wards (622).

From.
1. (origine, provenance) **A letter from John; the train from London.**
2. (Point de départ, dans le temps comme dans l'espace). **From Paris to London; from May 1st till June 30th. From now on.** Dorénavant.
3. (référence). D'après (**From what I've heard**).
From time to time. De temps en temps (= **now and then, now and again**).

608 *Hard.* Avec acharnement (**to work hard**). Ne pas confondre avec **hardly.**
Hardly. A peine, ne... guère, presque pas (**We hardly know him**).
Terme considéré comme une négation (voir 12); d'où :
Hardly ever. Presque jamais.
Hardly anything. Presque rien.
Hardly anybody. Presque personne.
(on ne dit pas « almost never », etc.).
Hence.
1. (arch.) D'ici (= **from here**).

2. D'où (idée de conséquence). **You work without method, hence your bad results.**
3. **A week hence** (rare). Dans une semaine (= **in a week's time**).
Henceforward, henceforth. Dorénavant.
Here. Ici. *Here and there.* Çà et là.
Home est adverbe (d'où l'absence d'article et de préposition) dans **to be home** (être de retour) et **to go home** (rentrer chez soi).
Mais : **to be** *at* **home** (nom), être chez soi.

609 *How.*
1. Interrogatif, voir 541.
2. Exclamatif, voir 584, 587.
However.
1. Cependant, toutefois (= **still, yet, nevertheless**).
2. (devant un adj. ou adv.). Si... que..., quelque... que... (**However tired they may be**). Voir 180, 567.
If.
1. (supposition, condition) **If they come... If I were you,** à votre place.
2. (doute; remplace couramment **whether**) **I wonder if they will come.**
In. Voir Postp. (79).
Cf. **To be** *in* **Paris** ≠ **to go** *to* **Paris.**

To be *in* the garden ≠ to go *into* the garden.
In the morning. Le matin.
In five minutes. Dans cinq minutes.
In front of. Devant (≠ **behind**).
In spite of. Malgré. (Cf. **though, however**).
In view of. Etant donné.
In order to. Afin de (voir 345).
In order that. Afin que (voir 346).
Indeed. En vérité, certes, effectivement.
Inside. A l'intérieur (de) ≠ **outside.**

610 *Instead (of...).*
1. (préposition) *Au lieu de* (**He is playing instead of working**).
2. (adverbe). *Au lieu de cela, à la place* (sans « *of* »).

Into.
1. (mouvement vers l'intérieur). Voir **in** (609)
2. (changement). **I want to make the the boy into a man.** Je veux faire de ce garçon un homme. Voir aussi 302 et 305.

Inwards. Voir -wards (622).

Just.
1. (= exactly) **It's just twelve.**
2. (= very recently) **He's just left** ('s = has). *Il vient de partir.*
3. (= at this very moment) **We are just going.** *Nous partons à l'instant.*
4. (= only) **Just ask me what you need.** *Vous n'avez qu'à me demander ce dont vous avez besoin.*

Cf. *C'est justement pour cela que...* = that is **precisely** (= **the very reason**) **why**...

611 *Last.*
1. *En dernier* (**He came last**).
2. *La dernière fois* (**When did you last go to England ?**)

At last. *Enfin* (soulagement).

Lastly. *En dernier* (dans une énumération).

Late. *Tard* (≠ **early**).

Later on. *Par la suite.*

Lately. *Récemment* (dans une phrase interr. ou nég.) **Have you seen him lately ?**

Least. *Le moins* (superl. de **little**). **Not in the least.** *Pas le moins du monde.*

Less. *Moins* (compar. de **little**). **None the less.** *Malgré cela, quand même.*

Lest. *De peur que* (voir 182).

Like. *Comme* (introduit un nom ou un pronom; idée de ressemblance). Voir **as** (592, § 4). **He taught himself Spanish, like his brother** (= **as his brother did**). *Il a appris l'espagnol tout seul, comme son frère.* (Voir aussi **unlike**, 621).

Likely. *Vraisemblablement.* Voir 350.

Little. *Peu.* **I little suspected that...** *Je ne me doutais guère que...*

Little by little. *Peu à peu.*

612 *Long.* *Longtemps.*

How long... ? *Pendant combien de temps.. ? Depuis combien de temps... ?* Voir 154, 158.

As long as I live. *Tant que je vivrai.*

A lot (familier). *Beaucoup.*

N.B. **A lot of** (beaucoup de) est moins familier.

Maybe. *Peut-être* (plus courant que **perhaps** en Amérique). Voir 88.

Meanwhile. *Pendant ce temps* (voir **while**).

More. *Plus, davantage* (comp. de **much** et de **many**).

Most. *Le plus* (superl. de **much** et de **many**). Voir aussi 561 (= *la plupart*) et 433 (= *très, extrêmement*).

Mostly. *Pour la plupart.*

Much. *Beaucoup* (souvent : **very much**).

Near. *Près (de).* **Near the town** ≠ **far from the town.**

Nearly. *Presque* (= almost). Cf. **hardly** (608). **I nearly got on the wrong bus.** *J'ai failli me tromper d'autobus.*

613 *Neither.*
1. *Non plus* (61).
2. *Ni l'un ni l'autre* (563).
3. *Neither... nor...* *Ni... ni...*

Never. *Ne... jamais* (sens négatif). **I've never seen a ghost.** (Cf. **ever**, 606).

Never again (= **nevermore**, plus litt.). *Jamais plus.*

Nevertheless. *Néanmoins* (= **however**).

Next.
1. *Ensuite, après cela* (Cf. **after**, 601).
2. *La prochaine fois* (≠ last) **When shall we meet next ?** *Quand nous reverrons-nous ?*
3. (superl. de **near**) **Next to.** *Tout près de.*

No longer. *Ne... plus* (durée). **We are no longer very young.** *Nous ne sommes plus très jeunes* (≠ **We are still young**).

No more. *Ne... plus* (quantité, parfois durée). **I need say no more.** *Je n'ai pas besoin d'en dire plus.*

Nor.
1. (= neither). Voir 61.
2. *Neither... nor...* Voir **neither**.
3. (en tête de phrase) = **And... not**. **Nor was he the only one to think so.** *Et il n'était pas le seul à penser ainsi.* (pour l'inversion, voir 93).

Not at all. Pas du tout (expression séparable). **I didn't like that at all.**

Not that (en tête de phrase). *Non pas que.*

Notwithstanding. Pourtant; malgré (rare).

614 *Now.*
1. *Maintenant.*
2. *Now... now... Tantôt... tantôt...*
3. *Or* (**Now there was a traitor among them**).
4. *Now, now. Allons, allons !*

Just now. Pour l'instant, ou : *il y a un instant.*

Now and then, now and again. De temps en temps.

Nowadays. De nos jours (= these days). Contraires : **formerly, in the old days, once.**

Nowhere. Nulle part.

Of. De (rapport entre deux noms). Cf. 519 (**a friend of mine**), 457 (**it was kind of you**) et 396 (**of** + article indéfini).

Of course. Bien sûr, évidemment.

Off. Voir Postp. (82).
An island off the coast. *Une île au large de la côte.*
To be off (≠ **on**) **duty.** *Ne pas être de service.*

Often. Souvent (≠seldom). Voir « **How often ?** », 152.

On. Voir Postp. (81).
(devant une date) **I saw him on Tuesday, on June 23rd.**
(idée de continuation) **And so on.** *Et ainsi de suite.*

615 *Once.*
1. *Une fois* (**Once a month**, *une fois par mois*. **Once more** = **once again**, *une fois de plus*).
2. *Une fois que* (**You'll like it once you're used to it.** *Cela vous plaira une fois que vous y serez habitué*, 131).
3. *Autrefois* (**Once upon a time there was... Il était une fois...**).

At once. Immédiatement; à la fois.

Only. Seulement (voir 102), *ne... que...*

Opposite. Juste en face (de).

Or. Ou, ou bien.
In a week or so = **in about a week**.

Otherwise. Autrement.

616 *Owing to. En raison de.* Voir 343.

Past. (En passant) *devant, à la hauteur de.*
He ran past me. *Il passa devant moi en courant.*

Perhaps. Peut-être. Voir 88.

Pretty. Plutôt, assez. **It's pretty cold today.**

Out. Voir Postp. (80).

Out of. Hors de (≠ **into**).
(cause) **He said it out of sheer malice.** *Il l'a dit par pure méchanceté.*
(origine) **To drink out of a cup.** *Boire dans une tasse.*
Voir aussi 302 et 305.

Outside. Dehors, à l'extérieur (de).

Over. Voir Postp. (83).
Sur, au-dessus de (en recouvrant). **A cloud of smoke hung over the city** (Cf. **above** = *juste au-dessus de*).
To go over the frontier. *Franchir la frontière.*
Over sixty years ago (= more than...).

Provided (that). Pourvu que.

Quite (ne pas confondre avec l'adjectif **quiet** = **silent**).
1. *Tout à fait* (**I quite agree**).
2. (suivi de l'article indéfini) *Assez, passablement* (**He is quite a good pianist**).

Rather. Assez, plutôt, quelque peu (**He is rather silly**). Voir 237.
I would (ou : **had**) **rather.** Voir 55.

Round. Voir Postp. (84).
Autour (de), avec ou sans déplacement (**Sitting round the table; the earth revolves round the sun**); souvent remplacé par **around**, surtout quand il n'exprime pas un déplacement.

Save, saving. Sauf (= **except**).

Scarcely. A peine (= **hardly**).

Seldom. Rarement.

617 *Since.*
1. (préposition) Depuis (**Since 1960, since Tuesday**). Voir 155, 157.
2. (Adverbe; en fin de phrase) Depuis lors (**I haven't seen him since**).
3. (Conjonction) Depuis que (**Since his parents died**). Voir 159.
4. (Conjonction) Puisque. Voir 342.

So. Voir D.M.C. (597).

Somehow. D'une façon ou d'une autre (Cf. **Anyhow**).

Sometimes. Quelquefois (= **now and again, occasionally**).

Cf. *sometime*, à un certain moment (**I saw him sometime last summer**), *some time*, pendant un certain temps (**We have been waiting some time**) et *several times*, plusieurs fois.

Somewhat. Quelque peu (= **rather**).

Somewhere. Quelque part.
— *Nowhere.* Nulle part.
— *Anywhere.* 1) remplace **somewhere** après négation ou expression du doute (cf. 565); 2) dans une phrase affirm. : n'importe où.
— *Somewhere else.* Autre part.

618 *Soon.* Bientôt.
— **As soon as.** Dès que. Voir 131.
— **Sooner or later.** Tôt ou tard.

Still. Voir D.M.C. (598).

That. Ne peut remplacer une autre conjonction (en français : si... et que...; quand... et que...) **If you come and (if) the weather is fine...** Si vous venez et qu'il fasse beau... **As it was raining and I did not want to go out...** Comme il pleuvait et que je ne voulais pas sortir...

Then.
1. Ensuite, après (**We had lunch at Lyon's and then we went to the pictures**).

2. A ce moment-là, alors (**He was an ambitious young man then**).

3. Par conséquent, dans ce cas, alors (**I've lost my ticket. — Then you must buy another**). Parfois en fin de phrase (**Whisky ? — No, thanks. — Have a cigar, then**).

There. Là, y. **We shall soon be there.** Nous y serons bientôt (ou : nous serons bientôt arrivés).

Voir **There is, there remains**, 23 à 25.

Therefore. Donc (conséquence logique = **consequently**).
I think, therefore I am (Voir **so** et **then**).

619 *Though.*
1. Bien que (= **although**).
2. (accompagnant un adjectif) **Strong though you are.** Si fort que vous soyez.
3. (plus rarement) Et pourtant.

Through. Voir Postp. (85).
1. A travers, au travers de.
The burglar came in through the window.

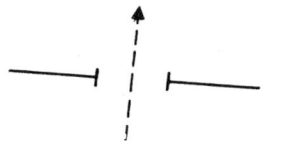

We made our way through the crowd. Nous nous sommes frayé un chemin à travers la foule.

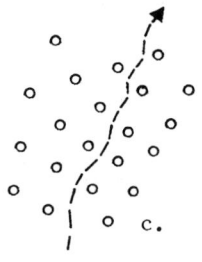

(Comparer avec **across**, 601).

2. (épreuve traversée) **He got through** (= passed) **his exam.** *Il a réussi à son examen.*

3. (cause) **The accident happened through your carelessness.** *L'accident est arrivé à cause de votre négligence.*

4. (intermédiaire) **You can write to me through the British Consulate.**

Throughout. D'un bout à l'autre (de). **Throughout the war, the country.**

---

620 *Thus.* De cette façon, ainsi (= **in this way**).

Till (= *until*).

1. (préposition) *Jusqu'à* (+ compl. de temps). **Till Saturday.** Voir 630.

2. (conjonction) *Jusqu'à ce que.* **Wait till it stops raining.**

3. *Not till.* Pas avant (que). **We shan't see him till next week. I shan't rest till my work is finished.**

To.

1. À, en (idée de direction) ≠ **from**.

2. À, jusqu'à (= **till**). **From Monday to Friday.**

3. Particule marquant un *infinitif complet* (voir 226 et 233); exprime souvent le *but* (voir 228).

4. Préposition suivie d'un verbe au *gérondif* dans certains cas limités (224).

Together. Ensemble.

Cf. **Four hours together** (= **four hours on end**). *Quatre heures d'affilée.*

---

621 *Too.* Voir D.M.C. (599).

Towards. Vers (idée de direction); envers.

Under. Sous, au-dessous de.

N.B. Avec un nombre : **He is under 18.** *Il a moins de 18 ans* (≠ **over 18**).

Underneath. Au-dessous.

Unless. A moins que.

Unlike. Contrairement à, à la différence de (**Unlike his brother, he is good at maths**).

Until = *till*.

Up. Voir Postp. (86).

N.B. **What's up ?** *Que se passe-t-il ?*

To walk up and down. *Faire les cent pas.*

Up to. Jusqu'à (voir 630).

Upon. Synonyme de **on** (s'emploie surtout dans des expressions abstraites : **We look upon you as a friend.** *Nous vous considérons comme un ami*).

Upstairs ≠ *downstairs* (q.v.).

Upwards. Voir **-wards** (622).

Very.

1. Adverbe. *Très* (devant adj. ou participe passé à valeur d'adjectif, voir 433).

2. Adjectif. **At the very moment.** *A cet instant précis.* **This very day.** *Aujourd'hui même.*

---

622 *-wards.* Suffixe indiquant la direction (**upwards**, *vers le haut;* **backwards**, *vers l'arrière*, etc.).

N.B. La forme sans *s* doit s'employer quand le mot est adjectif (**The homeward journey**, *le voyage de retour*).

When. Quand. Voir 131 et 132.

Autres emplois :

1. = **and then. I shall stay in London till July 31st, when** (et alors, date à laquelle) **I shall leave for Scotland.**

2. **The day when,** *le jour où.* **The day when we shall be free** (pronom relatif). Remarquer que dans ces deux emplois le futur est possible.

That was when. *C'est alors que.*

Whenever. Toutes les fois que. Voir 131.

Where. Où (Voir **when**, qui traduit *où*, pronom relatif de temps).

This is where. *C'est ici que.*

Whereas. Alors que (contraste). Cf. **while**.

Wherever. Partout où.

623 **Whether.**
1. *Si* (idée de doute). Mais dans la conversation **I wonder whether** est souvent remplacé par « **I wonder if** ».
2. **Whether ... or (whether) ... ** *Soit que ... ou que ...* (**Whether you like it or not.** *Que cela te plaise ou non*). Voir **either ... or ...** et **neither ... nor ...**

While. (plus courant que *whilst*). *Pendant que, tant que* (voir 131). Cf. **During** (605).

Why. *Pourquoi* (voir 345).
That is why. *C'est pourquoi.*
The reason why. *La raison pour laquelle.*
(Interjection) *Eh bien.* (**Why, it's true.** *C'est ma foi vrai*).

With.. *Avec.*
(idée de cause). **He was shaking with cold.** *Il tremblait de froid.*

Within. *A l'intérieur de* (sens figuré).
Within an hour. *En moins d'une heure.*
Within two miles of the village. *A moins de deux miles du village.*

Without. *Sans* (**without a hat; without saying a word**). **Without his father knowing it.** *Sans que son père le sache.*

Yet. Voir D.M.C. (600).

624 **Remarques.**

(1) Cette liste est loin d'être complète. Il convient d'y ajouter notamment les nombreux adverbes en *-ly*, dont plusieurs sont des *faux-amis*. On retiendra en particulier :

Accordingly. (*Agir*) *en conséquence.*
Actually. *En fait, en réalité, bel et bien.*
Admittedly. *De l'aveu général.*
Casually. *Par hasard, comme par hasard; ou : avec désinvolture.*
Chiefly (= **mainly**). *Principalement.*
Definitely. *D'une manière précise; ou : assurément, nettement.*
Deliberately. *Intentionnellement, ou : posément.*
Emphatically. *Formellement, absolument.*
Eventually. *Finalement, en fin de compte.*
Finally. *En dernier lieu; ou : définitivement.*
Fortunately, unfortunately. *Heureusement, malheureusement.*
Gradually. *Petit à petit* (= **by degrees**).
Incidentally. *Incidemment, soit dit en passant* (= **by the way**).
Lately. *Récemment.*
Merely. *Simplement, purement.*
Momentarily. *Momentanément, ou : d'un moment à l'autre.*
Obviously. *De toute évidence, manifestement.*
Occasionally. *De temps en temps.*
Presently. *Bientôt, dans un instant.*
Presumably. *Vraisemblablement, probablement.*
Roughly. *En gros, approximativement.*
Shortly. *Prochainement.*
Supposedly. *Censément, soi-disant.*
Thoroughly. *Tout à fait, complètement.*
Undoubtedly. *Sans aucun doute.*
Unexpectedly. *De façon inattendue, à l'improviste.*

N.B. Ceux qui sont formés à partir d'un adjectif en *-y* se terminent par *-ily* (happy → **happily**; dry → **drily**).

Exception : shy → **shyly**.

625 (2) Trois abréviations latines courantes ont valeur d'adverbes :
i.e. (du latin *id est*) se lit : **that is** (ou : **that is to say**), *c'est-à-dire.*
e.g. (du latin *exempli gratia*) se lit : **for instance**, *par exemple.*
viz. (du latin *videlicet*) se lit : **namely**, *à savoir.*

45. — TRADUCTION DE QUELQUES MOTS INVARIABLES FRANÇAIS

626 AUSSI.

1. — **Comparatif d'égalité** avec un adjectif ou un adverbe : **as... as...** (forme négative : **not so... as...**, ou : **not as.. as...**). Voir R.F. 21.

2. — **Comparatif d'égalité avec un nom**, accompagné ou non d'un adjectif : **such... as...**

> Ils n'ont pas d'aussi jolies fleurs que leurs voisins. **They haven't such pretty flowers as their neighbours.**

3. — = également, en plus : **also** (602), **too** (599), **as well** (592 § 8).

4. — Moi aussi : **so do I** (ou : **so can I, so have I,** etc. selon les cas). Voir 61.

5. — donc, par conséquent : **therefore, consequently;** dans la langue parlée : **so** (597 § 4).

627 CHEZ.

1. — Je suis chez moi, il rentre chez lui (**chez** désigne **la maison du sujet de la phrase**) : **I am at home, he is going home** (dans la 2ᵉ phrase **home** est un **adverbe,** 608).

2. — Quand viendrez-vous chez moi ? Nous passerons la journée chez eux (**chez** désigne une maison n'appartenant pas au sujet de la phrase) : **When will you come to my house (= place) ? We shall spend the day at their house.**

Chez qui séjourne-t-il ? **At whose house is he staying ?**

3. — Il est chez Mr Williams. Je vais chez mon frère (**chez + nom**). **He is at Mr Williams's** ['wiliəmziz]. **I am going to my brother's** (cas possessifs incomplets, **house** étant sous-entendu, 502).

4. — Va chez le boulanger. Je l'ai rencontrée chez le pharmacien (**chez = dans la boutique de**) : **Go to the baker's. I met her at the chemist's** (cas possessif incomplet, **shop** étant sous-entendu, 502).

5. — Au sens figuré : **with** ou **among** + pluriel; **in** ou **about** ou **with** + singulier.

> It's a habit among (= with) the Canadians to... C'est une habitude chez les Canadiens de...
> What I like in (=about) her is... Ce que j'aime chez elle, c'est...

6. — Chez nous, chez eux... peuvent aussi signifier **in our country, in their country.**

628 COMME.

1. — Comparaison avec un **nom** ou un pronom : **like.** Voir 611.

2. — Comparaison avec une **phrase** (qui peut être elliptique) : **as.** Voir 592 § 4.

3. — = en tant que, en qualité de : **as.** Voir 592, § 5.

4. — = au moment où, ou à mesure que : **as.** Voir 592, § 3.

5. — Cause (= vu que) : **as.** Voir 592, § 2.

6. — = par exemple : **such as** (ou **like**). Voir 592, § 6

7. — Exclamation : **How.** Voir 584 et 587.

629 ENCORE.

1. — Jusqu'à maintenant : **still.** Voir 598, § 1.

2. — Pas encore : **not yet.** Voir 600.

3. — = de nouveau : **again, once more.** Voir 602 et 615.

4. — = plus (quantité) : **more.** Voir 553.
Encore deux gâteaux. **Two more cakes.**

5. — Devant un comparatif : **still** ou **even.** Voir 436.

6. — = en plus (temps, distance...) : **another**, qui peut être suivi d'un pluriel.
Another sixty miles. Encore cent kilomètres.
Another three months. Encore trois mois.

7. — Exaspération : **now.**
Qu'as-tu encore fait ? **What have you done now ?**

630 JUSQU'A.

1. — + complément de **temps : till** (= **until**), **to.** Voir 620.
Jusqu'à présent : **Up to now, so far, as yet.**
Jusqu'à ce que : **till, until.**
Jusqu'à ce qu'ils viennent. **Until they come.**

2. — + complément de **lieu : as far as** (qui insiste sur une longue distance), ou plus simplement : **to** (ou : **down to, up to,** selon le cas).
Jusqu'où êtes-vous allés ? **How far did you go ?**
Nous sommes allés jusqu'au bout de la jetée. **We went as far as the end of the pier** (= **right to the end...**).
Jusqu'au troisième paragraphe. **Down to the third paragraph.**

3. — Sens figuré, pour insister : **actually, even, very.**
Il n'est pas allé jusqu'à s'excuser, mais... **He didn't actually apologize, but...** (= **he didn't go so far as to apologize, but...**).
Ils massacrèrent jusqu'aux femmes et aux enfants. **They slaughtered even the women and children** (= **the very women and children**).

4. — Suivi d'un nombre : **as many as, up to.**
Il boit jusqu'à dix tasses par jour. **He drinks as many as** (=**up to**) **ten cups a day.**

631 MEME.

1. — Adverbe : *even*. Voir 606 et 102.

2. — Adjectif : *same*. Voir 447 et 559.
   Pour insister : *very* (621).
   Ce sont ses paroles mêmes. **Such were his very words.**

3. — Pronom réfléchi : *myself*, etc. Voir 478.

4. — Expressions : Etre à même de : **to be able to** (49), **can** (38)
   De même : **in the same way, likewise.**
   Tout de même : **all the same, for all that.**

632 POUR.

1. — Devant un nom ou un pronom : *for*. Voir 596, § 1.

2. — Devant un verbe à l'infinitif présent (but) : *To* (ou : *so as to, in order to*). Voir 345 et 228.

3. — Devant un verbe à l'infinitif passé (cause) : *for* + *gérondif présent*. Voir 344.

4. — Pour que (but) : *so that* + *may* ou *should* (179 et 185), *for* + *proposition infinitive* (231).

5. — Bien que : *though*. Pour riche qu'il soit. **Rich though he may be**, ou : **Rich though he is.** Voir constructions synonymes, 180.

633 SI.

1. — Supposition, condition : *if*. Voir 188.

2. — Doute (je me demande si, dites-moi si...) : *whether* (familièrement : *if*).

3. — = tellement : *so* + *adjectif* ou adverbe (so tall; so fast); *such* + *nom* accompagné ou non d'un adjectif (such a miser; such a kind old lady). Voir 585 et 589.

4. — Si + adjectif + que : *however, as, though*.
   Si fort qu'il soit. **However strong he may be** (ou : **he is**; voir 180).
   Strong as he is, strong though he is (Style un peu affecté).

5. — Pas si... que (forme négative du comparatif d'égalité) : *not so... as* (ou : *not as... as*). Voir R.F. 21.

6. — Affirmation : *Yes* (+ un « *tag* », si la clarté l'exige). Voir 57; ou une construction emphatique : Mais si, c'est vrai. **But it *is* true** (170 à 172).
   Vous n'aimez pas le thé ? — Si. **Don't you like tea ? — Yes, I do.**

7. — « Moi si » (idée de contraste) : un « *tag* », avec sujet et auxiliaire accentués l'un et l'autre. Voir 62.
   Elle n'a pas aimé le film, moi si. **She didn't like the film, I did.**

ADDENDUM : DÉRIVATION ET CONVERSION

La *dérivation* consiste à former des mots nouveaux à partir de mots que l'on fait précéder de *préfixes* ou suivre de *suffixes*. La *conversion* est un changement de catégorie (un verbe employé comme nom, une onomatopée employée comme verbe...).

1. — PREFIXES.

634 a. — ***Un-, In-*** (ou : ***im-***). Aucune règle absolue ne permet de dire comment choisir entre ces deux préfixes. En général ***un-*** s'emploie devant des radicaux germaniques, ***in-*** devant des radicaux latins (**inevitable**, mais **unavoidable**, *inévitable*; **intolerable**, mais : **unbearable**, *insupportable*).

Ainsi :
unhappy, unknown, unselfish, unwell, etc.
inadequate, impossible, inexperienced, etc.

Mais on trouve ***un-*** devant un certain nombre de radicaux latins : **unreal, uncertain, unconscious, undoubtedly, unemployment, unpleasant, uncomfortable,** etc.

Aux noms **injustice** et **inability** correspondent les adjectifs **unjust** et **unable**.

635 b. — ***Dis-*** et ***mis-*** se prononcent avec un [s] et non un [z] même quand le radical commence par une voyelle.
  to disappear, to disagree, disobedient, dishonest.
  a misunderstanding (*un malentendu*); **to misbehave** (*se conduire mal*).

636 c. — ***A-*** sert à former des adjectifs qui ne s'emploient que comme **attributs**.
He is still *alive* (Cf. not a *living* soul); **He is *asleep*** (Cf. a *sleeping* child);
He is *alone* (Cf. a *lonely* traveller).

2. — SUFFIXES.

637 a. — *Noms.*
-er. Ne pas confondre les noms qui désignent des personnes et ceux qui désignent des objets (a **tin-opener,** *un ouvre-boîte*) (a **wood-cutter,** *un bûcheron*).
-ful. Idée de contenance (**a mouthful,** *une bouchée*; **a spoonful,** *une cuillerée*; **a plateful,** *une assiettée*).

638 Suffixes servant à former des *noms abstraits ou collectifs* :
-dom (**freedom,** *la liberté*; **boredom,** *l'ennui*; **wisdom,** *la sagesse*; **a kingdom,** *un royaume*; **Christendom,** *la chrétienté*).
-hood (**childhood, boyhood, girlhood,** *l'enfance*; **widowhood,** *le veuvage*; **neighbourhood,** *le voisinage*; **falsehood,** *le mensonge*).
-ship (**friendship,** *l'amitié*; **apprenticeship,** *l'apprentissage*; **a scholarship,** *une bourse*).
-ness (**kindness,** *la bonté*; **madness,** *la folie*; **gratefulness,** *la gratitude*; **drunkenness,** *l'ivrognerie*; **carelessness,** *la négligence*).
-th (**youth,** *la jeunesse*; **strength,** *la force*; **length,** *la longueur*; **width,** *la largeur*; **depth,** *la profondeur*; mais : **height,** *la hauteur*).

639 b. — *Adjectifs.*
-y (**rainy,** *pluvieux*; **noisy,** *bruyant*; **muddy,** *boueux*).
-ish (couleurs vagues : **bluish, yellowish, reddish**...; sens péjoratif : **bookish,** *livresque*; **selfish,** *égoïste*; **childish,** *puéril*; adjectifs de nationalités : **Turkish, British, Irish**..., Voir 423 et 425).

-ful (**careful**, *prudent;* **painful**, *douloureux;* **useful**, *utile;* **dreadful**, **awful**, *effrayant*).

-less (**penniless**, *sans le sou;* **motionless**, *immobile;* **countless**, *innombrable*). Sert à former le contraire de certains adjectifs en *-ful* (**careless**, *négligent;* **painless**, *indolore;* **useless**, *inutile*...).

Ne pas confondre : **thankless**, *ingrat (tâche)* et : **ungrateful** ($\neq$ **grateful**), *ingrat (personne)*.

-like (= ressemblant à : **childlike**, *enfantin;* **gentlemanlike, ladylike**, *distingué;* **a catlike grace**, *une grâce féline*).

-ly (= ressemblant à : **gentlemanly** = **gentlemanlike; soldierly**, *martial;* s'ajoute aussi aux divisions du temps : **weekly**, *hebdomadaire;* **daily**, *quotidien*).

-en (**woollen**, *en laine;* **wooden**, *en bois;* **golden** s'emploie au sens figuré : **the Golden Age**, *l'Age d'Or;* mais : **a gold watch**, *une montre en or*).

640 **-ic, -ical.** Aucune règle absolue ne permet de dire comment choisir entre ces deux suffixes. Les deux formes sont parfois synonymes (**ironic** = **ironical**).

Mais ne pas confondre : **the economic situation** et : **she is economical** *(économe);* **an historic occasion** et : **an historical novel; a tragic actor** et : **a tragical event**.

Quand il existe un nom en *-ic*, la forme en *-ical* est préférable comme adjectif (**He is a cynic; his cynical remarks**).

641 c. — *Adverbes en -ly* (**happy** → **happily**). Voir 430, 624 et 648

Quand l'adjectif est lui-même terminé par *-ly*, l'adverbe n'existe pas toujours (**kindly** et **cowardly** sont à la fois adjectifs et adverbes, alors qu'il faut traduire *amicalement* par : **in a friendly way**).

Cf. *Difficilement* : **with difficulty** (pas d'adverbe en *-ly*).

642 d. — *Verbes.*

-en, à partir d'adjectifs (**to widen**, *élargir;* **to redden**, *rougir;* **to strengthen**, *renforcer*, avec la même modification du radical que pour le nom **strength**).

-ate. (Ne pas accentuer ce suffixe, à la française : **to cóntemplate**, *envisager;* **to congrátulate**, *féliciter*).

-ize (ou *-ise*) (**to realize; to civilize; to apologize**, *s'excuser*).

Ces verbes s'écrivent généralement avec un **z**. (Dans **surprise**, la 2ᵉ syllabe n'est pas un suffixe).

3. — CONVERSION.

Ce procédé de formation de mots nouveaux existe aussi en français (exemples de noms qui sont à l'origine des verbes : *le coucher, le manger;* des adjectifs : *le vrai, le beau;* des prépositions : *le pour et le contre*). Mais il est beaucoup plus courant en anglais, où le petit nombre de terminaisons grammaticales (*-s, -ed, -ing, -er, -est*) permet une plus grande liberté dans les changements de catégories. On n'en examinera ici que quelques exemples.

643 a. — Des *verbes* de sens précis sont souvent **remplacés par des noms de même forme** précédés de verbes de sens vague (nuance de familiarité ou action plus rapide).

She had a good cry. *Elle pleura un bon coup.*
Let me have a look. *Laissez-moi jeter un coup d'œil.*
Let's have a go. *Essayons un peu.*
To go for a swim. *Aller se baigner.*
He gave his shoulders an angry shrug. *Il haussa les épaules d'un air furieux.*

644   b. — *Les onomatopées* s'emploient avec des fonctions diverses.

> It went 'bang'. *Cela a fait « pan »* (ou : *« vlan »*).
> He banged the door = he shut the door with a bang. *Il claqua la porte.*
> The door banged = the door banged shut. *La porte claqua.*
> He stood bang in the middle of the road. *Il se tenait au beau milieu de la chaussée.*

645   c. — Mots employés comme ***adjectifs***. Voir adjectifs composés (411 à 416) et noms composés (371 à 373). Le premier élément d'un nom composé, considéré comme un adjectif, peut être d'origine très variée : adverbe (**a yes-man**, *un béni-oui-oui*), postposition (**an up-train**, *un train de banlieue allant vers Londres*), pronom personnel (**a he-goat**, *un bouc*), lettre de l'alphabet (**a U-turn**, *un demi-tour sur place*), mots étrangers (**a de-luxe car, an au pair girl**).

Very et *then* sont adjectifs dans : **at the very end of the play**, *tout à la fin de la pièce*, et : **the then Prime Minister**, *le Premier Ministre d'alors*.

646   d. — Mots employés comme ***noms***. Voir adjectifs substantivés (417 à 422).

> This book is a must. *Il faut absolument lire ce livre.*
> Is it a he or a she ? *Est-ce un mâle ou une femelle ?*
> The ups and downs of life. *Les hauts et les bas de la vie.*
> To go on all fours. *Aller à quatre pattes.*
> To go in twos. *Aller par deux* (voir aussi 373).

647   e. — Mots employés comme ***verbes***.

> They had to rough it. *Ils mangèrent de la vache enragée.*
> He backed the car out of the garage. *Il sortit la voiture du garage en marche arrière.*
> To out-Herod Herod. *Etre plus royaliste que le roi.*
> To be X-rayed. *Etre radiographié.*
> They encored the pianist. *Ils bissèrent le pianiste.*

648   f. — Mots employés comme ***adverbes***.

Certains adjectifs s'emploient comme adverbes : **fast** (to drive fast), **early** (to get up early), **late, long** (How long did it take you ? *Combien de temps avez-vous mis ?*), **hard, straight** (Go straight on. *Continuez tout droit.*).

Ne pas confondre **late** *(tard)* et **lately** *(récemment)*; **hard** *(avec acharnement)* et **hardly** *(à peine, ne... guère).*

Les germanistes se garderont d'employer **good** comme adverbe (**He plays well**). **Home** est parfois un adverbe (voir 608).

649   g. — Quand le nom et le verbe d'origine française ont la même forme, ils sont parfois accentués différemment : le nom sur la 1re syllabe, le verbe sur la dernière.

> A présent → to presént (*offrir*, voir 285).
> A récord → to recórd (*enregistrer*).
> A prótest → to protést.

Mais **to comment** et **a comment** *(un commentaire)* sont accentués l'un et l'autre sur la 1re syllabe.

Distinguer :
> **advice** [s] de **to advise** [z];
> **practice** [s] de **to practise** [s].

Distinguer phonétiquement : **to use** [z] du nom **use** [s].

EXERCICES

Les exercices proposés ici doivent être considérés comme une gymnastique destinée à faciliter l'acquisition de réflexes, d'où les nombreuses répétitions. Certains clous ne s'enfonçant pas facilement, il est absolument nécessaire de frapper plusieurs coups. D'où également les exercices apparemment puérils consistant à bâtir des phrases sur des modèles donnés. Les thèmes utilisent le vocabulaire de base qu'un élève du 2e cycle doit posséder.

Leçon 1. — *Conjugaison d'un verbe ordinaire*

A Mettre à la 3e personne du singulier du présent et au « preterite » les verbes suivants (tous réguliers). Noter la prononciation des terminaisons à l'aide de l'alphabet phonétique, puis classer suivant leur prononciation (a) les 3mes personnes du singulier, (b) les preterites. Les lire avec soin.

To ask, to carry, to fetch, to roar, to prefer, to interest, to crash, to wade, to fish, to supply, to boast, to injure, to box, to fancy, to grasp, to cash, to expect, to annoy, to grudge, to jar, to fade, to waste, to watch, to tire, to honour, to sip, to squeeze, to bury, to type, to insure, to change, to delay.

B Mettre au participe présent, par écrit et oralement :
a. To hope, to hop, to stop, to grope, to develop, to drop, to cope, to pop.
b. To hit, to admit, to invite, to profit, to fit, to excite, to submit.
c. To rain, to run, to open, to win, to happen, to shine, to ban, to dine, to sit.
d. To order, to stare, to occur, to injure, to stir, to tire, to insure, to star, to infer, to appear, to prefer, to offer, to blur, to consider, to suffer, to jar.

Leçon 2. — *Formes interrogative, négative, interro-négative*

A Mettre à la forme interrogative et à la forme négative (avec les contractions) : 1. He will go to the pictures. — 2. Dickie can play the piano. — 3. They went to Italy. — 4. The neighbours have got an American car. — 5. They were pleased to see him. — 6. He forgot to ring you up. — 7. John's little brother would like to smoke a cigarette. — 8. Mr Jones is a gentleman. — 9. An English tobacconist sells stamps. — 10. We work on Saturdays. — 11. The child drank a cup of cocoa before going to bed. — 12. They would have waited for me. — 13. The cat caught the mouse. — 14. We shall buy a new car. — 15. Cats eat bats. — 16. He had been warned. — 17. The children have been working all day. — 18. Ken and his wife have been to England. — 19. Your friends are at home. — 20. He was congratulated on his work.

B Mettre à la forme interro-négative (avec les contractions) : 1. Martin can read and write. — 2. This village is pretty. — 3. Everybody rests on Sundays. — 4. Your sister would be glad to have a camera. — 5. You have read the paper. — 6. Milton was blind. — 7. He will help you. — 8. You are thirsty. — 9. They will stay till the end of the month. — 10. You prefer coffee. — 11. The Morgans came last night. — 12. We should start at once. — 13. Bob looks like his mother. — 14. The man was taken to the police station. — 15. Your parents have received my letter.

C Traduire :

1. John et Jennie sont-ils allés au théâtre avec vous hier soir ? — 2. Vos parents achèteront-ils leur appartement ? — 3. Ce roman n'est-il pas un chef-d'œuvre ? — 4. N'avez-vous pas aimé le film ? — 5. Pourquoi ce livre est-il si cher ? — 6. Pourquoi ton frère ne t'a-t-il pas aidé ? — 7. Qu'est-ce qui fait tout ce bruit ? — 8. Qui est venu pendant que j'étais sorti ? — 9. Tous vos amis anglais boivent-ils du thé ? — 10. Il n'y a presque pas de vent aujourd'hui. — 11. Presque personne n'a compris la pièce. — 12. Betty et son mari l'auraient-ils comprise ? — 13. Personne n'a jamais dit cela. — 14. Vous êtes heureux, les enfants ? — 15. Vous n'avez pas faim ? — 16. Que voulez-vous dire ? — 17. Que signifie ce mot ? — 18. Que fait-il le dimanche ? — 19. Que font les enfants le dimanche ? — 20. Qui fait la vaisselle le dimanche ?

D Répondre aux questions à l'aide de deux phrases, l'une négative, l'autre affirmative, sur le modèle suivant :

Did you go to Oxford ? — No, I didn't (go to Oxford), I went to Cambridge.
(voir la liste n° 1 des verbes irréguliers).

1. Did you wake up early ? — 2. Did you meet in Trafalgar Square ? — 3. Did they come by bus ? — 4. Did he leave before lunch ? — 5. Did Shakespeare write novels ? — 6. Did he speak slowly ? — 7. Did they give you a camera ? — 8. Did you eat the two sandwiches ? — 9. Did the policeman catch the two thieves ? — 10. Did you draw a map of England ? — 11. Did they steal the jewels ? — 12. Did he sing a Negro spiritual ? — 13 Did you hide behind the tree ? — 14. Did you spend your holidays in Italy ? — 15. Did she bring her daughter ? — 16. Did you take your raincoat ? — 17. Did you feel happy ? — 18. Did she buy the blue dress ? — 19. Did he teach you mathematics ? — 20. Did they fly to London by night ?

Leçon 3. — *Les auxiliaires* TO BE *et* TO HAVE

A Traduire :

1. Quel temps faisait-il quand vous êtes arrivés ? Il faisait froid et il y avait du vent. — 2. Il n'a jamais eu de chance. — 3. Quelle est la longueur de votre voiture ? Elle a 11 pieds de long. — 4. Il y avait quatre chambres au premier étage. — 5. Quel âge aurez-vous le 31 décembre ? J'aurai juste 18 ans. — 6. Il semblait y avoir beaucoup de pauvreté dans les villages. — 7. Prenez-vous votre déjeuner au restaurant ? — 8. J'ai sommeil. Comme j'ai sommeil ! — 9. A quelle heure avez-vous pris le thé ? — 10. Combien y aura-t-il de discours ?

B Mettre à la forme interrogative :

1. John has brought his record-player. — 2. You had to walk in the rain. — 3. They had a busy time. — 4. They've got a French cook. — 5. He has his hair cut twice a month. — 6. They had a pleasant holiday. — 7. You had a word with him. — 8. He has lunch at home. — 9. We have enough time to walk there. — 10. Southern Ireland has been a republic since 1922.

C Remplacer les parenthèses par le verbe *to be* au temps demandé, et traduire les phrases :

1. There (present perfect) two world wars. — 2. There (preterite) big clouds in the sky. — 3. There (futur) a match on Saturday. — 4. There (present perfect) no sunshine today. — 5. There (plus-que-parfait) a concert the day before. — 6. There (preterite) a lot of work to do. — 7. There (conditionnel) a quarrel if they both came. — 8. There (present perfect) several complaints about your dog. — 9. There (preterite) three men waiting for him outside. — 10. There (futur) a party tonight.

D Mettre au preterite, au futur, et conjuguer avec **to seem** (au present) :

1. There is too much luggage. — 2. There are three solutions to the problem. — 3. There is nobody in the house. — 4. There are a lot of difficulties to face. — 5. There is little time to waste.

Leçon 4. — *Les auxiliaires de modalité (verbes défectifs).*

A Traduire :

1. Sait-il parler l'allemand ? — 2. Il faut que vous l'aidiez un peu. — 3. Il doit être furieux. — 4. Il se peut qu'il ne sache pas où nous sommes. — 5. Il ne peut pas savoir où nous sommes. — 6. Il se pourrait qu'il neige demain. — 7. Puis-je emprunter vos ciseaux ? — 8. Vous devriez aller passer deux ou trois jours à Cambridge avant de quitter l'Angleterre. — 9. Il se peut que ce livre ne lui plaise pas. — 10. Il faut que vous nous disiez la vérité. — 11. Ne croyez-vous pas que nous devrions prévenir la police ? — 12. Je n'entends rien, ce téléphone ne marche pas. — 13. Savez-vous jouer du piano ? — 14. Il n'est pas possible qu'il soit coupable. — 15. Il se peut qu'il ne soit pas coupable. — 16. Nous avons dû faire la queue pendant vingt minutes. — 17. Nous avons pu éteindre l'incendie. — 18. Nous pourrions passer un disque en les attendant. — 19. Comme vous savez bien raconter une histoire ! — 20. Il devrait inviter plus souvent sa belle-mère.

B Traduire :

1. Ils pourront aller en Irlande en avion mais il leur faudra réserver leurs places. — 2. L'infirmière lui a-t-elle permis de voir son enfant ? — 3. Il faudra que vous soyez très prudent. — 4. Pourrez-vous arriver à Londres avant la tombée de la nuit ? — 5. Il sait conduire depuis plus de trente ans. — 6. Ils s'excusèrent de devoir partir. — 7. On ne vous permettra pas de prendre des photos à l'intérieur du musée. — 8. Ayant dû partir plus tôt que je ne pensais, je n'ai pas pu passer vous voir. — 9. Ils le virent se noyer sans pouvoir le secourir. — 10. Ne pouvant assister à leur mariage, nous allons leur envoyer une lettre d'excuses.

C Traduire :

1. Il se peut qu'il se soit trompé d'autobus. — 2. Ils auraient dû se reposer hier. — 3. Où sont les billets ? Il est impossible que je les aie perdus. — 4. S'il n'avait pas su nager, il aurait pu se noyer. — 5. Il est déjà midi, ils ont dû être retardés par les embouteillages. — 6. Il se peut qu'il l'ait déjà lu. — 7. Ils auraient pu me prévenir qu'ils arriveraient en retard. — 8. Nous aurions dû partir plus tôt. — 9. Ils ont dû avoir honte de leur fils. — 10. Il aurait pu au moins essayer.

D Traduire :

1. We shouldn't have been so noisy. — 2. He can't have done it by himself. — 3. They may have forgotten our invitation. — 4. It must have been very funny. — 5. The dog might have bitten you. — 6. Do you think the Germans could have landed in Britain in July 1940 ? — 7. How lonely poor David must have felt ! — 8. You may have mistaken him for his brother. — 9. He ought not to have lost his self-control. — 10. It must have been very cold last night. — 11. She may have been disappointed. — 12. She might have been disappointed. — 13. She must have been disappointed. — 14. — You may not have met him. — 15. You cannot have met him. — 16. There should not have been a mistake. — 17 There cannot have been a mistake. — 18. There must have been an accident. — 19. There may have been an accident. — 20. There might have been an accident.

E Traduire *(il y a + devoir, pouvoir)* :

1. Il se peut qu'il y ait beaucoup de brouillard. — 2. Il devrait y avoir au moins deux hôpitaux dans cette ville. — 3. Il ne peut y avoir qu'une explication. — 4. Il a dû y avoir beaucoup de victimes. — 5. Il aurait dû y avoir un public plus nombreux. — 6. Il doit y avoir une cabine téléphonique près d'ici. — 7. Il se peut qu'il y ait eu un malentendu. — 8. Prenez vos imperméables, il pourrait y avoir une averse. — 9. Il aurait pu y avoir une émeute. — 10. Il n'a pas pu y avoir d'erreur à ce sujet.

F Traduire :

1. Il a si mauvais caractère que nous n'osons pas le déranger. — 2. Est-il nécessaire que vous lisiez tous ces livres ? — Oui, il le faut (Non, ce n'est pas nécessaire). — 3. Vous feriez mieux de vous occuper de vos affaires. — 4. De quoi avez-vous besoin ? — Je n'ai besoin de rien. — 5. Vous n'aviez pas besoin de venir me chercher en voiture, j'aurais pu aller à pied. — 6. Je préférerais ne pas savoir ce qui s'est passé. — 7. Vous n'avez pas besoin de vous dépêcher, vous n'êtes pas en retard. — 8. Comment osez-vous dire de tels mensonges ? — 9. J'aime mieux lire un bon livre que de regarder la télévision. — 10. Vous feriez mieux de ne pas vous mettre en colère. — II. Je préférerais ne pas y aller en avion. — 12. Elle ferait mieux de se reposer quelques jours.

G Bâtir des phrases sur les modèles suivants, puis les traduire :

1. You ***should have*** written to us. — 2. You ***needn't*** be afraid. — 3. He ***must have*** lost our letter — 4. ***You'd better*** wait a few minutes. — ***I'd rather*** go now. — 5. ***You might have*** broken you leg. — 6. ***Will you be able to*** carry this case ? — 7. ***He daren't*** say what he thinks. — 8. ***He may have*** thought that it was a joke.

Leçon 5. — *Emplois idiomatiques des auxiliaires*

A Faire suivre les phrases suivantes de réponses elliptiques exprimant (a) l'approbation (« *Oui, c'est bien vrai* », ou : « *Tiens ! C'est vrai !* »); (b) l'étonnement (« *Ah, vraiment ?* »).

1. He is hard-working. — 2. He drives too fast. — 3. We can see our house from here. — 4. Your friends were late. — 5. We must wait. — 6. The film would be too long. — 7. There are twenty-nine days in February this year. — 8. She married her cousin. — 9. They have repaired the lift at last. — 10. Men drive better than women.

B Faire suivre les phrases suivantes de propositions elliptiques signifiant (a) *et moi aussi;* (b) *et John aussi;* (c) *et les enfants aussi.*

1. Barbara likes tennis. — 2. Mr Ashley would be disappointed. — 3. He can swim as far as the island. — 4. My wife is very fond of historical plays. — 5. She has seen the ghost. — 6. Our friends enjoyed the play.

C Mettre à la forme négative les phrases de l'exercice ci-dessus et les faire suivre de proposition elliptiques signifiant (a) *ni moi non plus;* (b) *ni John non plus;* (c) *ni les enfants non plus.*

D Faire suivre d'un « *tag* » signifiant « *n'est-ce pas ?* » les phrases des exercices A et B ci-dessus.

E. Même exercice pour les phrases suivantes :

1. They went to London. — 2. You don't believe in ghosts. — 3. We hardly know him. — 4. There are six counties in Northern Ireland. — 5. He has been living in London since the war. — 6. Everybody expected him to make a speech. — 7. He shouldn't have sold his car. — 8. The children had a very big lunch. — 9. John and his wife will come with us. — 10. He can't help being a fool. — 11. That would be rude. — 12. We shan't have to wait. — 13. People didn't understand what he said. — 14. There would have been a lot of trouble. — 15. You had a busy day yesterday. — 16. I play better than Ken. — 17. You and I are great friends. — 18 You have never been to England. — 19. He doesn't look too tired. — 20. Jane is a good cook.

F Traduire :

1. Je me suis trompé, et vous aussi. — 2. Il nous a dit que sa mère était américaine, et elle l'est effectivement. — 3. Il a réussi à son examen; je ne l'aurais pas cru. — 4. Pourquoi n'êtes-vous pas venus par le train, comme nous ? — 5. Ils ont beaucoup aimé la pièce; moi pas. — 6. Ils ne travailleront pas demain; moi si malheureusement. — 7. Ils ne viennent pas ? — J'espère que si. — 8. Il n'aime pas les voyages, et elle non plus. — 9. Nous aimerions tous aller nous baigner avant le déjeuner. Pas lui ? — 10. Votre femme ne sait pas conduire ? — Mais si, bien sûr.

Leçon 6. — *Les postpositions*

A Compléter avec des postpositions les phrases suivantes et les traduire :

1. He looked ..., feeling that he was being followed. — 2. The prisoner broke ... from his guards. — 3. You ought to put the clock ..., it's nearly twenty minutes fast. — 4. The house is quite nice, but the fact that it's so near the main road put us ... — 5. Old St Paul's was burnt ... in 1666. — 6. The peace conference failed and the war went ... — 7. « Thick fog over the Channel. Continent cut ... » (headlines). — 8. Come ... and see us after lunch, I want to show you our new lawn-mover. — 9. His temperature has gone ..., the doctor thinks he'll pull ... — 10. The crowd shouted, '... with the tyrant', but the police held them ... — 11. Drink ... your tea it's time to start. — 12. Hurry ..., we must be ... — 13. London is very hot in July, we all go ... to the country every week-end. — 14. He paid ... all his debts and went ... to Australia. — 15. He put ... the brakes so suddenly that I bumped my head against the windscreen. — 16. (on the phone :) Will you put me ... to the fire-brigade ? It's urgent. — 17. The advice he's given you is very good; you ought to think it ... — 18. Take ... your coat and gloves, it's very warm in here. — 19. When can you pay ... the money you borrowed from us ? — 20. Christmas will soon be ... again. How time flies !

B Remplacer le complément par un pronom (exemple : **You should take off your coat: You should take it off**).

1. Drink up your beer. — 2. Throw away those useless newspapers. — 3. He gave away all the money he had won. — 4. Let me try on your new hat. — 5. We shall put up the Joneses for the night. — 6. I've just kicked out that swine. — 7. I did my best to cheer up the poor girl. — 8. He read out a long list of names. — 9. Sweep up the dead leaves. — 10. Switch off the light.

C Placer la postposition en tête de phrase (style plus alerte). Veiller à l'ordre des mots.

1. The ship went up and down. — 2. He went out through the window. — 3. She (= Alice) came down upon a heap of dry leaves. — 4. The astronauts went round and round for several days. — 5. The bird flew away. — 6. Their lunch was soon over and they walked on, ignoring the cold wind.

Leçon 7. — *Place des mots accompagnant le verbe*

A Traduire, avec inversion toutes les fois que c'est possible :
1. Pourriez-vous me dire où est la gare ? — 2. Il avait l'air de mauvaise humeur, aussi avons-nous préféré ne pas le déranger. — 3. Pourriez-vous m'expliquer ce qu'est le Commonwealth ? — 4. Ce n'est qu'en 1558 que les Français reprirent Calais. — 5. Il n'eut pas plus tôt fini de boire sa tasse de thé qu'il se remit au travail. — 6. Peut-être trouverez-vous que je suis un peu indiscret. — 7. Si vos amis nous avaient dit qu'ils aimaient beaucoup la musique, nous les aurions invités au concert. — 8. Vous ne vous doutez guère de ce qu'il va dire. — 9. Je voudrais bien savoir qui sont ces gens-là. — 10. Pas une seule fois ils ne se sont arrêtés pour se reposer.

B Construire des phrases commençant par :
1. *Nowhere* have we seen... — 2. *No sooner* had we... *than*... — 3. *Little* does he guess... — 4. *Seldom* have I seen... — 5. *Never* will you meet again...

C Placer l'adverbe dans la phrase.
1. (rather) I liked the young actress. — 2. (very well) She plays the piano. — 3. (hardly) He knew what he was saying. — 4. (very much) I enjoyed spending that day in York. — 5. (even) A child could understand that. — 6. (enough) You have eaten. — 7. (very well) He can speak Russian. — 8. (too much) You have worked, you need a rest. — 9. (only) We know the truth, let's keep the secret. — 10. (even) He had deceived me; I felt I had no friends left.

D Traduire :
1. Je compris tout à coup le sens de sa remarque. — 2. Le jardinier dit qu'il n'a pas assez plu cette année. — 3. Nous envoyons toujours nos cartes de Noël avant le 15 décembre. — 4. Il est souvent malade; il n'a jamais l'air malade. — 5. Nous buvons chaque jour trois pintes de lait. — 6. Je comprends facilement ce texte. — 7. Il n'est jamais en retard. D'habitude il arrive tôt. — 8. Ils ont beaucoup aimé le dessin animé. — 9. Nous avons passé l'année dernière à Londres une semaine fort agréable. — 10. Nous allons parfois au concert le samedi soir.

Leçon 8. — *Forme progressive. Présent simple et présent progressif*

A Mettre les verbes au présent simple ou au présent progressif :
1. Look ! It ... (to snow). — 2. Whenever it ... (to snow), our dog ... (to get) very excited. — 3. She ... (to want) to go to the seaside, I ... (to prefer) the mountain. — 4. Don't disturb your brother, he ... (to do) his homework. — 5. I ... (to remember) your friends very well. — 6. Could you wait a few minutes ? They ... (to have) their lunch. — 7. He ... (to have) an American car. — 8. Why are you so sad ? — I ... (to think) that the holidays will be over in three days. — 9. I've told him what I ... (to think) about it, and he ... (to agree) with me. — 10. She often ... (to play) the piano in the evening. Listen ! She ... (to play) now. — 11. She ... (to look) like a gypsy. — I ... (to believe) she is one. — 12. It never ... (to rain) but it ... (to pour). — 13. She always ... (to wear) bright-coloured hats. Today she ... (to wear) a yellow and green one. — 14. They ... (to want) to sell their house. — 15. I ... (to wonder) why they ... (to laugh) — I ... (to think) I ... (to know).

B Traduire :

1. Que lisez-vous en ce moment ? — Je lis une pièce de Christopher Fry. Je lis souvent des pièces de théâtre. — 2. Pourquoi riez-vous ? — Parce que je trouve qu'aujourd'hui vous vous conduisez comme un imbécile. — 3. Aimez-vous le thé ? — Oui, mais je n'en bois pas autant qu'un Anglais. — 4. Voyez-vous ces nuages noirs ? Il pleut certainement dans la vallée. — 5. — Dépêchez-vous ! Nous vous attendons. Jennie vient-elle avec nous ? — 6. Que pensez-vous des nationalisations ? — Je préfère ne pas donner mon opinion. Vous savez que nous ne sommes pas souvent d'accord. — 7. A quoi pensez-vous ? — Je pense à mes amis, qui passent leurs vacances au Pays de Galles pendant que je travaille. — 8. Vous sentez-vous mieux aujourd'hui ? — Oui, mais je ne crois pas que je puisse me lever. — 9. Que fait ton père ? — Il est assis dans le jardin, il se repose, je crois qu'il dort. Il ne travaille jamais le samedi après-midi. — 10. Que cherches-tu ? — Je cherche mes gants. Sais-tu où ils sont ?

Leçon 9. — *Futur et conditionnel*

A Traduire :

1. Il faudra que nous attendions. — 2. Moi, je n'attendrai pas plus de dix minutes, j'ai horreur d'attendre. — 3. Si tu ne me prêtes pas ta voiture, je saurai que tu n'es plus mon ami. — Mais bien sûr je te la prêterai. — 4. Qu'allez-vous faire de tout cet argent ? — 5. Après une marche si longue nous serons fatigués. — 6. Il ne viendra pas au concert, il est trop fatigué. — 7. Bob ne viendra pas au concert, il n'aime pas la musique. — 8. Voulez-vous une cigarette ? — Oui, volontiers. — 9. Voulez-vous que je vous fasse une tasse de thé ? — 10. Si mon fils ne réussit pas à son examen, je serai furieux. — 11. Regardez les nuages. Il va pleuvoir. — 12. Elle ne veut pas se marier avec moi. Que faut-il que je fasse ? — 13. Avec ce brouillard, nous ne serons pas à Londres avant 10 heures. — 14. Je ne resterai pas à Londres plus de deux jours, je ne peux pas supporter le bruit et la circulation. — 15. Je ne lui présenterai pas d'excuses, même si c'est vous qui me le demandez.

B Traduire :

1. Je vais m'arrêter ici pour prendre de l'essence. — 2. Je dois aller à Londres demain pour rencontrer un vieil ami, nous devons déjeuner ensemble. — 3. Allez-vous lire tous ces livres ? — 4. Nous devions lui écrire, quand nous avons reçu sa lettre. — 5. Ils doivent venir passer le jour de Noël avec nous. — 6. Nous devions les inviter avant Noël, mais les enfants étaient au lit avec la grippe. — 7. Regardez cet avion, il va décoller. — 8. J'étais sur le point de faire une gaffe quand il m'a donné un coup de pied sous la table. — 9. Quand partez-vous ? — Nous partons jeudi. — 10. Ils devaient acheter un poste de télévision, quand leur fils leur en a offert un. — 11. Ils devaient venir hier soir, ils ont dû oublier. — 12. Nous étions sur le point de partir quand ils sont arrivés. — 13. Il doit y avoir un concert en plein air ce soir. — 14. Il devait y avoir un concert en plein air hier soir, mais il a plu à verse toute la soirée.

C Traduire :

1. Quand sera-t-elle de retour ? Téléphonez-nous dès qu'elle sera de retour. — 2. Une fois que vous les connaîtrez vous vous entendrez bien avec eux. — 3. Il se peut que je sois absent quand ils arriveront. — 4. Ne manquez pas d'aller à Cambridge quand vous serez en Angleterre. — 5. Quand vous aurez lu ce livre, prêtez-le-moi. — 6. Nous partirons dès que vous serez prêts. Prévenez-nous quand vous serez prêts. — 7. Je vais écrire à Martin pendant que tu feras le thé. — 8. Je voudrais savoir quand finira cette guerre. — 9. Il sera furieux quand il apprendra cela. — 10. Que ferez-vous quand il sera mort ?

D Traduire :

1. Nous voudrions savoir pourquoi tu es en retard. — 2. Si vous aviez besoin d'une machine à écrire, je vous prêterais la mienne. — 3. Ils n'ont pas voulu nous dire la vérité. — 4. Nous serions très heureux de faire la connaissance de votre femme. — 5. Croyez-vous qu'ils quitteraient leur pays ? — 6. Le docteur a répondu qu'il viendrait dès qu'il serait prêt. — 7. Voudriez-vous vous reposer un instant ? — 8. Je serais navré de ne pas assister à leur mariage. — 9. Il pensait que lorsqu'il aurait vingt ans il serait libre de faire ce qui lui plairait. — 10. Je serais déçu s'il échouait.

Leçon 10. — *Temps du passé*

A Répondre affirmativement aux questions suivantes par des phrases complètes (voir la liste n° 2 des verbes irréguliers).

1. Did he spell your name correctly ? — 2. Did it freeze very hard last night ? — 3. Did it cost you a lot of money to have the car repaired ? — 4. Did the two ships sink ? — 5. Did the balloon rise very high ? — 6. Did they kneel on the floor ? — 7. Did they spoil their son ? — 8. Did they dig a hole near the tree ? — 9. Did it hurt when the dentist pulled out your tooth ? — 10. Did they seek a quarrel ? — 11. Did the witness swear he had seen the man come out through the window ? — 12. Did the dog bite the child ? — 13. Did they forbid him to come back home ? — 14. Did he tread on your toes ? — 15. Did he really fling the book at you ?

B Traduire :

1. Pourquoi m'avez-vous dit que vous ne le connaissiez pas, alors que vous le connaissez depuis des années ? — 2. Il vient de gagner 500 livres aux courses. — 3. Quand Christophe Colomb a-t-il découvert l'Amérique ? Quand les premiers Européens se sont-ils établis en Amérique du Nord ? — 4. Ils étaient penchés par la fenêtre, ils regardaient défiler les soldats. — 5. Nous venions de nous coucher quand nous entendîmes quelqu'un crier : « Au feu ! ». — 6. Avez-vous lu Oliver Twist ? — Oui, je l'ai lu quand j'avais dix ans. — 7. Nous sommes allés au théâtre cinq fois cette année. Nous sommes allés à l'Old Vic le mois dernier. — 8. Tu n'as pas encore fini ta version ? J'ai fini la mienne hier. — 9. Il était né en Afrique. C'était la première fois qu'il venait en Europe. Il n'avait encore jamais vu de neige. — 10. Le facteur est-il passé ? — Oui, il n'y avait pas de lettres pour toi. — 11. J'ai souvent pensé à vous pendant votre absence. Quand êtes-vous rentrés ? — 12. Vous a-t-on présenté à Bill ? — Oui, j'ai fait sa connaissance hier. — 13. Nous regardions la télévision quand ils sont arrivés. — 14. Tenez, je vous ai apporté un cadeau. — 15. J'ai toujours voulu être docteur.

Leçon 11. — *Date, fréquence, durée*

A Bâtir des phrases sur les modèles suivants :

1. *How long* have you been living here ? — We've been living here *for* five years.
2. It has been raining *since* Tuesday.
3. *When* did you go to Greece ? — I went to Greece two years *ago*.
4. *How often* do you go to the pictures ? — I go to the pictures twice a month.
5. *How long* does it take you to go to your office ? — It takes me an hour.

B Poser des questions commençant par « *How long* », dont les réponses sont les phrases suivantes. Traduire les questions et les réponses.

He has been ill for a month. How long has he been ill ?
Il est malade depuis un mois. Depuis combien de temps est-il malade ?
1. I have been waiting for him for twenty minutes. — 2. We travelled in Scotland for a month. — 3. They had been walking for four hours. — 4. She will be away for a week. — 5. It takes him twenty minutes to wash and shave. — 6. I had to stay in bed for five days. — 7. He has been sleeping for half an hour. — 8. He had been dead for over an hour. — 9. He has been working in this factory for twenty years. — 10. He worked in this factory for twenty years.

C Traduire :

(Les emplois de *for, since* et *ago* obéissent à une logique rigoureuse. Pour maîtriser cette question réputée délicate, qui sert de critère dans de nombreux thèmes d'examens, on fera bien d'analyser avec soin le sens des phrases françaises à traduire et de toujours les ramener aux cas étudiés dans la quatrième partie de cette leçon. On commencera par bien choisir le temps du verbe en se demandant si l'action est, ou était, terminée; ensuite seulement on traduira le complément de temps. Il est conseillé de toujours garder présentes à l'esprit les deux séries de phrases types. Après avoir fait le thème, on classera les phrases en quatre catégories, comme aux §§ 157 et 160).

1. Nous avons notre poste de télévision depuis Noël. — 2. Le train est parti il y a deux minutes. — 3. Je lis depuis l'heure du thé. — 4. Je ne les ai pas vus depuis des années. — 5. Il y a deux ans qu'ils se sont fixés au Canada. — 6. Avant d'aller nous coucher nous avons regardé la télévision pendant une heure. — 7. Je sais nager depuis l'âge de sept ans. — 8. Les chauffeurs de taxi sont en grève depuis hier matin. — 9. Il y a plus d'une semaine qu'ils sont en grève. — 10. Il a été prisonnier quatre ans pendant la guerre. — 11. Je ne suis pas allé au cirque depuis l'âge de dix ans. — 12. Il y a un siècle Seattle n'était qu'un petit village. — 13. Ils ne sont pas venus nous rendre visite depuis que nous habitons ici. — 14. Le dîner est prêt depuis longtemps. — 15. Il y a quinze jours que je n'ai pas lu un journal. — 16. Les Romains ont occupé l'Angleterre pendant près de quatre siècles. — 17. Depuis combien de temps sont-ils en Italie ? — 18. Combien de temps êtes-vous resté à l'hôpital ? — 19. Depuis combien de temps avez-vous cette voiture ? — 20. Combien de temps la guerre de Sécession a-t-elle duré ?

D Traduire :

1. Je le connaissais depuis deux ans. — 2. On nous avait présentés l'un à l'autre quelques années auparavant. — 3. Depuis combien de temps George VI était-il roi quand la guerre a éclaté ? — 4. Il était roi depuis trois ans, depuis 1936, depuis que son frère avait abdiqué. — 5. Il y avait une demi-heure que j'attendais quand ils sont arrivés. — 6. Il avait déjà eu une voiture pendant quelques années, puis il l'avait revendue. — 7. Depuis combien de temps saviez-vous que votre frère était espion ? — 8. Je ne le savais que depuis quelques semaines. — 9. Elle était veuve depuis l'âge de vingt-cinq ans. — 10. Cela faisait vingt-cinq ans qu'elle était veuve.

E Transformer les phrases suivantes en remplaçant *ago* (ou *before*) par *it is... since* (ou : *it was... since*). Les traduire (« il y a... que... », « il avait... que... »).

Exemples (voir §§ 201 et 203) : He went to America ten years ago → It is ten years since he went to America. *Il y a dix ans qu'il est parti en Amérique.*
He had bought his house three years before → It was three years since he had bought his house. *Il y avait trois ans qu'il avait acheté sa maison.*

1. He wrote his first novel forty years ago. — 2. He had left ten minutes before. — 3. I last read a French paper six months ago. — 4. They had lived in Bedford many years before. — 5. He learnt to drive only six months ago. — 6. She sent the letter five days ago. — 7. We were last in London three years ago. — 8. We had last seen him three days before. — 9. We bought our television set five years ago. — 10. I last had a cup of tea more than three weeks ago.

F Traduire :

1. Ils débarquèrent en Normandie en juin 1944 (le 6 juin 1944). — 2. L'avez-vous rencontré lundi ou le mois dernier ? — 3. Pouvez-vous me donner une réponse d'ici la fin de la semaine ? — 4. Ils se sont couchés à 9 heures, et dès la demie toutes les lumières étaient éteintes. — 5. Nous ne travaillons pas le samedi après-midi. — 6. Tous les combien les enfants vont-ils à la piscine ? — Ils y vont deux ou trois fois par mois. — 7. Je vais chez le dentiste régulièrement tous les six mois. — 8. Il vient m'emprunter mon dictionnaire tous les deux jours. — 9. Nous serons prêts dans quelques minutes. — 10. Nous écouterons le message de la reine le jour de Noël à 3 heures de l'après-midi.

Leçon 12. — *Forme fréquentative*

A Mettre à la forme fréquentative avec « *used to* » (voir liste n° 1 des verbes irréguliers) :

(a) *actions répétées dans le passé :*
1. I bought the Times at the station. — 2. He drove to his office. — 3. He wrote to his parents on Sundays. — 4. They were late. — 5. He smoked a cigar after lunch. — 6. I flew to Dublin. — 7. They opened the shop at 9 sharp. — 8. We had a cup of coffee at 11. — 9. He caught the 10 o'clock train to Salisbury. — 10. They woke us up at 6.

(b) *faits révolus (sans idée de répétition) :*
1. I knew everyone in the village. — 2. Men wore wigs in those days. — 3. I trusted him. — 4. You were a Liberal, weren't you ? — 5. He thought that the English were hypocrites. — 6. There were vineyards on those hills. — 7. We called him « Piggy ». — 8. She sang in the choir. — 9. The holidays began on July 14th. — 10. He spoke English fluently.

B Traduire en employant la forme fréquentative toutes les fois que c'est possible :

1. En été il se levait tôt et faisait une longue promenade en forêt avant le petit déjeuner. — 2. C'est ici que j'habitais quand j'étais enfant. — 3. Il fallait toujours qu'il arrivât avec dix minutes de retard. — 4. Ils vont au cinéma tous les samedis. — 5. Ils allaient au cinéma tous les samedis, n'est-ce pas ? — 6. Je ne suis pas habitué à boire un si grand nombre de tasses de thé. — 7. Toutes les fois que je l'appelais il faisait semblant de ne pas entendre. — 8. Je croyais autrefois qu'il était vaniteux. — 9. Il faut toujours qu'il parle de son oncle d'Amérique. — 10. Il y avait jadis plusieurs moulins à vent dans cette région.

C Traduire :

1. They used to spend their holidays in Ireland. — 2. He used to say that « business is business ». — 3. We aren't used to getting up so early. — 4. There is a transporter bridge in Marseilles, or rather there used to be one. — 5. Police dogs were used to hunt the escaped prisoner. — 6. The Mormons used to have several wives. — 7. Do you smoke ? — I used to. — 8. He was not used to making his own bed. — 9. He doesn't come to see us as often as he used to. — 10. Life isn't so easy for young people as it used to be.

D Traduire :

1. In Summer we would play in the garden until 10, when Father would come out and say it was time to go to bed. — 2. He came home very late last night, and of course he would bang the door and wake up the whole family. — 3. I hope they won't be coming, that would be most inconvenient. — 4. The donkey would go no further. — 5. He said that he would retire when he was sixty, but nobody believed that he would. — 6. Pussy would spend hours watching the birds in the trees of the orchard. — 7. He said it was his duty to enforce the law. — He would (say that) ! — 8. I do wish they would try and be a little less noisy. — 9. Her son would come home for a few days every Christmas, and whenever he arrived she would be looking anxiously out of the front window. — 10. This is the kind of joke that he *would* make (*would* accentué).

Leçon 13. — *Forme emphatique*

A Répondre affirmativement par des formes emphatiques (= « mais si, certainement, je vous assure que... »), par écrit et oralement.

Exemple : **Doesn't John play golf ? — Yes, he does** (play golf). Dans la réponse l'auxiliaire est fortement accentué.

1. Won't you go with them ? — 2. Isn't your husband a member of the club ? — 3. Didn't you like the haggis ? — 4. Don't you know where the Five Towns are ? — 5. Haven't you read Tom Jones ? — 6. Weren't they pleased ? — 7. She hasn't been to England, has she ? — 8. They didn't tell us they were coming, did they ? — 9. Of course you French people never drink tea. — 10. Of course you English people can't make coffee.

B Mettre à la forme emphatique, par écrit et oralement :

1. He's a snob. — 2. I reminded you to answer his letter. — 3. We'll drive you to the airport. — 4. You've grown. — 5. He apologized. — 6. He isn't our friend. — 7. We had a nice time in spite of the weather. — 8. You snore. — 9. He scored a goal. — 10. He said he would dive into the river on Christmas morning, and he dived.

Leçon 14. — *Le subjonctif*

A Traduire en employant le verbe *to wish* ou l'expression *I'd rather* :

1. J'aimerais qu'il soit moins dépensier. — 2. Je regrette d'avoir tant de choses à faire aujourd'hui. — 3. J'aimerais qu'il cesse de fumer. — 4. Je regrette que vous ne puissiez pas assister à la conférence. — 5. Nous aurions préféré qu'ils n'amènent pas leurs enfants. — 6. Nous regrettons de n'avoir pas pu venir. — 7. J'aimerais croire ce qu'il dit; mais c'est évidemment un mensonge. — 8. Je préférerais que tu fasses d'abord ton travail. — 9. Nous regrettions qu'il ne nous eût pas parlé de ses projets. — 10. Il veut conduire. Nous préfèrerions que ce soit vous.

B Traduire :

1. Il portait une fausse barbe pour que personne ne le reconnût. — 2. J'insiste pour que vous lui présentiez des excuses. — 3. S'il vous arrive de les rencontrer, faites semblant de ne pas les avoir vus. — 4. Quoi qu'il arrive, il n'admettra jamais qu'il s'est trompé. — 5. Il est extraordinaire qu'Oxford ait gagné la course. — 6. Je l'ai enfermé à clef pour qu'il ne sorte pas avant d'avoir fini ses devoirs.

STRUCTURES DU VERBE

1	1a 1b	Verbe + infinitif complet Verbe + objet + infinitif complet	Do you want **to come** with us ? They want **us to go** with them. We are waiting **for him to ring** us up.
2	2a 2b	Verbe + infinitif sans to Verbe + objet + infinitif sans to	He daren't **address** me. You'll make **me miss** my train.
3	3a 3b 3c	Verbe + gérondif Verbe + nom ou adjectif possessif + gérondif Verbe + objet + préposition + gérondif	I enjoyed **seeing** my friends. Do you mind **John coming** with us ? Do you mind **his coming** with us ? I prevented **him from making** a mistake.
4	4a 4b	Verbe + participe présent Verbe + objet + part. présent	He stood **looking** over my shoulder. He kept **me waiting** for an hour.
5	5a 5b	Verbe + participe passé Verbe + objet + part. passé	You'll get **punished**. I must have **my car repaired**.
6	6a 6b	Verbe (+ that) + subordonnée Verbe + objet (+ that) + subord.	He said **(that) he was tired**. He told **us (that) he was tired**.
7	7a 7b	Verbe + interrogative indirecte Verbe + objet + interr. indir.	I wonder **where John is**. Ask **him where the station is**.

O		Verbe seul	He shaved and dressed. They quarrelled.
A		Verbe + objet direct	He obeys **them**.
B		Verbe + préposition + complém.	Wait **for them**.
C		Verbe + compl. d'attribution + compl. d'objet	He gave **John a book**.
D		Verbe + complément + préposition + complément	He explained **his behaviour to us**. They presented **him with a book**.
E	Ea Eb	Verbe + attribut du sujet Verbe + objet + attr. de l'objet	He looks **pleased**. I shook **him awake**.
F	Fa Fb	Verbe indiquant le moyen ou la manière (+ objet) + terme (préposition + compl.; ou postposition) exprimant un mouvement ou un aboutissement.	He swam **across (the river)**. I threatened **him into obedience**.

Marque-page " Grammaire méthodique de l'anglais moderne "

— 7. Nous devrions leur écrire, de peur qu'ils ne pensent que nous les avons oubliés. — 8. Il est indispensable que nous gardions ce secret. — 9. Il proposa que chacun d'entre nous donnât dix dollars. — 10. L'agent arrêta la circulation pour que le chien traversât la chaussée sans danger. — 11. Si fort que vous soyez, nous n'avons pas peur de vous. — 12. Je propose que nous en informions la police.

C Construire des phrases sur les modèles suivants :

1. *If I were you*, I'd give up the attempt. — 2. He is as happy *as if he were* at home. — 3. *It's high time* we left. — 4. *I don't see why* you should consider yourself the boss here. — 5. *It was not to be expected that* he should be polite to us. — 6. *I wish I had* invited them. — 7. *I wish I could* play the piano. — 8. *I wish you would* stop *whistling*. — 9. *It's important that we should* keep the secret. — 10. They started whispering, *so that I shouldn't* hear what they were saying.

D Traduire :

1. Nous attendons qu'il soit de retour. — 2. Vous devez étudier cette sonate jusqu'à ce que vous la sachiez par cœur. — 3. Qu'il fasse ce qu'il veut ! — 4. Je ne pense pas qu'il soit coupable. — 5. Nous aimerions qu'ils arrivent de bonne heure. — 6. Prenez une tasse de café, à moins que vous ne préfériez du thé. — 7. Quoiqu'il dise la vérité, personne ne le croit. — 8. Quoi qu'il dise, personne ne le croit. — 9. Il se peut qu'il n'ait pas lu ce livre. — 10. Il faut que vous goûtiez ce vin.

Leçon 15. — *Concordance des temps et style indirect*

A Traduire :

1. C'est moi qui l'ai vu le premier. — 2. C'est à 6 heures que leur bateau était attendu. — 3. C'est le matin qu'il travaillait le mieux. — 4. C'est par Mrs Jones que j'ai appris la nouvelle. — 5. C'est de cette façon-là qu'il s'est cassé la jambe. — 6. Si quelqu'un entrait dans le jardin la nuit, le chien aboierait. — 7. Si cela ne lui avait pas plu, il l'aurait dit. — 8. Si vous lui écrivez, il vous répondra. — 9. Si vous lui écriviez, il vous répondrait. — 10. Si vous lui aviez écrit, il vous aurait répondu.

B Mettre le verbe de la subordonnée commençant par *if* (a) au « preterite », (b) au plus-que-parfait, et appliquer la concordance des temps dans la principale; puis traduire les phrases :

1. If you eat this cake you'll be sick. — 2. If you get up early you'll see the sunrise. — 3. If you are a good pupil, your parents will be proud of you. — 4. If I catch him doing it again, he'll be punished. — 5. If it's too cold to go out, we can always watch television.

C Mettre au style indirect :

1. She said : 'I've seen a ghost. I won't sleep in that room again ! — 2. They said : 'We've been waiting for you for half an hour', but I answered : 'I don't believe it'. — 3. Who is this man, I wonder ? — 4. 'Will you have a cup of tea ?', she asked them. But they answered, 'We've already had several cups'. — 5. 'Is there a telephone box near here ?', he asked. 'Where is the police station ?' —

6. He said, 'I don't know this man. I've never met him.' — 7. 'Are you tired?', I asked them. 'We aren't', they said. — 8. They said, 'We'll stay with you until the doctor arrives'. But she said, 'You needn't'. — 9. 'Can you lend me £50?'; I asked him. He answered, 'I'm afraid I can't'. — 10. He said, 'I won't sing because I have no voice and I don't want to make a fool of myself'.

D Mettre au style direct :

1. She asked us when we had come back and whether we had enjoyed our holidays. — 2. They said they were tired, and asked whether they could have a rest. — 3. He apologized for being so late, and promised he would never be late again. — 4. He asked me where Cyprus was, and whether I had been there. — 5. I asked him how long he had been living in Bradford. He answered he had been born there. — 6. He said he was glad he had come. — 7. I asked them how often they went to England. They said they went as often as they could. — 8. He said when he was rich he would buy a yacht. — 9. He often says he wishes he could play the cello. — 10. We asked her whether she could drive. She said yes, she could.

Leçon 16. *L'impératif*

A Traduire :

1. Venez donc jouer avec nous. — 2. Ne sois pas si gourmand. — 3. Décidons-nous rapidement. — 4. Soyez raisonnable. Ne faites pas tant d'histoires. — 5. Ne nous disputons pas. — 6. Je vous en prie, cessez de vous plaindre. — 7. Jetez un coup d'œil à cette photo. — 8. Qu'ils se conduisent bien s'ils veulent que je les emmène au théâtre. — 9. Qu'ils ne s'imaginent pas que cet examen sera facile. — 10. Que chacun fasse de son mieux. — 11. Restons encore dix minutes. — 12. Qu'ils sachent tous que je ne céderai pas. — 13. N'en parlons à personne. — 14. Que ce genre de chose ne se reproduise plus. — 15. Puis-je me servir de votre téléphone ? — Oui, je vous en prie.

Leçon 17. — *La voix passive*

A Mettre à la voix passive (sous-entendre le complément d'agent) puis traduire :

1. The policeman arrested him and took him to the police-station. — 2. We shall have to put up with the noise. — 3. They will give him another chance. — 4. People advised him to see a doctor. — 5. They are building a modern hotel. 6. They had not expected such a bad result. — 7. He is a man you can rely on. — 8. They will teach us music. — 9. Do they expect me to make a speech ? — 10. His father was beating him and shouting at him. — 11. You should not take these books away. — 12. They showed us into a large room. — 13. People could not account for the accident. — 14. We have looked through these papers. — 15. We put him to bed and sent for the doctor.

B Traduire par des phrases au passif :

1. Il ne reste que deux places au premier rang. — 2. Ils étaient en train de se faire gronder par le proviseur. — 3. En Angleterre les cigarettes se vendent dans les mêmes boutiques que les bonbons. — 4. On leur a conseillé d'emporter des vêtements chauds. — 5. Ils s'aperçut qu'on le dévisageait et il rougit. — 6. Ce nom ne peut pas s'employer au pluriel. — 7. On ne pouvait pas faire grand chose pour les secourir. — 8. Jamais on ne lui avait parlé avec autant de bienveillance. — 9. Enseigne-t-on la philosophie dans les établissements secondaires en Angleterre ? — 10. Quand nous dira-t-on la vérité ?

C Traduire :

1. Il faut que je parte, on m'attend. — 2. On le respectait dans la ville, mais on ne se liait pas d'amitié avec lui. — 3. Alors, on s'amuse bien, les enfants ? — 4. On ne peut jamais être sûr du temps qu'il fera, il vaut mieux prendre un imperméable. — 5. Je vois bien qu'on ne veut pas de moi ici. — 6. On le disait sévère. — 7. On lit beaucoup plus de journaux en Angleterre que chez nous. — 8. Voulez-vous qu'on vous emmène à la gare en voiture ? — 9. On parle le gallois dans le nord du pays de Galles. — 10. Restez, on a besoin de vous. — 11. On ne devrait jamais se mettre en colère. — 12. Ne vous fâchez pas, on peut bien plaisanter de temps en temps. — 13. On m'a volé mon porte-monnaie. — 14. Quand on est en vacances, on n'aime pas écrire de longues lettres. — 15. « L'été, dans mon pays, on boit beaucoup de thé glacé », dit l'Américain. — « Mais on boit encore plus de coca-cola, n'est-ce pas ? », dit le Français.

Leçon 18. — *Les formes verbales en -ing*

A Traduire :

1. Il gagnait sa vie en donnant des leçons de piano. — 2. Jack s'est endormi en lisant son journal. — 3. Il paya les dix dollars en se disant que c'était une bonne affaire. — 4. En entendant ces mots il se leva et sortit en claquant la porte. — 5. Ne traverse jamais la rue en courant. — 6. Je l'ai incité à faire des efforts en lui promettant de l'envoyer en Angleterre. — 7. En entrant dans la pièce ils furent frappés par une forte odeur de gaz. — 8. Il fut fâché en s'apercevant qu'on l'avait trompé. — 9. Il passa deux ans à apprendre le grec. — 10. Ils étaient occupés à balayer les feuilles mortes.

B Traduire :

1. Elle remercia le docteur d'être venu si vite. — 2. Il prit un chapeau sans s'apercevoir que ce n'était pas le sien. — 3. Loin d'être votre ennemi, je serais heureux de vous aider. — 4. Il est enclin à considérer tous ceux qui l'entourent comme ses domestiques. — 5. Nous nous réjouissons d'avance de votre séjour chez nous. — 6. Il n'y avait pas moyen de savoir ce qu'il avait fait de l'argent. — 7. Elle n'était pas habituée à voir tant de monde dans les rues. — 8. Il est inutile que nous insistions, il ne viendra pas. — 9. Cette proposition vaut la peine qu'on y réfléchisse. — 10. Après avoir voyagé pendant vingt ans, il voulait mener une vie bien tranquille.

C Traduire :

1. Ils ne comprennent pas que nous dépensions tant d'argent pour la nourriture — 2. Que pensez-vous du fait qu'il se couche à minuit tous les soirs ? — 3. J'espère que cela ne dérangera pas les voisins que je passe un disque, bien qu'il soit assez tard. — 4. Le fait qu'elle ne sache pas taper à la machine est pour elle un handicap. — 5. Avez-vous aimé leur façon de jouer le concerto de Bach comme si c'était de la musique de jazz ? — 6. Le fait que je suis gaucher ne me gêne en rien. — 7. Il s'excusa parce que son chien avait creusé un trou près de nos rosiers. — 8. Le fait qu'ils ont gagné la course peut s'expliquer par leur entraînement régulier depuis trois mois. — 9. Le fait que tu sois pressé n'est pas une excuse pour filer à l'anglaise. — 10. Comment peut-on expliquer qu'elle ait épousé un pareil imbécile ?

Leçon 19. — *L'infinitif*

A Traduire :

1. Il est en Angleterre pour apprendre l'anglais et non pour s'amuser. — 2. Ils marchèrent sur la pointe des pieds pour ne pas le réveiller. — 3. Il portait des

gants pour ne pas laisser d'empreintes digitales. — 4. Je vous enverrai quelques vues de mon village pour que vous les montriez à vos amis. — 5. Ils sonnèrent les cloches pour que tout le monde sût que la guerre était finie. — 6. N'y allez que si vraiment vous le voulez. — 7. Je ne leur ai pas écrit parce qu'ils m'ont demandé de ne pas le faire. — 8. Donne-moi un vase pour y mettre ces fleurs. — 9. Je vais leur rapporter une bouteille de champagne pour qu'ils la boivent à Noël. — 10. Pourquoi passer tant de temps à travailler ? La vie est si courte !

B Bâtir des phrases elliptiques sur les modèles suivants (**to anaphorique**) :
1. I read the book **because I had to**. — 2. You may smoke **if you want to**. — 3. We don't go to the theatre **as often as we used to**. — 4. Would you like to join our orchestra ? — Yes, **I'd love to**. — 5. I haven't seen the film yet, but **I'm going to**. — 6. Don't drop the tray ! — **I'm trying not to**. — 7. Did you post my letter ? — No, **I meant to** but I forgot. — 8. We had first intended to dine out, but then **we decided not to**.

Leçon 20. — *Structures 1 a et 3*

A Traduire :
1. Vous éviterez de discuter avec lui, n'est-ce pas ? — 2. Nous pensons qu'il mérite de réussir. — 3. Il a menacé d'en parler à la police. — 4. Cela m'a fait plaisir de lire sa lettre. — 5. Nous avons entendu par hasard ce qu'il vous disait (employer to happen). — 6. Ils envisagent d'acheter un magnétophone. — 7. Cela vous ennuierait-il que je me serve de votre stylo ? — 8. Ils n'ont pas fait ce que je leur avais demandé (employer to fail). — 9. Si vous continuez à boire comme cela vous serez malade. — 10. Cela lui déplaît d'avoir à cirer ses chaussures lui-même.

B Traduire :
1. Il fit semblant de ne pas m'avoir vu. — 2. Il s'est arrêté de jouer quand je suis arrivé. — 3. Si par hasard vous le rencontrez, dites-lui que je l'attends (employer to happen). — 4. Elle avait l'air de se demander ce que vous vouliez dire. — 5. J'ai horreur que l'on me dise ce que je dois faire. — 6. Il s'est trouvé que j'étais là quand vous avez fait cette promesse. — 7. Excusez-moi d'insister, mais je serais heureux que vous rejouiez ce morceau. — 8. Votre manteau a besoin d'être brossé. — 9. A-t-il vraiment renoncé à boire et à fumer. — 10. Vous rappelez-vous lui avoir posé cette question ? — 11. Après avoir juré de dire la vérité il reconnut avoir rencontré l'accusé plusieurs fois, mais il nia avoir reçu de lui une somme d'argent. — 12. Elle adore qu'on lui dise qu'elle est jolie.

C Bâtir diverses phrases commençant par :
1. When I am at the seaside I **enjoy...** — 2. When you are driving a car in the rain you should **avoid...** — 3. We are making plans for next summer; we **contemplate...** — 4. (in a railway compartment) Do you **mind...** ? I hope you don't **mind...** — 5. As the weather was too bad we had to **put off...** — 6. (in the classroom) The teacher said, « **Stop...** ». « **Avoid...** ». — 7. He is a very mischievous boy, he just **can't help...** — 8. If we want to succeed we must never **give up...** — 9. When the English are in France they **enjoy...** — 10. (speaking to a friend who has spent his holidays in England) « Did you **enjoy...** ? ».

D Bâtir des phrases sur les modèles suivants :
1. **I like** playing chess. **Would you like to** play with me ? — 2. **I prefer** working hard **to** being idle (= I'd rather work hard than be idle). — 3. **I should prefer to** chat with you **rather than** watch television (= I'd rather chat with you than watch television). — 4. **I happened to** notice that his hands were shaking. — 5. She **couldn't help** feeling sorry for the poor fellow.

Leçon 21. — *La structure 1 b (proposition infinitive)*

A Traduire :

1. J'aimerais qu'ici vous vous sentiez chez vous. — 2. J'espère qu'ils ne s'attendent pas à ce que nous allions les voir. — 3. Nous attendons qu'il se décide. — 4. Ils veulent que vous leur disiez ce qui s'est passé. — 5. Je veux que mon fils reçoive des coups de canne toutes les fois qu'il le méritera. — 6. Elle aimerait que vous lui disiez si vous avez reçu sa lettre. — 7. Nous attendons que la pluie s'arrête. — 8. Son père s'attend à ce qu'il sache parler l'allemand à la fin de l'année. — 9. Elle préfère que ses enfants fassent leurs devoirs avant le dîner. — 10. Il aimerait que je lui donne ce livre.

B Traduire :

1. On considère que Paris est la plus belle ville du monde. — 2. On nous a demandé de ne pas oublier le pourboire. — 3. On lui a conseillé de passer quelques mois aux Etats-Unis. — 4. Mais il aimerait que sa femme et ses enfants puissent l'accompagner. — 5. Nous nous attendons à ce qu'on augmente nos traitements. — 6. On vous demandera de ne jamais être en retard. — 7. On leur a dit d'attendre dehors. — 8. On dit qu'elle était très jolie dans sa jeunesse. — 9. Je veux que Robert aide son père à tondre la pelouse. — 10. On lui a conseillé de ne plus fumer.

C Bâtir diverses phrases commençant par :

1. We are waiting for our friends to... — 2. I hope they don't intend us to... — 3. I should hate my children to... — 4. Would you like my husband to... ? — 5. Every morning my mother expects me to... — 6. You don't want me to ..., do you ? — 7. The general expects the soldiers to... — 8. She would like her daughter to... — 9. Are they waiting for me to... ? — 10. Where do you want me to... ?

D Bâtir des phrases sur les modèles suivants, puis les traduire (avec « on + voix active ») :

1. He **is said to be** a good doctor. — 2. He **was told to be** quiet. — 3. I **was asked to** give my opinion. — 4. The Welsh **are known to be** good singers. — 5. **Am I expected to** make my own bed ? — 6. He was believed to be good at polo. — 7. He **was advised to** rest for a few weeks. — 8. He **was said to have been** a secret agent during the war.

E Bâtir des phrases elliptiques sur les modèles suivants (*to anaphorique*) :

1. He wanted to go to Egypt in August, but **we advised him not to.** — 2. They will help you **if you ask them to.** — 3. Why did you allow Bob to go to the pictures ? **I told you not to.** — 4. I must go to their party, **they all expect me to.** — 5. Oh, do play that piece again. — **Do you really want me to ?**

Leçon 22. — *Structures 2 a, 2 b, 4 b, 5 b. Traduction de « faire + infinitif »*

A Bâtir des phrases sur les modèles suivants :

1. He **made me write** the essay again because of the bad spelling. — 2. Don't **make him blush!** — 3. We are going to **have our cat examined** by the vet (= veterinary surgeon). — 4. He didn't **let us touch** (= didn't allow us to touch) his precious books.

B Traduire :

1. Il a fait pleurer son frère. — 2. Il a fait punir son frère. — 3. Je leur ferai avouer leurs crimes. — 4. Ils firent massacrer les femmes et les enfants. — 5. — Nous leur ferons envoyer des fleurs. — 6. Ce beau temps me fait penser aux vacances qui approchent. — 7. Qu'est-ce qui l'a fait agir aussi sottement ? — 8. Dépêche-toi, ne les fais pas attendre. — 9. Nous lui ferons perdre cette habitude. — 10. J'espère que vous nous ferez savoir quand vous devez rentrer en France. — 11. Il faut que je fasse réparer ma montre. — 12. Faites-lui faire un quart d'heure de culture physique tous les matins. — 13. Vous devriez vous faire respecter. — 14. Il fit détruire tous les documents. — 15. Il se fit expliquer la situation. — 16. Son comportement bizarre nous a fait douter de son honnêteté. — 17. Qu'est-ce qui vous a fait croire que j'étais de mauvaise humeur ? — 18. Nous lui ferons apprendre l'anglais dès l'âge de sept ans. — 19. Tu devrais faire nettoyer ton complet. — 20. Les anciens du collège font cirer leurs chaussures par les bizuths.

Leçon 23. — *Structures 6 et 7*

A Bâtir des phrases sur les modèles suivants, puis les traduire :

1. ***They explained to us that*** they had missed their train. — 2. ***They explained to us why*** they had been unable to come. — 3. ***I wonder where*** the station is. ***Ask the policeman where*** the station is. — 4. ***We must make up our minds what*** to do. — 5. ***Do you know where*** the bus stop is ? — 6. ***Do you know which*** bus to take ? — 7. ***He didn't know whether*** to greet us or ignore us. — 8. ***They taught him how to*** use the projector.

B Répondre aux questions suivantes par des phrases elliptiques (utiliser le verbe donné entre parenthèses, construit avec ***so*** ou ***not***; voir § 281).

1. Do you think he'll punish us ? (to hope). — 2. Will they be late ? — Yes (to expect). — 3. Do you think they'll win the race ? — No (to think). — 4. You don't expect he'll apologize to you ? — No (to suppose). — 5. Are they going to stay for a few days ? — Yes (to hope).

C Construire avec un infinitif la proposition interrogative indirecte (§ 283).

1. I don't know where I must go. — 2. Tell me when I ought to stop. — 3. They wonder whether they ought to rent a flat or buy a house. — 4. Advise me which one I ought to buy. — 5. Show them where they can leave their luggage. — 6. They didn't know whether they should walk or go by bus. — 7. Did he tell you which books you should read ? — 8. She is considering whether she had better bake the potatoes or boil them. — 9. Have you made up your minds where you want to go tonight ? — 10. Will you advise me which tie I ought to wear ?

D Traduire :

1. Nous avons pensé mourir de faim. — 2. Il croit avoir de l'humour. — 3. Il pense avoir des parents sévères. — 4. J'ai cru voir un éclair. — 5. Savez-vous où se trouvent les Hébrides ? — 6. Peux-tu me dire où est ton frère. — 7. Sais-tu combien de tentacules a une pieuvre ? — 8. Je lui apprendrai ce qu'est l'honnêteté. — 9. Je me demande quel âge a sa femme. — 10. Savez-vous qui était le Régent ? — 11. Vous ne mettrez pas dix minutes à apprendre à vous servir de cette machine à laver. — 12. Je vais vous apprendre à jouer aux échecs. — 13. Pendant ses vacances à la ferme il a appris à traire une vache.

Leçon 24. — *Structures 0, A, B, C, D*

A Bâtir des phrases sur les modèles suivants :

1. I **enjoyed** my holidays (SV A); I **enjoyed** staying in Scotland (SV 3 a). — 2. **Mind** the dog. — 3. I shall have **to borrow** £ 100 from the bank. — 4. When he retired, his colleagues **presented** him with a clock. — 5. Who **supplied** the murderer with the gun ? — 6. They **robbed** the poor woman of her handbag (= They **stole** the poor woman's handbag). — 7. **Forgive** me for asking you this question again. — 8. **Thank** you for your help (= Thank you for helping me). — 9. They **blamed** him for not telling them the whole truth. — 10. They **charged** the man with betraying his country.

B Transformer les phrases de structure D en phrases de structure C, en remplaçant les compléments d'attribution par des pronoms (exemple : **You must lend your toys to your brother → You must lend him your toys**).

1. I'll show your letter to all my friends. — 2. You must not give a tip to the usherette. — 3. The police offered £ 50 to all those who could help them. — 4. She must buy a new frock for Margaret. — 5. I will never lend my car to the Joneses again. — 6. He wrote long letters to his wife. — 7. She made very good cakes for John and me. — 8. He didn't leave any cake for his sister. — 9. They always told the truth to their children. — 10. I will give my opinion to the staff.

C Mettre à la voix passive (en omettant le complément d'agent), puis traduire :

1. You can't trust him. — 2. They were staring at us. — 3. We will obey your orders. — 4. They showed us the 13th century cellars. — 5. They had to send for the doctor. — 6. They didn't obey him. — 7. He will give you good advice. — 8. People pointed at him. — 9. People praised him for his courage. — 10. They told us an incredible story. — 11. They teach all the pupils three languages. — 12. They will supply you with skis. — 13. They charged the man with killing the old lady. — 14. Somebody has robbed me of my passport. — 15. They presented her with a transistor radio.

D Traduire :

1. Souviens-toi de ce que je t'ai dit. — 2. Qui attendez-vous ? — 3. Attendez ! Attendez-moi ! — 4. On se moquait souvent de lui dans le village. — 5. Obéissez à vos parents et faites-leur confiance. — 16. Ils se rencontraient tous les samedis. — 7. Il faut obéir à la loi. — 8. Ecoutez ! Ecoutez ce qu'il a à nous dire. — 9. Cherchons-les. — 10. On se souviendra de sa menace.

E Traduire :

1. A qui confierez-vous les documents quand vous partirez en vacances ? — 2. On m'a volé. On m'a volé ma bourse. — Qui vous l'a volée ? — 3. Cette mélodie me rappelle l'Irlande. — 4. A qui allez-vous emprunter cet argent ? — 5. On les a accusés d'avoir essayé de corrompre les témoins. — 6. Ses parents lui reprochent d'avoir épousé un bon à rien. — 7. Personne ne peut m'empêcher de faire ce qui me plaît. — 8. Nous vous remercions de nous avoir envoyé de si jolis timbres.

Leçon 25. — *Structures E et F*

A Transformer les phrases suivantes en changeant (1) de verbe; (2) de complément ou de postposition. Traduire les phrases données et les phrases ainsi obtenues.

Exemple :

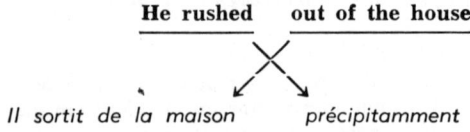

He limped out of the house. *Il sortit de la maison en boitant.*
He rushed downstairs. *Il descendit l'escalier précipitamment.*

1. They cycled along a narrow lane. — 2. We sailed up the river. — 3. The children were running round the inn. — 4. We drove back home. — 5. They rode through the wood. — 6. The tramp plodded past our house. — 7. The soldiers crawled up the hill. — 8. She flew to London. — 9. The murderer stole away. — 10. The man was reeling across the street.

B Bâtir des phrases commençant par :

1. They laughed him out of... (ex. : wearing his green hat). — 2. He threatened her into... (ex. : receiving the stolen money). — 3. They talked him into... (ex. : accepting their offer). — 4. They kicked him... (ex. : downstairs). — 5. He had to push his way... (ex. : through the crowd).

C Traduire :

1. D'un geste de la main il les fit sortir. — 2. A force de discussions, ils l'amenèrent à s'inscrire au parti. — 3. A force de menaces, ils le contraignirent à ouvrir le coffre-fort. — 4. La petite auto montait la côte en haletant. — 5. Il monta l'escalier à tâtons. — 6. Ses amis ont fini par le dissuader de vendre sa maison. — 7. La lourde charrette passa devant chez nous avec fracas. — 8. La flèche passa en sifflant près de mon oreille. — 9. En lui faisant honte, elle l'a contraint à aller chez le coiffeur. — 10. En se moquant de lui, ils lui ont fait perdre l'habitude de sucer son pouce. — 11. Elle alla sur la pointe des pieds jusqu'au lit de l'enfant qui dormait. — 12. Il gaspilla au jeu toute sa fortune.

Leçon 26. — *Constructions spéciales à certains verbes*

A Construire des phrases sur les modèles suivants, puis traduire :

1. ***We were told to*** stop smoking. — 2. ***He was said to be*** a good pianist. — 3. ***He was told that*** the train had just left the station. — 4. ***Can you remember*** his Christian name ? — 5. This fine weather ***reminds me*** of my holidays. — 6. ***It looks as if*** we are going to have a rough crossing. — 7. He ***looks*** silly. He ***looks*** a fool. — 8. Your plans for next summer ***sound*** quite sensible.

B Mettre à la voix passive, en omettant le complément d'agent, puis traduire :

1. Somebody told us to reserve our seats. — 2. People say that he was a hero during the war. — 3. They'll tell you the whole story. — 4. They had never told her that her son was in hospital. — 5. Everyone says they are good at languages. — 6. We shall always remember their kindness to us. — 7. He reminded us not to light a fire in the wood. — 8. The police reminded the foreign motorist that he must keep to the left. — 9. They heard someone shout, « Fire ! Fire ! ». — 10. We saw the man drop a gun into the river.

C Traduire :

1. Pouvez-vous me dire où est l'hôtel de ville ? — 2. Il est parti sans nous dire au revoir. — 3. Il n'a pas pu nous dire où habitent ses parents. — 4. Nous lui avons dit de ne jamais revenir. — 5. Mrs Morland dit souvent à Tony qu'il ne devrait pas être si désordonné. — 6. Ne dis jamais de mensonges. — 7. On vous dira de lire beaucoup de journaux anglais. — 8. Dites à tous vos amis ce que je viens de vous dire. — 9. On disait qu'il avait été acteur de cinéma avant la guerre. — 10. Vous a-t-on dit où est la bibliothèque ? — 11. Quand nous dira-t-on la vérité ? — 12. On ne lui avait pas dit qu'il était interdit de fumer.

D Traduire :

1. Je ne me souviens pas de lui mais je me souviens très bien de son frère. — 2. Je me rappelle avoir remarqué qu'elle avait l'air fatiguée. — 3. Les paysages de cette région me rappellent la Suisse. — 4. Il est rappelé aux étudiants qu'ils doivent être rentrés pour 11 heures. — 5. Il m'a rappelé que je devais lui prêter mon électrophone. — 6. Nous sommes allés à la pêche ce matin. Venez voir les poissons que nous avons attrapés. — 7. Va acheter un journal. — 8. J'ai dû laisser ma pipe chez vous. — 9. Qui a laissé la fenêtre ouverte ? — 10. Ils ne veulent pas me laisser aller au cinéma ce soir. — 11. On les laisse seuls toute la journée. — 12. Ne laisse pas ton frère s'approcher de la rivière.

E Traduire :

1. Son grand chapeau le faisait ressembler à un Texan. — 2. A le voir, on le croirait intelligent; mais pas à l'entendre. — 3. Ce bonbon a un goût de gingembre. — 4. Nous avons tous entendu sa déposition, qui ne paraît pas véridique. — 5. Je n'ai pas envie de sortir ce soir. — 6. Ils avaient tous l'impression d'être des héros. — 7. N'allez pas au laboratoire, il y a une odeur d'œufs pourris. — 8. Ce quatuor ressemble à l'hymne national autrichien. — 9. A le voir, on croirait que c'est lui le patron ici. — 10. A l'entendre, on croirait que c'est lui le patron ici. — 11. J'entendis la porte claquer. — 12. Ce pont n'est pas très vieux, je l'ai vu bâtir.

Leçon 27. — *Nécessité, ordres, conseils*

A Bâtir des phrases sur les modèles suivants :

1. They **insisted that** I (should) stay another week. They **insisted on** my staying another week. — 2. **Will you be so kind as to** help me with my case ? **Would you mind** helping me with my case ? — 3. **I wish he would** stop banging on the floor. — 4. **You needn't** read all these books. **You don't have to** read all these books. — 5. **You needn't** eat it if you don't like it. — 6. **You must** eat it, whether you like it or not. — 7. **You ought to** ask a policeman. **You'd better** ask a policeman. **I advise you to** ask a policeman. **I suggest** you (should) ask a policeman.

B Traduire :

1. Auriez-vous l'amabilité de surveiller mes bagages pendant que je serai au wagon-restaurant ? — 2. J'aimerais que tu cesses de te vanter. — 3. Le train avait trois heures de retard, et il nous a fallu passer la moitié de la nuit dans une salle d'attente. — 4. Vous devriez emmener ce chat chez le vétérinaire. — 5. Il nous a fallu marcher sous la pluie. — 6. Je vous déconseille de louer un appartement à Londres. — 7. Cela vous ennuierait-il de nous prendre en stop ? — 8. Il faut que je lui parle immédiatement, c'est très important. — 9. Vous feriez mieux de ne pas prêter attention à ce qu'il dit. — 10. Ils insistèrent pour qu'il présentât des excuses.

C   « *Devoir* ». Traduire :

1. Comme vous devez vous sentir soulagé ! — 2. Ils doivent venir nous voir la semaine prochaine. — 3. Que devons-nous lui dire si nous le rencontrons ? — 4. Vous ne devriez pas le punir si sévèrement. — 5. Vous devez voir ce film. — 6. Nous aurions dû faire le plein d'essence avant de sortir de la ville. — 7. On ne doit jamais se mettre en colère. — 8. Nous avons dû nous tromper de rue au carrefour. — 9. Nous avons dû leur demander de faire moins de bruit. — 10. Il devait venir hier; il doit être malade.

Leçon 28. — *Souhaits, préférences, regrets*

A   Traduire :

1. I wish we hadn't waited so long. — 2. I'd rather they addressed me in English. — 3. They wish they had a son. — 4. They'd rather you didn't disturb them. — 5. She wishes she could stay a little longer. — 6. I wish he would stop shouting. — 7. I'd rather you hadn't left so early. — 8. I wish I weren't so clumsy. — 9. We all wish we knew the end of the story. — 10. We'd rather you did it.

B   Bâtir des phrases sur les modèles suivants :

1. **He wishes he had not** sold his car. — 2. **He wishes he were** good at languages. — 3. **He wishes you would** lend him your camera. — 4. **I'd like to** play tennis with him. — 5. **I'd like him to** play tennis with me. — 6. **I'd rather** write the report myself. — 7. **I'd rather he didn't** write it himself. — 8. **I'm sorry** I broke that vase. **I wish I hadn't** broken that vase. — 9. **I'm sorry for** the trouble I gave you. — 10. **I'd rather** drive **than** travel by train. **I prefer** driving **to** travelling by train. — 11. **I would rather** beg in the streets **than** accept his help. **I'd prefer to** beg in the streets **rather than** accept his help.

C   Traduire :

1. Je regrette d'avoir acheté ce dictionnaire. — 2. Nous aimerions qu'il se décide rapidement. — 3. Je regrette de ne pas savoir jouer aux échecs. — 4. Nous préférerions qu'il ne vienne pas. — 5. « Je voudrais toujours rester un enfant », pensait Peter Pan. — 6. Je voudrais bien qu'elle n'achète pas un nouveau chapeau tous les mois. — 7. Il regrette son erreur. — 8. Je regrette de n'avoir pas assisté au match. — 9. La pluie ne me gêne pas, mais j'aimerais qu'il fasse moins froid. — 10. Je préfère votre maison à la leur (Construire la phrase avec **to prefer**, avec **to like better** et avec **would rather**).

Leçon 29. — *Cause, but, conséquence*

A   Bâtir des phrases sur les modèles suivants :

1. He was sent to a juvenile court **because** he was only 17 (= **on account of** his being only 17). — 2. **Owing to** the fog (= **because of** the fog) we shall have to drive slowly. — 3. The policeman took down his name and address **for** ignoring the red lights. — 4. The policeman took down his name and address **to teach him that** he must stop at the red lights. — 5. They hired a television set **in order to see** (= **so as to see** = **so that they might see**) the Queen on Christmas Day. — 6. He put on a large straw hat **so as not to have** (= **so that he should not have**) sunstroke. — 7. It rained the whole day, **so** (= **so that**) we couldn't play tennis. — 8. Here's some chocolate **for you** to eat with your bread. — 9. You drive **too fast to** enjoy the landscape. — 10. You drive **too fast for us to** enjoy the landscape.

Leçon 30. — *Incertitude, probabilité, hasard*

A Bâtir des phrases sur les modèles suivants :

1. *He may be* a liberal, but *he may also be* a conservative, I'm not sure. — 2. Look at that man reeling along the pavement, he *must be* drunk. — 3. John *may have broken* the window-pane with his ball, but it *may also have been* the wind. — 4. You *must have felt* relieved when the rescue party found you. — 5. He *is likely to* (= he will probably) be hungry when he arrives. — 6. He *is sure to* (= he will certainly) complain if dinner is not ready. — 7. He *is bound to* (= he will inevitably) be furious when he hears that we have broken his camera. — 8. Why didn't you put your scarf on, *you might have caught* a cold. — 9. *We happened to meet* him in Cambridge last Summer. — 10. I'm so absent-minded, *I nearly forgot* to sign the cheque.

B Traduire :

1. Il dira certainement que c'est trop cher pour lui. — 2. Il est probable que les grévistes refuseront l'augmentation de 2 %. — 3. Je le connais très bien; il se trouve que je suis son cousin germain. — 4. Ils ont dû trouver que nos enfants sont très mal élevés. — 5. Ils ont failli mettre le feu à la forêt. — 6. Si je ne l'avais pas empoignée par le bras, elle aurait pu se faire écraser. — 7. Il se peut qu'il y ait eu du verglas sur la route. — 8. Il se peut qu'il soit l'assassin, mais il n'y a pas assez de preuves pour le condamner. — 9. Il est inévitable qu'ils ne soient pas d'accord. — 10. Comme elle doit être heureuse d'avoir réussi à son examen !

Leçon 31. — *Le nom*

A Mettre au pluriel, par écrit et oralement :

1. A brush, a cloth, a birch, a mouth, a house, a mouse, a grouse, a month, a fox, an ox, an axe, a pass, a path, a truth, a truce, a tooth, an oath, a bath, a birth, a challenge, a judge, a boot, a foot, Mr Evans (pl. : the...) Mr Jenkins (pl. : the...), Mr Jenkin (pl. : the...), Mr Smith (pl. : the...).
2. a toy, a hobby, an abbey, a play, an enemy, a trolley, a story, a key, a buoy, a gypsy, a hero, a ghetto, a negro, a photo, a commando, a potato..
3. a knife, a dwarf, a scarf, a roof, a belief, a thief, a wife, a handkerchief, a calf, a loaf, a safe.
4. a listener-in, a grown-up, a looker-on, a lady doctor, a woman doctor, a manservant, a woman driver, a clergyman, a son-in-law, a tooth-brush, a gentleman-farmer, a boy-friend, a might-have-been, an apple-tart, a grandson.
5. a brick-works, a summons, a barracks, a series, a crisis, an s, a y, an r.

B Employer avec un article indéfini si c'est possible (ex. : **furniture → a piece of furniture**) :

Scales, rubbish, luggage, news, barracks, pyjamas, clothes, advice, clippers, means, shorts, politics, gas-works, several people, warlike peoples, two hairs in the soup, shaggy hair, leather goods.

C Traduire :

1. Permettez-moi de vous donner un bon conseil. — 2. Pourquoi emportes-tu tant de bagages ? Qui va les porter ? — 3. Mes cheveux commencent à grisonner, je

vais les faire teindre. — 4. Quoi de neuf ? — J'ai deux nouvelles à vous annoncer. — 5. Y a-t-il un moyen de savoir ce qui s'est passé ? — 6. Son salaire est inférieur à 50 livres par semaine. — 7. Combien de personnes sont venues à la conférence ? — Plus de cent. Tout le monde était très satisfait. — 8. Les voyages sont très chers. — 9. Les affaires marchent au ralenti depuis le début de l'année. — 10. J'ai des renseignements très sûrs au sujet de cette entreprise. — 11. Les progrès qu'il a faits sont des plus encourageants. — 12. Ils risquèrent leur vie pour essayer de sauver l'enfant. — 13. Si vous demandez à une personne dans la rue ce qu'elle pense de la Chambre des Lords, elle répondra probablement qu'elle ne s'en soucie guère. — 14. Les girafes ont un long cou et une petite tête. — 15. La police n'a pas encore arrêté le meurtrier. — 16. Notre police est la meilleure du monde. — 17. La foule attend que la reine sorte du palais. — 18. Visitez l'Ecosse et ses lacs. Visitez le pays de Galles et ses montagnes. — 19. Je suis seul, ma famille est partie passer une semaine au bord de la mer. — 20. Sa famille habite l'île de Wight depuis le 14e siècle.

Leçon 32. — *L'article défini*

A Lire :

1. The beginning and the end; the bow and the arrows; the old woman and the young child; the year, the hour;
2. The ale, the hail; — the heart, the art; — the hair, the air, the heir, the hare; — the edge, the hedge; —
3. The union, the onion; — the unemployed, the uniform, the lion and the unicorn, the umbrella; — the urgent need, the usual need; — the unanimous decision, the ultimate decision; — the 1 o'clock train; — the one I prefer, the only one I like; — the other day; — the one-eyed man.
4. The A.B.C. shop; — the R.S.P.C.A. and the N.S.P.C.C.; — the U.S.S.R. — the Y.H.A. — the L.C.C. — the X-rays; — the I.Q.
5. The 18th century; — the 15th century; — the 11th century.

B Ajouter l'article défini si c'est nécessaire :

1. Alceste hated ... mankind. — 2. ... man is the king of the Universe. — 3. When I was first introduced to him, I thought the man was a hypocrite. — 4. ... people we met on our journey were all very hospitable. — 5. He doesn't like ... people to interfere with his business. — 6. We enjoyed our holidays in Spain, though we liked ... wines better than ... cooking. — 7. the Chinese cooking and the French cooking are said to be the best in the world. — 8. He is very fond of the birds. He has written a book about the red-headed woodpecker, and another about the ostriches. — 9. Do the English children work on ... Saturdays ? — 10. I prefer ... autumn to ... winter. — 11. The Winter has been very mild so far. — 12. The King Henri VIII broke with the Pope and proclaimed himself ... head of the Church in England. — 13. There are many coal-mines in the north of ... France, ... Belgium, the Saar and the Ruhr but there are very few in the Netherlands. — 14. ... Germany and the United Kingdom; the United States and the U.S.S.R. — 15. ... memory is one of the most valuable faculties of the mind. — 16. ... dinner will be at 8. tonight. — 17. ... most of his novels deal with the selfishness of the rich. — 18. ... truth is sometimes stranger than ... fiction. — 19. Little does he know that what he is saying is the truth. — 20. The donkey is a much maligned animal.

Leçon 33. — *L'article indéfini et l'article partitif*

A Faire précéder les mots et expressions suivants de l'article indéfini (**a** ou **an**) :

1. an honest family; a hospitable family; a uniform; an umbrella; a year ago; an hour ago; an only child; a one-way street; an ewe and a lamb; a hair; an heir; a hare; an eel; a heel; I; a hell; an euphemism; a Eurasian; an historical novel; a History of England; an 18th century painting; a I, a 7 and an 8.
2. an A.B.C. shop; a Y.M.C.A. service; a B.A. and an M.A.; a S.O.S. message; an R.A.C. patrol; a U-turn on an A road; an L.C.C. clerk; an H.P. sauce; a U.N.E.S.C.O. magazine. Do you spell « realize » with an s or a z ?

B Traduire :

1. Elle s'était déguisée en bohémienne et son frère en toréador. — 2. Ce cochon de douanier m'a fait vider mes deux valises. — 3. Kipling était à la fois romancier et poète. — 4. J'ai pris un thé si copieux que je ne pourrai pas dîner ce soir. — 5. Quel chef-d'œuvre ! Quel génie chez ce peintre ! — 6. C'est un hôtel trop cher pour nous. — 7. Il gagne plus de mille livres par mois. — 8. Il avait le teint jaune. Peut-être avait-il le foie malade. — 9. Je ne peux pas supporter son idiot de frère. — 10. Ces œufs valent 50 pence la douzaine. — 11. Je n'ai jamais mangé un aussi bon gâteau. — 12. Y a-t-il des sangliers dans cette forêt ? — 13. Les Français mangent leur salade avec de l'huile et du vinaigre. — 14. Voulez-vous de la sauce à la menthe ? C'est très bon avec le gigot. — 15. Il n'y a pas de vent aujourd'hui. Il n'y a presque pas de vent aujourd'hui.

Leçon 34. — *L'adjectif qualificatif*

A Traduire :

1. Un vieillard très avare. — 2. Une jeune fille heureuse. — 3. Un tapis rouge et noir. — 4. Un homme petit et corpulent. — 5. Un drapeau bleu, blanc, rouge. — 6. Une tâche fatigante et ingrate. — 7. Un homme grand; un grand homme. — 8. Un brave homme; un homme brave. — 9. Un homme brave en toutes circonstances. — 10. Un homme digne de votre confiance.

B Bâtir des expressions sur les modèles suivants (on changera le premier puis le second élément de chaque adjectif composé) :

1. A long-nosed man. — 2. A bad-tempered man. — 3. A slow-working boy. — 4. A dark-haired woman. — 5. A red-roofed house.

C Traduire :

1. La femme blonde portait un tailleur bleu ciel et la jeune fille brune une robe jaune citron. — 2. Une maison à quatre étages. — 3. Un animal à quatre mains. — 4. Un timbre de six pence; un billet de dix livres. — 5. Un billet de première; un élève de 6e; les familles des classes moyennes. — 6. Une fleur parfumée; une pipe malodorante. — 7. Il était bien élevé, presque poli à l'excès. — 8. Des hommes à l'air heureux; au visage triste; au visage ouvert; au teint basané. — 9. Un homme au cœur sensible; à la vue perçante; prompt à s'emporter; vieux jeu; radin. — 10. Des montagnes couronnées de neige; une nappe blanche comme la neige. — 11. Un congé de milieu de trimestre. — 12. Des oiseaux à longues pattes. — 13. Lequel est Laurel, le gros ou le maigre ? — 14. Un poème allégorique sur les bons et les méchants. — 15. C'est un égoïste et un vaniteux.

D Traduire :

1. Trois Anglais et une Irlandaise. — 2. L'équipe galloise et l'équipe écossaise. — 3. Deux Français et deux Italiens. — 4. Les Polonais aiment beaucoup la France.

et les Français. — 5. Les Turcs et les Portugais sont habitués à un climat plus chaud que les Hollandais, les Belges et les Danois. — 6. Il parle l'espagnol comme un Espagnol. — 7. Comprenez-vous le gallois ? Les Gallois parlent-ils tous le gallois ? — 8. Le suédois est-il très différent du norvégien et du danois ? Les Suédois comprennent-ils les Norvégiens et les Danois ? — 9. Cet Anglais n'aime pas les Irlandais, il préfère les Ecossais. — 10. Nous, Ecossais d'Inverness, nous parlons l'anglais mieux que les Anglais. — 11. Cette jeune Allemande aime beaucoup le français. — 12. Ne dites jamais à un Ecossais qu'il est anglais. — 13. L'Américain se disait que les Britanniques étaient restés très victoriens. — 14. Les Suisses parlent le français, l'allemand ou l'italien. Certains Suisses parlent les trois langues.

Leçon 35. — *Comparatifs et superlatifs*

A Construire des phrases avec les noms et adjectifs suivants (1) au comparatif de supériorité, (2) à la forme négative du comparatif d'égalité.
Exemple : John, Peter (big) : **John is bigger than Peter; Peter isn't as big as John.**
1. Jane, Barbara (pretty, good-looking). — 2. George, Dick (strong, vigorous). — 3. The Times, The Daily Mirror (expensive, thick). — 4. The Lake District, the Midlands (pleasant, picturesque). — 5. Ireland, Great Britain (large, prosperous). — 6. Cambridge University, Reading University (well-known, old).

B Traduire :
1. Le plus jeune de ses deux fils est étudiant en droit, l'aîné est déjà avocat. — 2. Il est de plus plus difficile de trouver un appartement à Londres. — 3. Elle est beaucoup plus jeune que lui. — 4. Il est tout aussi rusé que son adversaire. — 5. Le Brésil est de loin le pays le plus grand d'Amérique du Sud. — 6. L'Angleterre n'a pas d'aussi bons fromages que nous. — 7. Plus nous attendions, plus il était impatient. — 8. Nous avons été d'autant plus surpris de le voir que nous le croyions en Australie. — 9. Ce dramaturge est moins célèbre que Bernard Shaw, mais je trouve que ses pièces sont tout aussi bonnes. — 10. Nous avons des trains de plus en plus rapides; ce sont les plus rapides du monde. — 11. Oxford et Cambridge sont deux villes très agréables; cette dernière est plus petite et plus calme. — 12. L'Empire State Building est trois fois plus haut que le bâtiment des Nations Unies. Il est moins haut que le World Trade Center. — 13. Ce roman est de plus en plus passionnant; je le lis de plus en plus vite. — 14. Cet hiver a été plus froid que d'habitude; c'est l'hiver le plus froid que nous ayons eu depuis des années. — 15. Notre voyage en Ecosse a été d'autant plus agréable qu'il a fait exceptionnellement beau. — 16. Pendant plusieurs semaines nous n'avons pas eu d'autre nourriture que des noix de coco. — 17. J'ai même dentiste que vous. — 18. Il est très aimé de son entourage. — 19. Nous étions tous très fatigués et très déçus. — 20. Sa lettre est vraiment très intéressante.

Leçon 36. — *Structures du nom et de l'adjectif*

A Bâtir des phrases sur les modèles suivants :
1. There is little hope of their catching their train. — 2. There is no need for you to make such a fuss. — 3. The reason why he is cross is that we have forgotten to invite him. — 4. I find it difficult to believe what he says. — 5. We consider it a pity not to send him to college. — 6. It was very kind of Mr Church to lend us his car (How very kind of Mr Church to lend us his car !). — 7. It was silly of him to lose his self-control (How silly of him to lose his self-control !). — 8. I am not interested in whether you like our plans or not. — 9. We are still uncertain where to go next Summer. — 10. The question whether to go by plane or by boat hasn't been decided yet.

B Traduire :

1. Connaissez-vous la raison de son échec ? (Construire avec for, puis avec why). — 2. Cela a été idiot de sa part de faire tant d'histoires. — 3. Nous trouvons regrettable de devoir le punir. — 4. Il nous sera impossible de vous donner une réponse avant lundi. — 5. Trouveriez-vous agréable qu'on vous donne de tels ordres ? — 6. Il est l'heure que vous partiez. — 7. J'espère qu'il n'aura pas la stupidité d'en parler à tout le monde. — 8. Je suis très content d'avoir vendu ma voiture. — 9. Je suis navré d'avoir été si maladroit. — 10. C'est très gentil de sa part de nous avoir envoyé un cadeau de Noël. — 11. Ce bijou vaut 50 livres. — Je croyais qu'il valait plus que cela. — 12. Il pensait que la vie ne valait plus la peine d'être vécue.

Leçon 37. — *Les pronoms personnels, réfléchis et réciproques*

A Traduire :

1. C'est lui qui dit cela, mais moi, je n'y crois pas. — 2. Moi, je préférerais y aller à pied, mais eux, ils disent qu'ils sont fatigués. — 3. Elle et moi, nous nous connaissons depuis plus de quinze ans. — 4. Ton frère et toi, vous passez votre temps à vous chamailler. — 5. Je me demande ce que lui, il ferait s'il était ici. — 6. Est-ce à moi que vous dites cela ? — 7. Même toi, tu reconnais que j'ai raison. — 8. Lui, il voudrait aller en Autriche, mais nous, nous préférons le bord de la mer. — 9. Moi seul, je sais ce qui s'est passé. — 10. Si tu n'as pas besoin de ton appareil photo, prête-le moi. Je te le rendrai demain.

B Traduire (en et y) :

1. Nous n'aimons pas le poisson, nous n'en mangeons jamais. — 2. J'ai passé mon enfance dans ce village, j'en connais tous les arbres, toutes les haies. — 3. Ils avaient joué au rugby dans la boue et ils en étaient couverts de la tête aux pieds. — 4. Il aime beaucoup les romans policiers, il en lit deux par semaine. — 5. Il m'a dit que c'était vrai, mais j'en doute. — 6. Il connaît bien les Malais, et il en parle dans plusieurs de ses romans. — En avez-vous lu ? — 7. Quel genre de sac à main désirez-vous ? — J'en voudrais un noir, si vous en avez — Nous en manquons en ce moment. — 8. Il prit un journal et y jeta un coup d'œil. — 9. Nous partons pour Belfast dimanche, nous y resterons huit jours. — 10. Quel climat ! — Vous vous y habituerez.

C Traduire :

1. Je n'ai rien à me reprocher. — 2. Quand les enfants sont seuls à la maison, je m'attends toujours au pire. — 3. Il se voit déjà président du club. — 4. Je me demandais à qui elle parlait, mais je m'aperçus qu'elle parlait toute seule. — 5. Il est impossible d'y aller seuls, il faut un guide. — 6. Il est très fier de lui. — 7. Elle se fit du thé et se coupa une tranche de cake. — 8. Ils étaient assis l'un en face de l'autre. — 9. Il y avait un miroir sur le mur devant elle, elle s'y regarda longuement. — 10. Nous nous voyons au stade tous les samedis. — 11. Je ne vois pas pourquoi on aurait honte de soi parce qu'on est gaucher. — 12. Je me félicitais de m'en être tiré sain et sauf.

Leçon 38. — *Notion de possession*

A Lire :

1. Prince Charles's school. — 2. Mrs Williams's house. — 3. Elizabeth's boyfriend. — 4. Some ass's milk. — 5. The tobacconist's shop. — 6. The waitress's job. — 7. The Thomases' car. — 8. Somebody else's business. — 9. The Princess's husband. — 10. Alice's Adventures in Wonderland.

INDEX

able to, 49.
about, 75, 591.
about to, 124.
abstraits (noms), 367, 375, 383, 421.
account for, 287.
accusation, 296.
adjectif démonstratif, 520.
— indéfini, leçon 40.
— interrogatif, 541, 543.
— numéral, leçon 41.
— possessif, 505 à 512.
— qualificatif, leçon 34.
— — composé, 411 à 416.
— — substantivé, 417 à 422.
— — place, 408 à 410.
— construction, leçon 36.
— relatif, 544.
— verbal, 214.
admit (to -), 250, 279.
adverbe, leçon 43 à 45.
— en -ly, 624.
— place, 96 à 102.
— comparatif et superlatif, 430, 435.
advice, 367, 649.
advise (to-), 258, 335, 649.
afford (to -), 245.
afin de, afin que, 345, 346.
afraid, 449, 460.
âge, 21.
ago, 157.
agree (to -), 111, 243.
ainsi, 597 (§ 5), 620.
alive et living, 636.
all, 560, 562, 564.
allow (to -), 246, 259, 49.
alone et lonely, 636.
and entre adjectif, 407.
— après hundred, 569.
— après come, go, try, 314, 315.
animaux, 355.
another, 154, 557.
answer (to -), 286.
any, 403 à 406, 551, 558, 562, 603.
— (composés de), 565.
apparence (verbe + as if), 326, 327.
around, voir round, 616.
article défini, leçon 32.
— indéfini, 391 à 401.
— partitif, 402 à 406.
as, 592.
— avec article indéfini, 398.
as et than, 446, 447; RF 21.
as... as, 439; RF 21.
as if, as though, 176.
look (sound) as if, 326.
as et like, 592 (§ 4).
ask (to -), 243, 258, 260, 282, 287, 295.
asleep et sleeping, 409, 636.
aspect, 104.

assez, 100, 605.
assez de, 556.
at, 593.
at all, 593 (§ 5).
attempt (to -), 243.
attend (to -), 262.
attribut, 297, 299.
adjectif attribut, 409.
nom attribut, 395.
aucun, 562, 563.
aussi, 626.
moi aussi, 61.
autant de, 552.
autre, 557, 558, 566.
auxiliaires, leçons 2, 3 et 5.
— be ou have, 19.
avoid (to -), 248.

baby, 355.
be (to -), leçons 3 et 5.
to be to, 125, 126.
bear (I can't -), 255.
beaucoup de, 546.
beg (to -), 258.
begin (to -), 251.
behave (to -), 481.
believe (to -), 111, 263, 279, 281¹, 288.
belong (to -), 111, 491.
besoin de (avoir -), 54.
better, best, 440.
better (I had -), 55.
born (to be -), 204.
borrow (to -), 294.
both, 563, 564, 572, 604.
bound to, 352.
brothers et brethren, 359.
burst out (to -), 251.
business, 357.
busy, 214.
but, 594, 236.
but d'une action, 345, 346.
buy (to -), 292.
by, 595.

can, leçons 4 et 5; 179.
car, 342.
cas possessif, 492 à 503.
case (in -), 182.
cat, 355.
catch (to -), 270.
cattle, 365.
causatifs (verbes -), 267, 272.
cause, 342 à 344.
ce, 520 à 522.
— traduit par the, 379.
c'est... que (ou qui), 189, 467.
ce qui, ce que, 536 à 538.
celui de, 501, 523.
celui qui, 523.
chacun, chaque, 560.
challenge (to -), 258.
chance (to -), 353.
change (to -), 366.

charge (to -), 296.
chez, 627.
child, 355; RF 12.
choix (what et which), 543.
choose (to -), 243.
clothes, cloths, 369, 372.
collectifs (noms -), 368 à 370.
combien de, 548.
come (to -), 312, 314, 298.
comme, 628.
comparatifs, leçon 35.
compel (to -), 328.
compléments du nom, leçon 36.
— de l'adjectif, leçon 36.
— directs et indirects, 286 à 288.
— d'objet et d'attribution (291 à 293.
— du comparatif et du superlatif, RF. 20 et 21; 434.
— place, 94, 95.
concordance des temps, leçon 15.
condition (avec if), 188.
conditionnel, 128 à 130.
— passé, 188.
— des défectifs, 37.
— français traduit par un preterite, 131.
confiance, 262.
congratulate (to -), 296.
conjonctions de temps, 131.
conseils, 334, 335.
consentement (will), 118.
conséquence, 347, 348.
consider (to -), 263, 299, 458.
contemplate (to -), 243.
continuation, 251.
contractions avec not, 13.
— des auxiliaires ('s, 'd), 18, 28, 29, 116.
conversion, 643 à 649.
could, leçons 4 et 5; 177, 179.
craft, 360.
croire, 263, 279, 281.
crowd, 370.

'd, 29.
dare (to -), 52, 53, 258.
daresay (I -), 350.
dates, 504, 580.
date d'une action, 149 à 151.
dead et died, 159.
deal of (a great -), 546.
decide (to -), 243.
décimales, 573.
déclaration, 263, 279, 299.
défectifs (verbes -), leçons 4 et 5.
demandes, 330 à 333.
démonstratifs, 520 à 525.
depend (to -), 262, 288.
déplacements, 300.
depuis, 155, 157.
depuis que, 159 (§ 4).
dérivation, 634 à 642.
dès, 151.

215

dès que (as soon as), 131, 618.
describe (to -), 294.
deserve (to -), 245.
destination d'un objet, 229.
devoir, leçon 27; 351.
dimension, 21.
dire, 307 à 309.
discuss (to -), 282.
dislike (to -), 255.
distance, 26, 504.
distributif (sens -) de a(n), 399.
do (to -), leçons 2, 5 et 13; 172.
dog, 355.
dont, 534, 535, 539.
dozen, 570.
dress (to -), 285, 481.
durée, 154 à 160, 504.

each, 560.
each other, 484 à 486.
échec, 244.
-ed, prononciation RF 8; 5.
either, 563, 605.
elder, eldest, 431, 441.
elliptiques (phrases -), 66, 196, 198, 233, 281.
emphatique (forme -), leçon 13.
— du futur, 118 à 122.
— de l'impératif, 199 à 201.
en (traduction de -), 476.
en + participe présent, 215.
enable (to -), 246.
encore, 629.
English, 423, 428.
enjoy (to -), 249, 286, 481.
enough, 100, 230, 556, 605.
enter (to -), 286.
épithète, sa place, 407, 408.
équivalents des défectifs, 49.
étonnement, 60, 194.
even, 102, 606.
éventualité, 43, 349.
ever, 545, 567, 606.
every, 560.
— avec idée de fréquence, 153.
— composés de every, 565.
except, 236.
exclamatives (phrases -), leçon 42.
excuses, 250, 296.
expect (to -), 243, 262, 279, 281, 286, 350.
explain (to -), 280, 294.

-f, -fe → -ves RF 12; 359.
fail (to -), 244.
faillir, 353.
faire + infinitif, 275 à 278.
falloir, 328, 329.
far, 431, 606.
fear (to -), 255.
fed up with, 449.
feel (to -), 266, 269, 319 à 327.
féminin, 354 à 357.
few, 547.
a few, 549.
fewer et less, 554.
fight (to -), 285.
find (to -), 270, 458, 461.
finish (to -), 251.
first, 582, 607.
fish, 369.
fois (nombre de -), 152.
folk, 365.
for, 596, 154, 157, 160, 223.
for et to, 344, 345.
for fear, 182.
forbid (to -), 261, 330.
forget (to -), 253.
forgive (to -), 223, 250, 296.
former (the -), 441.
fractions, 583.
French, 423, 428.
fréquence, 152, 153.
fruit, 369.

furniture, 368.
futur, leçon 9.
— proche, 123, 124.
— antérieur, 147.
— emphatique, 118 à 122.
— ou présent ? 131, 132.

génitif, 492, 504.
genre des noms, 354 à 357.
géographiques (noms -), 385.
gérondif, leçon 18 (216 à 225).
— après for, 223.
— après to, 224.
— après un verbe, leçon 20.
— après un cas possessif, 218.
get (to -), 70, 211, 272, 276, 277, 298, 443.
give (to -), 291, 293, 208.
give up (to -), 248.
given to, 224.
go (to -), 298, 312 à 314, 596 (§ 1).
go on (to -), 251.
going to, 123.
good, 648, RF 20.
a good + nombre, 571.
goods, 369, 372.
got (I've got, I've got to), 32, 33.
grown-up(s), 373.

h muette, 374, 391.
hair, 369.
half, 102, 398, 583.
habitude, leçon 12; 168.
happen (to -), 245, 353.
hard et hardly, 608, 648.
hardly + ever, any, etc., 12, 608.
hasard, 353.
hate (to -), 255, 261, 484.
have (to -), leçons 3 et 5; 272, 276, 277, 643.
had better, had sooner, 55.
had rather, 55, 178, 340.
hear (to -), 265, 266, 269, 319 à 323.
help (can't -), 248, 352.
hesitate (to -), 244.
heures, 579.
hope (to -), 243, 281.
hope (nom), 448.
house(s), 359.
how interrogatif, 541.
— exclamatif, 584, 587.
how long (durée), 154.
how much, how many, 548.
how often, 152, 153.
however, 180, 567, 609.
hundred, 569, 570.

if, 176, 188.
ill et sick, 409.
imparfait (trad. de l'), 169.
impératif, leçon 16.
impersonnels (verbes -), 475.
impression (verbes d'-), 324 à 327.
in, 79, 609.
— après le superlatif, RF 20.
incertitude, 349.
inchoatifs (verbes -), 298.
indéfini (article), 391 à 401.
indéfinis (pronoms et adjectifs), leçon 40.
indénombrables (noms), 367, 368.
indirect (style -), 190 à 193.
inévitable (action -), 352.
infinitif, leçon 19.
— dans une interrogative indirecte, 283.
— ou gérondif ? leçon 20.
infinitive (proposition -), leçon 21; 231, 456.
information, 367.

-ing (formes verbales en -), leçon 18.
insist (to -), 331, 183, 279.
insistance (voir : emphatique).
intend (to -), 243, 261.
intention, 118, 123.
interdiction, 41, 46, 122, 330, 332.
interrogatifs (termes), 540 à 545.
interrogative (forme), leçon 2.
interrogative indirecte, 87, 282 à 284.
interro-négative (forme -), leçon 2.
inversion, 87 à 93.
invraisemblance, 181, 184.
irréel, 175 à 178.
irréguliers (verbes), liste page 210.
irréguliers (pluriels), RF 12; 359.
it, 470 à 475.

jamais (never et ever), 606, 613, 12.
jusqu'à, 630.
just, 610, 142, 146.
justement, cf. just, 610.

keep (to -), 270, 297.
keep on (to -), 251.
kill (to -), 478, 484.
know (to -), 111, 263, 279, 283.
knowledge, 367.

laisser, 316 à 318.
langues (noms de -), 428.
last, 386, 582, 611.
late et lately, 611, 648.
latter (the -), 441.
lead (to -), 258.
learn (to -), 245, 283.
least (the -), 432.
leave (to -), 316, 317.
left (to be -), 204.
lend (to -), 291.
lequel (choix), 543.
less et fewer, 554.
less, RF 21.
less (the -), 444, 445.
less and less, 443.
lest, 182.
let (to -), leçon 16; 265, 268, 318.
liable to, 449.
like (to), 111, 255, 261, 286, 338, 341.
like et as, 611, 592 (§ 4).
likely to, 350.
listen (to -), 287, 285.
little, 92, 547, 611.
a little, 549.
long (adverbe), 430, 648.
how long, 154, 158, 160.
no longer, 613.
look (to -), 287, 285, 324 à 326, 596 (§ 2).
look forward to (to -), 224.
lot of (a-), 546.
love (to -), 255, 261.
luggage, 368.
-ly (adverbes en -), 624.

make (to -), 265, 267, 273, 276, 292.
make up one's mind (to -), 490.
maladies (noms de -), 387.
malgré, 604 (despite), 609 (-in spite of).
man, 379, 381.
manage (to -), 243.
manière (adverbes de -), 99, 624.
many, 546.
masculin, 354 à 357.
may, leçons 4 et 5; 179, 180, 349, 353.
maybe, 88, 612.
me et I, 434.

means, 363.
même, 102, 631.
might, voir may.
mind (nom), 383, 490.
mind (to -), 111, 249, 286.
mine, 507.
miss (to -), 286.
mode, 104.
moi, je..., RF 10.
moi aussi, moi non plus, 61.
moi si, moi non, 62.
moins, RF 21.
moins de, 554.
moins... moins..., 444.
   de moins en moins, 443.
   d'autant moins, 445.
more, RF 20; 429, 553.
   more and more, 443.
   the more, 444, 445.
   no more, 613.
mort, 159 (§ 5).
most (the -), RF 20; 429.
most (of), 561.
most (= very), 433.
mouvements, 300.
much, 433, 546.
must, leçons 4 et 5; 328, 351.

narration, 114, 134.
nationalités (noms et adjectifs de -), 423 à 428.
ne ... plus (no more et no longer), 613.
nécessité, 46, 54, 120, 126, 328, 329.
need (nom), 448, 456.
need (to -), 52, 54, 252, 286, 328, 534.
négative (forme -), leçon 2.
— de l'impératif, 197, 198.
négation en tête de phrase, 92.
neither, 61, 563, 613.
n'est-ce pas ? 64, 65.
neutre, 354, 355.
never, 92, 613.
news, 363, 372.
next, 386, 582, 613.
ni moi non plus, 61.
ni l'un ni l'autre, 563.
ni ... ni ... (neither ... nor ...), 613.
no, 57, 392, 405, 436, 562.
   composés de no, 565.
nom, leçon 31.
   noms abstraits, 367, 369.
   noms collectifs, 368 à 370.
   noms composés, 371 à 373.
non, 57, 58.
   moi non, 58.
   moi non plus, 61.
none, 562.
nor, 61, 93, 613.
not, leçon 2; 281.
not any, 404, 405.
numéraux (adjectifs -), leçon 41.

-o → -os, -oes, RF 12; 359.
obey (to -), 286.
object (to -), 224, 249.
obligation, 328, 329.
of, 519, 396, 457.
off, 82, 614.
offer, 243, 291, 208.
older et elder, 431.
on (traduction de -), 212.
on, 81, 614.
once, 615.
one (numéral), 394, 569.
— (pronom personnel), 487 à 490.
— (pronom indéfini), 557.
— remplaçant un nom, 422, 501.
   the one, 524.
one another, 484 à 486.
one's oneself, 488 à 490.
only, 102, 615.

onomatopées, 644.
opinion (verbes d'), 263, 279, 299.
order (to -), 261, 330, 331.
   in order to, in order that, 345, 346.
ordinaires (verbes -), 1.
ordinaux (nombres), 575 à 577.
ordres, 183, 261, 330 à 332.
orthographe des terminaisons verbales, RF 1, 7 et 8; 6.
other, RF 6; 557, 558, 582.
   every other, 153.
où traduit par when, 622.
ought to, 48, 51, 334, 350.
oui, 57, 58.
out, 80.
out of, 615, 302, 305.
over, 83, 615.
owing to, 343.
own, 517, 518.
own (to -), 491.

pair of, 364.
Parliament, 382.
participe passé, leçons 10 et 17; 272 à 274, 413.
participe présent, leçon 8; 214, 269 à 271, 412.
passé récent, 142.
passer-by, 373.
passif, leçon 17.
— progressif, 210.
— avec l'auxiliaire get, 211.
pay (to -), 287.
pays (noms de -), 385, 357, 362.
pendant, pendant que, cf. during, 605; while, 623; meanwhile, 612.
penny, pennies, pence, 359.
people, 365.
perhaps, 88.
perception (verbes de -), 319 à 323.
permission, 41, 42, 259.
permit (to -), 246, 259, 268.
person, 354.
personne du singulier (2e), 2.
personnifications, 357.
persuade (to -), 258.
peu de, 547.
   un peu de, 549, 551.
peuples (noms de -), 423 à 427.
piece of, 367, 368.
plan (to -), 243.
play (to -), 389.
pleased with, pleased to, 449.
plenty of, 546.
plupart (la -), 561.
pluriel et singulier, 366 à 370.
pluriel des noms propres, 361.
pluriels irréguliers, RF 12; 359.
plus (de), 553.
plus... plus..., 444.
   de plus en plus, 443.
   d'autant plus, 445.
plus-que-parfait, 143 à 146.
— modal, 175 à 178.
politics, 362.
possessifs, 505 à 513.
possessif (cas -), 492 à 503.
possession, leçon 38.
possibilité, 38, 126.
postpone (to -), 248.
postpositions, leçon 6.
potentiel, 176, 177.
pour, 632.
pouvoir, 38 à 44.
prefer (to -), 111, 256, 261, 339.
préférence, 339, 340.
préfixes, 634 à 636.
prepare (to -), 243.
prépositions, leçons 43 à 45.
— avec verbe passif, 207.
— avec article indéfini, 396.

— suivies du gérondif, 222 à 224.
— (rejet), 103, 528.
présent progressif et présent simple, leçon 8; 166.
présent français traduit par un présent perfect, 157.
present perfect, 137 à 142.
— et preterite, 156 à 159.
present (to -), 295.
presque, 602 (almost), 608 (hardly).
pretend (to -), 244.
preterite, 133 à 136, 157.
— modal, 175 à 178.
prevent (to -), 296.
probabilité, 350, 351.
profit (to -), 288.
progress, 367.
progressive (forme -), leçon 8.
— avec le passif, 210.
promise (to -), 243.
pronoms démonstratifs, leçon 39.
— interrogatifs, 540 à 545.
— personnels, leçon 37.
— possessifs, 505 à 513.
— réciproques, 483 à 486.
— réfléchis, 478 à 483.
— relatifs, 526 à 533.
pronominaux (verbes -), 3.
Traduction des verbes pronominaux français :
   pronoms réfléchis, 478 à 481.
   pronoms réciproques, 484 à 486.
   voix passive avec to be, 203.
   — avec to get, 211.
   verbes inchoatifs, 298.
   verbes de structures O, A et B, 285 à 289.
proposition infinitive, 231, 456; leçon 21.
propose (to -), 183.
prove (to -), 297.
put off (to -), 248.

quantité, leçon 40.
quarter, 583.
quasi-certitude, 351.
quel (choix), 543.
quel que soit, 567.
quelque(s), 549 à 551.
questions, leçon 2.
queues de phrases, leçon 5.
quiconque, 567.
quite, 102, 616.

rappeler (se), 310, 311.
rather, 102, 616.
— than, 237.
I'd rather, 55, 178.
reason for (the -), 448.
reason why (the -), 462.
réciproques (pronoms), 484 à 486.
recover (to -), 476.
reduced to, 224.
réfréchis (pronoms), 478 à 483.
réflexes acquis, 39.
refus, 119, 130, 244.
regarder, 593 (§ 3).
regrets, 341.
rejet de la préposition, 103, 528.
relatifs (pronoms), leçon 39.
— (adjectifs), 544.
rely (to), 262.
remain (to -), 24, 297.
remember (to -), 111, 253, 286, 289, 310, 311.
remerciements, 344.
remind (to -), 310, 311, 295.
reproach (to -), 296.
reproches, 296, 51 (should have...) 43 (might).

217

request (to -), 258, 330, 331.
require (to -), 258.
resent (to -), 249.
resist (to -), 286.
reste (il -), 204.
rich, riches, 417.
right (to be -), 22.
rob (to -), 295.
round, 84, 616.

-s, -es, RF 1.
's (génétif), RF 15; 492 à 494, 504; (pluriel), 361; (=us), 466; (= is ou has), 29.
same, 447, 559.
sans, sans que, 222, 396.
savings, 369, 372.
savoir + verbe 39, 283.
say (to -), 307 à 309, 89, 263, 597 (§ 6).
Scotch, Scots, Scottish, 427.
see (to -), 266, 269, 319 à 323.
seem (to -), 244, 297.
send (to -), 208, 291.
set (to -), 270.
semi-défectif, 52 à 54.
seulement, 102.
shall, 115 à 122; leçon 5.
should, 48, 51, 128 à 130, 181 à 186, 334, 350, 353.
show (to -), 208, 291.
si, 633.
since, 617.
so, 597.
so much, so many, 555.
soit... soit... (either... or...), 605.
soit que (whether), 623.
some, 402 à 406, 551, 558.
— composés de **some**, 565.
souhaits, 44, 177, 336 à 338.
soon (I'd as -), I'd sooner, 55.
sound (to -), 297, 324 à 326.
souvenir, 253.
souvenir (se -), 310, 311.
spend (to -), 214.
stand (to -), 214.
start (to -), 251, 270.
still, 598.
stop (to -), 251.
strike (to -), 536.
structures (définition), 238 à 241.
— du verbe, leçons 20 à 26.
— du nom et de l'adjectif, leçon 36.
styles direct et indirect, 190 à 193.
subjonctif, leçon 14.
traduction du subjonctif français, 187.
succeed in (to -), 222.
such, 397, 525, 589.

such et so, 398.
suffixes, 637 à 642.
suggest (to -), 183, 335.
sujet, sa place, 87 à 93.
gérondif ou infinitif sujet, 220 et 232.
suit (to -), 286.
superlatifs, leçon 35.
supply (to -), 295.
suppose (to -), 263, 279, 281, 299.
supposition avec if, 176, 188.
— avec **if + should**, 181.
— avec inversion, 91.
sure, sure to, 351, 453.
surprise, 59, 60, 184, 449.

tags, leçon 5.
tant de, 555.
tant que, 612.
tantôt... tantôt..., 614 (now).
teach (to -), 208, 259, 260, 283, 291, 478.
-teen, -ty, 568.
tell (to -), 208, 258, 260, 291, 307 à 309.
than, RF 20; 446, 447.
thank (to -), 344.
that, conjonction, 618, 279, 459, 460.
— pronom relatif, 527-530.
— démonstratif, 520 à 524.
the, article défini, leçon 32.
— adverbe, devant un comparatif, 444, 445.
there is, 23, 24.
there is no + gérondif, 225.
these, 520 à 523.
think (to -), 111, 254, 263, 279, 281, 288, 458, 461.
this, 520 à 523.
those, 520 à 524.
thou, thee, thy, thine, 2.
thousand, 569, 570.
threaten (to -), 243, 305.
through, 85, 619.
throw (to -), 593 (§ 4).
times, 152.
to, 620.
— exprimant le but, 228.
— suivi d'un gérondif, 224.
— anaphorique, 233.
too, 398, 599.
too many, too much, 100, 556.
toujours, 598 (always et still), 606 (ever).
tout, tous, 560 à 565.
très, 433.
trop, 100, 599 (§ 3).
trop de, 556.
trust (to -), 262, 295.
tutoiement, 2.
twice, 152, 437.
understand (to -), 111, 279.

up, 86, 621.
use (to -), 286, 534, 649.
use (it's no -), 225, 649.
used to, 162, 163, 168.

venir de, 142, 146.
verbes auxiliaires, leçon 3.
— défectifs, leçon 4.
— composés, leçon 6.
vers, 591 (**about**), 621 (**towards**), 622 (**-wards**).
very, 433, 621.
— avec un superlatif, 438.
(very) much, 101, 433.
voici, voilà, 25, 90.
volonté, 118, 119 (**will**), 243, 261 (to want).
volonté d'agir, 243.

wait (to -), 262, 287, 315.
want (to -), 111, 243, 252, 261.
warn (to -), 258.
-wards, 622.
watch (to -), 593 (§ 3).
well et good, 648.
place de **(very) well**, 94, 101.
were, 17, 175 à 178.
what, 397, 536, 541 à 544, 588.
whatever, 180.
when, 131, 132, 622.
whether, 623, 282, 283.
which et that, 527 à 529.
which et what (= ce que), 536 à 539.
which et what (= quel), 543.
who et whom, interrogatifs, 542.
who et whom, relatifs, RF 26; 526.
whoever, who ever, 545, 567.
whose, 514 à 516, 532, 533.
why, 345, 462, 623.
will, leçons 9 et 5; 165, 351.
wish (to -), 177, 243, 261, 333, 336, 341.
woman, 381.
wonder (to -), 282.
worry, 284, 476 (§ 2).
worth, 225, 464.
would, leçons 9 et 5; 176, 177, 351.
would rather, 55, 340.
wrong (to be -), 22.

-y (suffixe ajouté à), RF 1.
y (traduction de), 477.
il y a, 23 à 26, 156 à 160.
yes, 57, 58.
yet, 600.
you + impératif, 199.
yours (sincerely), 513.

zéro, 574.